毛泽东诗歌风景线

龙剑宇　著

江苏凤凰文艺出版社
JIANGSU PHOENIX LITERATURE AND ART PUBLISHING

图书在版编目（CIP）数据

毛泽东诗歌风景线 / 龙剑宇著 . -- 南京 : 江苏凤凰文艺出版社 , 2021.1（2022.3 重印）
ISBN 978-7-5594-5060-9

Ⅰ . ①毛… Ⅱ . ①龙… Ⅲ . ①毛主席诗词 – 鉴赏
Ⅳ . ① A841.4

中国版本图书馆 CIP 数据核字 (2020) 第 148339 号

毛泽东诗歌风景线

龙剑宇　著

出 版 人	张在健
责任编辑	张　倩
装帧设计	薛顾璨
责任印制	刘　巍
出版发行	江苏凤凰文艺出版社
	南京市中央路 165 号，邮编：210009
网　　址	http://www.jswenyi.com
印　　刷	苏州市越洋印刷有限公司
开　　本	880 毫米 × 1230 毫米 1/32
印　　张	12.25
字　　数	274 千字
版　　次	2021 年 1 月第 1 版
印　　次	2022 年 3 月第 2 次印刷
书　　号	ISBN 978-7-5594-5060-9
定　　价	49.80 元

目录

第一章　青春风景线

第二章　战地风景线

第三章 长征风景线

第四章 西北风景线

第五章　开国风景线

第六章　不老风景线

第七章 最后风景线

后记

第一章

青春风景线

天井

天井四四方，周围是高墙。
清清见卵石，小鱼囿中央。
只喝井里水，永远养不长。

《五言·井赞》

私塾学堂里的天井，四四方方，在它的周围是高高的围墙。那里面水清清，可以看见一颗颗的鹅卵石，小小的鱼儿，被关在中央。鱼儿啊鱼儿，你只喝这井里的水，永远都长不长！

私塾先生毛宇居回忆，这是他的学生毛泽东写的第一首诗。毛泽东从 1902 年起到他家旁边的南岸私塾启蒙，先后在关公桥、桥头湾、钟家湾等地私塾读书，先生有邹春培、毛咏生、周少希等。在南岸时，他不满邹春培先生的旧式教学方法，趁先生不在，下塘游泳，先生回来，令其对对子，先生出：“濯足”，毛泽东对：“修身”；先生出：“牛皮菜”，他对：“马齿苋”。先生经常打骂学生，毛泽东看不惯，逃学到山林，想去湘潭见见大世面，但在韶山冲转了三天也没能走出去。

1906 年，毛泽东到井湾里读书。井湾里在韶山冲东北出口处，云湖河（韶河）上源就是从这里挣脱韶山群山羁绊而向东奔去的。然而这里的私塾——郭家的一所大宅院，有着高高的围墙，私塾先生毛宇居，年龄不很大，是毛泽东的堂兄，他的一套教学方式仍然显得陈旧。毛泽东常常以正书为掩盖，偷偷地看《西游记》《水浒传》这些“杂书”，先生也打过他，也恼过他，但都无法改变他。有一次，毛宇居看到围墙内一口水井，让毛泽东赞井，毛泽东便随口唱出这首诗。

这是传说中毛泽东写的最早的诗歌，它的艺术水准当然是不能同后来大量的成熟的作品相比的，但也有可喜可读之处。

这一时期毛泽东读了《诗经》《唐诗三百首》这些纯正的诗歌集，也读了诸如《三字经》《增广贤文》等带有诗歌特征的通俗读物，受两者的影响，这首《井赞》兼有比兴和言志的成分，而且明白如话。

“天井四四方”，这就像《诗经》中的“参差荇菜，左右流之”和“关关雎鸠，在河之洲”那样的写法，即“先言他物以引起所咏之词也”，要表达一个意思或说一个道理，先不直接说，而是先描写一下与其相关的景物，这样做的好处是更形象，也更吸引人。天井，这里不是指一般四合院中的采光的那种天井，而是指室内露天空间中的一口水井（也可能是天井中的一口水井），这个井不很深，但很清，所以毛泽东第三句有“清清见卵石”；天井周围是何景象？是高高的围墙。围墙起的作用是防止外界的干扰，同时也禁锢了内部的事物。这是对毛泽东就读的井湾里私塾的真实描绘（笔者曾到过其地，亲历其境）。

这两句既是写实（就像《诗经》中写的那样），更是有所比，就是把天井和高墙比喻为限制自由思想的旧式教育方式和场所。

那么在这中间受到限制的是什么呢？是“卵石”，是“鱼”，主体是“鱼”，“卵石”无生命，无所谓，只是为了说水的清，而“鱼”则是被严密禁锢的生命。水虽然清，有什么用？在这个围墙中间的小小天井，鱼是不可能生长，更是不可能长大的。为什么？毕竟井水太缺乏营养，也不能给“鱼”以到大风大浪中去锻炼的机会，当然“鱼”就会无所作为。

毛泽东以“鱼”自况，表达了他对这种封闭式的教学的强烈不满和要离开这个高墙，到外面闯荡的渴望。这也正是少年毛泽东人格特征和生活经历的写真。此诗对于了解少年毛泽东的人生轨迹，有重要的价值，因此，虽然诗艺还比较稚嫩，我们还是在这里加以赏析。

1911年春改写

乡关

孩儿立志出乡关，学不成名誓不还。
埋骨何须桑梓地，人生无处不青山！

《七言·出乡关》

孩儿我已立下远大志向要离开家乡，如果学不成名发誓不再回来。

死后何必硬要把尸骨埋在生我育我的地方！哪里没有能容纳我的青山绿水？好男儿志在四方。

因为不喜欢私塾，父亲又需要帮手，1906年秋到1909年春，毛泽东辍学在家务农。他获得了当农民的机会，这使他受益终身，由此，他从心灵深处建立起与土地和土地上的人民的深厚感情，并亲身感受到他们生活的艰辛与痛苦，同时锻炼了体魄和意志。

毛泽东虽然辍学，但并没有放弃求知。他白天劳动，晚上帮父亲记账，深夜，趁父母入睡，在桐油灯那微弱的光下，如饥似渴地看书，时常看到天明。韶山冲的书，他外婆家的书，只要能借到的他都借来读。通过阅读，他质疑：为什么书中的主人公都是达官贵人而没有普通农民百姓？特别是当他读到《盛世危言》之后，开始思考中国受人欺凌和贫穷落后的问题，渐渐激发起爱国热情，并萌生复学的强烈愿望。1909 年下半年他去东茅塘，拜堂伯父毛麓钟为师。

毛麓钟先生是一位有着强烈爱国心又见多识广的老师，他既帮助毛泽东涉猎了许多历史著作，更重要的是帮毛泽东把目光投向韶山冲以外。在这里，毛泽东得知长沙发生了饥民暴动和韶山本地吃大户等一些事情，并读到一本关于列强瓜分中国的书，这使他的心灵受到极大震动。

他后来在与美国记者斯诺谈话时回忆说：

这时湖南发生了一件事情，影响了我的一生。在我读书的那个小学堂外边，我们学生看到许多豆商从长沙回来。我们问他们为什么都离开长沙。他们告诉我们城里闹了大乱子……这件事在我们学堂里讨论了许多天，给我留下了深刻的印象。

又说：

在这个时期，我也开始有了一定的政治觉悟，特别是在读了一本关于瓜分中国的小册子以后。我现在还记得这本小册子的开头一句：“呜呼，中国其将亡矣！”……我读了以后，对国家前途感到沮丧，开始意识到，国家兴亡，匹夫有责！

走出家乡，是无数人的梦想，所谓“好男儿志在四方”，然而，能不能实现，却大相径庭，有的人或许一辈子也走不出家乡；

家乡孕育了他的肉体，造就了他最初的精神与人格，却也常常成为他阔步前行的羁绊。怀着憧憬，勇敢地走出去，或结合着诗人、学者的梦，或负载着人生的理想……或升官或发财，或学有所成，或名垂青史，或者仅仅是在外走一周遭，碰得头破血流却无功而返。毛泽东在他17岁那年离开家乡，在湘潭城，他有过短暂的停留，县城古老的文明和近代民主革命的气息熏陶着他，随后，他开始真正的远行，从湘乡到长沙，他人生的步子迈得越来越大也越来越坚实。

毛泽东的乡关即韶山冲东南出口的那个关卡，被称为“铁陂”，《中湘韶山毛氏族谱》载：

铁陂距韶山十里许。韶山界潭、湘两邑之间，右水出龙城，左水出铁陂。胡以“铁”名？以两山对峙，石壁穿插，交锁横拦成陂故耳。天造地设奇观也。

言为心声，诗以明志。毛泽东像挣脱羁绊的雄鹰，飞向蓝天，他要用知识和阅历炼硬他的双翅。1910年秋，他离开故乡。后来，他改写了日本人月性的这首诗赠父。

此诗原一直认为是毛泽东改写日本人西乡隆盛的诗。据载，此诗曾登在《新青年》第一卷第五期，原文是：男儿立志出乡关，学不成名死不还。埋骨何须桑梓地，人生无处不青山。署名西乡隆盛。但毛泽东在韶山时不可能读到《新青年》（1915年9月才创刊，原名《青年杂志》），因此毛泽东改作不可能参照。据最新考证，《日本历代名家七绝百首注》（书目文献出版社1984年版）选录了日本江户时代末期（19世纪）名僧月性《题壁》诗曰：孩儿立志出乡关，学若无成不复还。埋骨何期坟墓地，人间到处有青山。毛泽东诗当为改月性原作。

关于改写时间，根据毛泽东本人与斯诺的回忆，他在湘乡高等小学堂时，接触了一位从日本回来的留学生，从而了解到日本的大量情况，而在韶山不可能有这样的了解。

又据韶山老人回忆，毛泽东在湘乡读书时间不长，1910 年冬回来过年，次年春，即往长沙，开始真正的游学远行，临行改写这首诗，夹在父亲的账本上（一说写在他的一张照片的背面）送给父亲。父亲看到，便告诉毛泽东外婆家文家的人们，毛顺生去世后，此诗一直由毛泽东的表兄文运昌保存，中华人民共和国成立初期作为革命文物上交。据此，改写的时间当是 1911 年春，而不是过去所说的 1910 年秋。

这是一首言志诗。一开篇就表明心志：要离开家乡。

家乡生我养我，既塑造毛泽东最初的肉体，也注入他最初的人格取向，尤其是文化的因子植入他的潜意识深处，对他一生都将产生重要影响，但家乡毕竟太小，与外界隔绝，正如毛泽东在《井赞》中咏叹的，它也如同一口水井，只喝井里水，永远成不了大器！所以他要出乡关。

这个理想当然还谈不上非常伟大，无数的仁人志士，在他们进入青年的时候，都会有离开家乡的强烈愿望。乡土虽然难离，但当乡土成为对有志青年的羁绊时,就必须有勇气与力量去挣脱。历史上大约没有一个伟人能永远待在家乡而有所作为的。

那么，毛泽东离开家乡的目的是什么？如果说这时他就有着非常明确、具体的人生追求和奋斗目标，那是拔高。他自己在诗中已说，是“求学”，而且要“成名”，否则发誓不再回来。这是符合逻辑与事实的。此时毛泽东毕竟只有 17 岁，他最急切的愿望便是继续深造，在学有所成的基础上才谈得上更大的出息。

当然，也必须看到，毛泽东与一般求学上进的农家少年相比还是有独异之处（后来杨昌济称他为“农家异才”），他在故乡已接触到一些不平的事，也耳闻长沙饥民暴动，目睹韶山的吃大户，又从毛麓钟先生那里知道不少天下大事，他已萌生“天下兴亡，匹夫有责”的意识，他出乡关，已带上寻求救国救民真理的成分，尽管还是初始状态的。在诗中，毛泽东没有明确说出来，这隐藏在“成名”的背后，成什么名？有个人的建功立业。立什么样的业？绝不是发家致富之类，毛泽东在家对父亲只顾个人发财而不顾他人死活产生强烈不满，因此，他的“立业”应是立救国救民的大业。

后两句显得有些悲壮。仿佛是荆轲刺秦王，“风萧萧兮易水寒，壮士一去兮不复还！”但毛泽东正是通过这样铁骨铮铮的话语，表达他求学和成名的最大决心！

在父亲看来，儿子只要能帮他做生意，把小家弄得红火就不错了，他哪里能理解毛泽东的高远志向！而母亲，她是宽容的，尽管她也舍不得儿子远去，但她理解儿子，也支持儿子。总之，当一家人分手的时候，场面是有些悲壮的，毛泽东改写的这首七绝恰当地表达了这种情绪。

民国耻

1915年

> 五月七日，民国奇耻；
> 何以报仇，在我学子！
>
> 《明耻篇》题志

五月七日这天，是中华民国建国以来的奇耻大辱！

谁能报此深仇大恨？只有靠我们这些莘莘学子！

爱国主义无疑是青年毛泽东人生的主旋律。他正是通过不断的求知，深深认识到近半个世纪以来中国备受欺凌、人民水深火热的深刻原因，也在探索解决这一系列社会问题的道路。但在20世纪初，中国内外交困的状况未变，近邻的日本，已在虎视眈眈，而北洋军阀政府却软弱不堪。1915年1月，日本令其驻中国公使向袁世凯提出旨在独占中国的“二十一条”后，5月7日，又发出最后通牒，限四十八小时内答复。5月9日，袁世凯屈从。毛泽东悲愤交加，在《明耻篇》一书封面上写下这首诗。

毛泽东预见到未来中国人民最危险的敌人就是日本：“二十年内，非一战不足以图存。”“欲完自身以保子孙，止有磨砺以待日本。”从写这一段话的1916年7月到抗日战争爆发前夕，刚好是二十年，这说明毛泽东早在青年时代即已在为将来拯救国家与人民做准备！也说明他这个时期的一切活动，其指向已经十分明确，那就是救国救民！

这是有手迹为确证的毛泽东写的第一首诗。用四言写成，此诗表达的就是毛泽东面对国耻的愤怒之情。

“五月七日”，点出时间，令人触目惊心，就像后来的“九一八”。从“五月七日”到“九一八”，时间跨度是十六年，但两次事件有着内在的必然联系，是袁世凯政府种下最初的屈辱的种子，才会有以后一系列的卑躬屈膝，蒋介石也算得上继承袁氏的衣钵。

毛泽东紧接着直言这天是民国奇耻。“奇耻”，谓非一般的耻辱。毛泽东从少年时代开始就立下救国救民志向，而随着他年龄的增长，国家的耻辱非但没有减少，反而不断地又有新的耻辱发生，从而也大大强化着毛泽东的人生志向，并促使他由“立志”到寻找实现理想的方法与途径。

报仇雪耻，是毛泽东那一代人浴血奋战的基本特征和最终要达到的目标取向。只一味地悲愤，是没有什么实际意义的，重要的是在沉痛中觉醒，在觉醒中抗争。而作为这个时候还只有22岁的毛泽东，唯有打下扎实的学问根底，做好充分的身心准备，才能在可预见的国家的更大的灾难来临时，担当重任，甚至作为抗战的主力。故毛泽东写道：

何以报仇，在我学子！

后来历史发展的事实，证明毛泽东年轻时努力的成效。因此，从这个意义上来说，这首四言诗，虽然简短，而对于认识青年早期的毛泽东，是有着深刻的意义的。

1915年6月

思君深

去去思君深，思君君不来。
愁杀芳年友，悲叹有余哀。
衡阳雁声彻，湘滨春溜回。
感物念所欢，踯躅南城隈。
城隈草萋萋，涔泪侵双题。
采采余孤景，日落衡云西。
方期沆瀣游，零落匪所思。
永诀从今始，午夜惊鸣鸡。
鸣鸡一声唱，汗漫东皋上。
冉冉望君来，握手珠眶涨。
关山蹇骥足，飞飙拂灵帐。
我怀郁如焚，放歌倚列嶂。
列嶂青且蒨，愿言试长剑。
东海有岛夷，北山尽仇怨。
荡涤谁氏子，安得辞浮贱。
子期竟早亡，牙琴从此绝。
琴绝最伤情，朱华春不荣。
后来有千日，谁与共平生！
望灵荐杯酒，惨淡看铭旌。
惆怅中何寄，江天水一泓。

《五古·挽易昌陶》

深深地思念你，但你不会再归来。愁煞了青春的旧友，我悲伤地叹息却不能排解心头沉积下来的悲哀。衡阳的孤雁凄鸣声声，湘江的春冰尚未化开。徘徊在南城边，想起欢乐曾化入这儿的树木花草。城边的草已在变绿，泪水双流打湿了我的青衣。剩得那残山剩水，太阳伴薄云坠落在西边。正在期盼着同游五湖四海，如今你却已如花凋谢。从现在起道一声永别，辗转床头我半夜不能入眠。雄鸡一声啼破了清晓，汹涌的波涛漫上高冈。款款地盼着你再回，望穿秋水的双眼溢满泪水。山嶂羁绊着快马的脚步，飘飞的风掀起了灵堂的帐幔。忧郁简直要焚毁我的身心，我要倚着群峰高歌。近山青兮远山黛，真想试一试那磨了多年的长剑！

你看那东海有虎视眈眈的外族，北边还有曾结下仇怨的沙俄。想起这些谁不感到痛恨？哪里还会去计较个人的功名得失！钟子期过早地死去，伯牙因为没有知音不再鼓琴。这是人生最伤感的时刻，红花也不能使春天欣荣。来日方长，我将与谁共度平生！对着亡灵我捧上一杯好酒，布帛上写着你的名字写满我的悲伤。深深地惆怅何处可寄托，且把它付之滔滔东逝的长江。

1915 年 6 月 25 日，毛泽东在写给学友湘生的信中说：同学易昌陶君病死，君工书善文，与弟甚厚，死殊可惜。校中追悼，吾挽以诗，乞为斧正。

易昌陶，又名易咏畦，湖南衡山人，湖南省立第一师范第八班学生，即毛泽东的同班同学，于 1915 年 3 月病逝家中。由校长张干、学监王季范、教员杨昌济发起，学校于 5 月 23 日开追悼会。师生共送挽诗、挽联 256 副，并编印成册，题为《易君咏畦追悼录》。诗、联内容多含“悼念学友，毋忘国耻”之意。毛泽东的这首诗和一副挽联均收录其中。

此时毛泽东已在湖南一师读书近两年，他内心深处对祖国前途命运的关注日渐彰明，当然他还没有完全摆脱个人情感的圈子。这首诗当是他这一时期复杂心态的典型反映。

一方面，毛泽东与同学常常在一起探讨学术或者外出郊游，在共同的人生追求中，他们建立起了深厚的感情，易昌陶不幸病逝，便自然而然激发起他深深的悲痛！而更值得我们注意的是，这个时候，国家的形势日趋恶化，俄国对中国领土的侵占仍在继续，而东边大海上新兴的帝国——日本，也在对我中华虎视眈眈！

在国家隐藏着深深的忧患之时，好友易昌陶死去，全校师生悲上加悲，亡友之痛，国家之耻，交相侵袭，这就是毛泽东作《五古》一诗的深刻原因，也是我们理解此诗情感线索的关键。

读此诗，很容易让我们想起曹植的某些诗篇，例如《杂诗》其二：

仆夫早严驾，吾行将远游。远游欲何之？吴国为我仇。将骋万里途，东路安足由？江介多悲风，淮泗驰急流。愿欲一轻济，惜哉无方舟。闲居非吾志，甘心赴国忧。

的确，毛泽东的诗颇得建安风骨。最重要的一点就是有着强烈的感情色彩，而这种感情是融汇了个人的伤感和对国事深深的忧虑。早年毛泽东所处的时代颇有三国时代的特征，同样也是一个大动荡的军阀混战的年代，而三国时内部纷争，曹氏兄弟自相倾轧，所以有《七步诗》的问世，曹植内心贮满了有才不得施展反被压抑的愤愤不平与哀伤，所以说闲居不是他的志向，他心甘情愿为国而死；毛泽东所处的时代恶劣更甚，那就是因袁世凯的软弱和一心想称帝而对日本的狼子野心，不予反击而一让再让，国家主权在不断受到侵害。正在这时，学友易昌陶又去世，毛泽东便把两种情感糅合在一起，发以为诗。这正是古今两位杰出诗人的相通之处，也可见到其中的差异。

毛诗早年拟古意味相当浓。由模仿到独立创作，这是所有诗人乃至艺术家必然的成材之路。这首《五古》，形式、用词、押韵，都明显地模仿古人，而最成功之处则在于他相当圆熟地构造了一个悲壮激越的意象，他寻找到了他与曹植心灵的沟通，并很好地在自己的诗歌中表达出来。

当然，不能简单地说毛泽东就只是模仿曹植的诗，事实上，他早期的诗歌，应该是对汉魏诗（如汉乐府民歌、三曹诗、阮籍诗等）都有模仿与借鉴。读毛泽东的这首诗，仿佛使我们回到魏、晋之交那一个充满忧伤的五言诗时代（悼念、伤友等是那个时代常见的题材）。

这样看来，与毛泽东本人后来创作的大量精粹诗篇相比，此诗虽然艺术性相当不错，也非常能打动读者的心，但在独创方面相对要差，因为此时毛泽东还没有走上独创性的诗人之路，还处在拟古与学习的阶段，而这一阶段是必不可少的，是诗人毛泽东的横空出世的重要基础。

此诗诗眼有多处体现，如反复吟唱的“思”、发自内心的“悲”、激愤不已的“叹”“怨”，与总一句的“惆怅”。这都是极有表现力（但比较陈旧）的用字。

五言古诗自然在用韵与平仄上都没有律诗那么严格，可以中途转韵，但总要有韵，此诗就换了五次韵；同时，它在用词上也有重复。这都是形式方面的问题，我们不必深究。

再看青年诗人毛泽东是怎样把两种情感——伤友与忧国交融在一起的。从点上看，其过渡应是“我怀郁如焚，放歌倚列嶂”句，此前都是伤亡友，先直接从“思念”写起，君去余我，那么伤感！由人而物，雁叫泪零；由现在而过去，青草萋萋；再回到眼前，夜不能寐！风吹灵帐，触目惊心！

可贵的是，作者并未就此止步，他深深的悲愤落脚点更在于对国家命运的忧虑！从“我怀郁如焚”开始，他的情感急速飞扬，从“放歌”到“试长剑”“辞浮贱”，他出于一个爱国青年的敏感，对东海“岛夷”与“北山仇怨”已引起高度警惕！毛泽东担心得有理，大约二十年之后，日本成为中国的劲敌，中华民族几乎被其灭亡！作这首诗的次年，1916年7月25日，毛泽东在写给萧子升的信中预见：中日之间“二十年内，非一战不足以图存”，“欲完自身以保子孙，止有磨砺以待日本”。

从“子期竟早亡”句开始，毛泽东的情感又回复到伤友，那么这二者又是如何过渡的？毛泽东深感“天下兴亡，匹夫有责”，他要与一班志同道合的朋友共赴国难，可是正当国家需要志士仁人之时，易昌陶却英年早逝！这就更加引起毛泽东的伤感。

最后一句，意境颇开，毛泽东欲化悲痛为力量的决心——他要将满腔的惆怅付之东流水，亦即说他不打算沉溺在悲痛当中，他要走出来，以自己的努力，蓄力储能！

这是毛泽东一生中难得的一首悼挽诗，他后来还写过悼戴安澜将军和悼罗荣桓的诗，但诗艺都比不上这首，篇幅也远不及这首。虽然与他一生中最精粹的一些篇什相比，此诗要逊色许多，但它已初步显露出毛诗善于把对个人情感的挖掘与对国家、民族命运的关注融合在一起的特点，同时也初显他的现实与浪漫、豪放与婉约相结合的作诗风派。

与五言古诗互为对照的是同时作的一首挽联：

胡虏多反复，千里度龙山，腥秽待湔，独令我来何济世；

生死安足论，百年会有役，奇花初茁，特因君去尚非时。

与诗相比，这副对联意思更加明白，正可作我们理解挽诗的注脚：

外国强盗多次反复侵占我国领土，翻越重重关隘，血雨腥风，正待中华儿女去洗雪这奇耻大辱，可是我一个人怎能去挽救这个艰难的时世？

生死早已置之度外，必将有一场世纪大战发生，而学友你（指易昌陶）却英年早逝，你去得真不是时候！

诗与联相比，诗更讲究情感的含蓄和意境的营造，所构筑的意象也更繁多而复杂，联则较直接地抒发沉痛的情感，可互相参照着去欣赏。

1916年6月26日

景色

一路景色，弥望青碧。
池水清涟，田苗秀蔚。
日隐烟斜之际，
清露下洒，暖气上蒸。
岚采舒发，云霞掩映。
极目遐迩，有如图画！

《致萧子升信》摘句

极目望去，一路景色，青翠碧绿一片。池塘水清清，泛起层层涟漪；田野上，禾苗郁郁葱葱。太阳在斜烟里若隐若现，晶莹的露水洒下来，丝丝暖气向上蒸发。山间，落日的光，形成圆环，呈五彩地舒展发散，云彩与晚霞相互掩映。眺望远近，真像一幅图画！

少年毛泽东不满家乡的封闭与落后，于1910年秋离开韶山，外出求学，先到湘乡县立高等小学堂，次年春又到长沙。1911年——1914年，毛泽东是否回过故乡？目前尚无确凿资料可证。但其母亲，永远牵挂毛泽东。“慈母手中线，游子身上衣。临行密密缝，意恐迟迟归。”文氏正是这样一位慈母；毛泽东，也正是这样一位游子。

1915 年 6 月 25 日，毛泽东在写给同学湘生的信中说：

……前友人招往浏阳，继吾不欲往。寓省城又无钱，故止有回家一法。

这次回家，实际上在 8 月 15 日（农历七月初五）。同年 8 月，毛泽东又在写给同学萧子升的信中说：

……学校展限至廿五，弟将十五回家，一觐堂上，省诸弟。

到 1916 年，毛泽东便由不想回家，而到梦魂牵系，因为母亲已开始生病。1916 年 6 月 24 日，毛泽东在信中对萧子升说：

话别之后，滞于雨，不得归：又以萑苻不靖，烽火四起，益不敢冒险行也。五六日来，阅报读书，亦云有所事事。然病母在庐，倚望为劳，游子何心？能不伤感！重以校中放假，同学相携归去，余孑碌碌，无可与语。早起晚宿，三饭相叠。平居一日憎长，今如瞬息，寂历之景，对之惨然……

此时的毛泽东，完全沉入对病母的深深思念之中，而这种思念，又与周围凄迷的环境、纷乱的时势交互融汇。这种情绪逼使他“明日开霁，决行返舍”，乃于当月的 25 日动身返回韶山。

毛泽东在 1916 年前后便已逐渐将家愁、国恨结合在一起。第一封信，因为尚在省城，“滞于雨，不得归”，加上军阀混战，更不敢冒险回韶山，而“病母在庐，倚望为劳”，使他陷入浓浓的伤痛之中，只得独自一人，孤寂地住在学校里，而老天终于开脸，他便即刻动身，27 日上午到达韶山冲。

这首散文诗写于 1916 年 6 月 26 日，毛泽东回韶山夜宿银田寺时。据 24 日他给萧子升的信可知：学校（一师）已放暑假，但连续下雨，各派军阀混战，他不能回家，五六天中，看书读报，但想起母亲在家得病，在盼他回去，颇有些伤感，一个人待着也相当孤寂。到25日才盼到天晴，于是他便往家赶。

银田寺是距韶山冲约15公里的一处古寺，建于明代，相传建寺时在田中挖出一缸白银，故名，又称宁田寺、白庙。环银田寺，沿河有一片集镇，是湘潭、湘乡、宁乡等三县商品的重要集散地，韶山山林特产和谷米，都是由此下船运往湘潭。寺在云湖河（韶河）边，寺下有码头，可季节性行船（利用河坝拦水），但船行极慢，特别是上水，毛泽东回韶山，通常是坐船到湘潭再步行35公里，宿银田寺旁的亲戚朋友家。

这天，毛泽东就是上午9点在湘潭上的岸，再徒步到银田市（指银田集市）时，已是黄昏。他已感到四肢疲倦，但因为就要见到母亲，又有快乐；住在朋友家，也感到安适。于是提笔给好友萧子升写信。

在信中，毛泽东谈到昨晚和今早的所见所闻颇有感想。路上他看到城郊驻扎了桂军一部，与一些无赖在大路上赌博，巡逻的兵看见也不敢过问，由此他想起学校里听说过的两广地区赌风严重，果然如此；过了湘潭，在七里铺、姜车一带，又有所谓护国军两股共200多人，在饭店吃饭不给钱，仔细问那些人，毛泽东得知他们是等钱遣散回乡的，毛泽东便替他们可怜起来。

接着，毛泽东就用生花妙笔，描写了故乡的田园风光。

毛泽东本应是一位丹青妙手，在他的诗词中不断地给我们描绘出一幅幅美丽的画图，有江南草萋萋，有雄鹰展翅，有霜打枫叶，有百舸争流，有红旗招展，有雪山草地，有雪后斜阳，有江河滔滔，有潮水，有青山，有大海，有渔人……而这里描绘的却是故乡韶山一带的田园风光。

因为隐藏在1916年6月26日给萧子升的信中，这篇散文诗一直没有引起人们注意，笔者在此认为这是毛泽东最早的一篇散文诗，也是直接描写故乡的三篇诗文之一（另两篇分别是《七律·到韶山》《七律·有所思》），而这又是唯一一篇纯写故乡山水的散文诗。先总写，范围是“一路”，包括从湘潭到银田寺，但主要是银田一带，这是空间；时间，则是太阳将落而未落之时。作者是满眼望去。“弥望青碧”句不由使我们想起朱自清的《荷塘月色》。

但毛泽东写得比朱氏更早。他也写了池塘，但这是江南田野间的池塘，而不是城市中某个公园的荷塘。从视觉上说，它只是一幅田园风景画的一部分。这幅画中，底色是“青碧”的，然后配上池水的“清涟”，即更亮的颜色，而过细地看，那底色原来是田苗涂出来的。毛泽东以“秀蔚”来描绘，“蔚”写出了禾苗的勃勃生机，这都是静态；然而，将西下的太阳造成了景色的动态：太阳是若隐若现的，原因是生了炊烟，而炊烟是收工回来的农民燃柴煮饭产生的，烟因为没有重量，又是飘飘的，斜斜的，有动感！天渐晚，露初下，被太阳余光照着，晶莹着，天上有了凉意，地面在白天里吸收的热量便向上蒸发，这是天地在夜幕降临时的交融，于是，山间带彩的岚（雾气）也舒展发散；向天空望去，云与晚霞相互掩映。毛泽东看到此，不免惊叹：有如画图！

毛泽东观察极其细致，描写也极为细腻，而重要的是其中隐藏着他对故乡山水深深的热爱之情，同时也因为已到家门口，就要见到母亲，所以心情舒畅，他笔下的景当然也是楚楚动人的。

我不免要发问：毛泽东这样一位以伟大志向和崇高理想见称的人物，为什么时常能以诗笔投向人生，而且常常写得那么美?

我与他同乡，出生虽相距七十年，却颇能理解这一切：毛泽东一生奋斗的原始动力，来自他的故乡——故乡的人（主要是博爱的母亲和受苦的民众）和故乡的山水、故乡的文化。出色的诗人没有不是热爱他的故乡的，“故乡情结”总是萦绕他的一生。故乡的山水也时常浮现在他眼前，即使后来他走遍天下，故乡也还在他的潜意识深处，只是有时隐藏有时显露。

浩歌

1918年

云开衡岳积阴止，天马凤凰春树里。
年少峥嵘屈贾才，山川奇气曾钟此。
君行吾为发浩歌，鲲鹏击浪从兹始。
洞庭湘水涨连天，艟艨巨舰直东指。
无端散出一天愁，幸被东风吹万里。
丈夫何事足萦怀，要将宇宙看稊米。
沧海横流安足虑，世事纷纭何足理。
管却自家身与心，胸中日月常新美。
名世于今五百年，诸公碌碌皆余子。
平浪宫前友谊多，崇明对马衣带水。
东瀛濯剑有书还，我返自崖君去矣。

《七古·送纵宇一郎东行》

逶迤的南岳衡山余脉，从多日的阴雨天中，推开层层的浓云，显出她的本来雄姿，天马、凤凰二峰上的树木，摇动着春风，格外婀娜多姿。当年才气勃发的贾谊曾生活在这一片热土，却年纪轻轻死去，空怀满腔的抱负！啊，湖湘文化与山川孕育的浩然正气，曾凝聚于此！正是所谓“地灵人杰”！

你即将远去，我为你高歌送行，从此你将如鲲鹏展翅，乘风破浪。看呵，湘江与洞庭湖汇合，水涨连天，浩浩汤汤，你坐的轮船直指那东方的大海。我不知何故散发出充满天地的愁绪，幸亏一阵东风吹来，愁丝便飘到了万里之外。男子汉大丈夫，有什么事足以在内心萦绕不去？要把无穷的宇宙也看成一粒渺小的种子。沧海横流有什么值得忧虑？世事纷纭有你和我去料理。哪管一己一家，只要胸中怀有天下，每天升起的太阳、月亮就总是新的。古人曾说“五百年必有王者兴”，可是到如今我们还是碌碌无为。诸君应当发奋努力！在这湘江边的平浪宫里，我们畅叙友谊！中国的崇明岛与日本列岛一衣带水，彼此近邻，你到东瀛去磨快你的宝剑，希望经常有书信回来，你就要远去，我为你送行！

1917 年 10 月，毛泽东被选为一师学友会总务（负总责）兼教育研究部部长，他以学友会名义举办工人夜学，有意识地与产业工人接触，了解民生疾苦，帮助他们改变困苦现状。

经过几年的努力学习和顽强磨炼，毛泽东身心两端都得到极大的发展和完善。1917 年 6 月，他参加一师人物互选。“言语”“敦品”为第一，胆识为他所独有，他得票最多。毛泽东已把自己塑造成一位意气风发的青年才俊！

毛泽东在注重自身完善的时候，已经意识到合力的重要，注意结交志同道合的人，这除了给他以知识与修养方面的裨益，还为未来建立革命团体奠定基础。1915 年秋，他曾引用《诗经·小雅·伐木》中的句子“嘤其鸣矣，求其友声”，发出一则征友启事，邀请有志于爱国工作的青年和他联系，并指明要结交能刻苦耐劳、意志坚定、随时准备为国捐躯的青年。第一个应征的是罗章龙。罗在《椿园载记》中回忆道：“我赴司马里第一中学访友，于该校会客室门外墙端，偶见署名‘二十八画生征友启事’一则，启事是用八裁湘纸油印的，古典文体，书法挺秀。我伫足浏览，见启事引句为《诗经》语：‘愿嘤鸣以求友，敢步将伯之呼。’

内容为求志同道合的朋友，其文真情挚，辞复典丽可诵，看后颇为感动。返校后，我立作一书应之，署名纵宇一郎。逾三日而复书至，略云：接大示，空谷足音，跫然色喜愿趋前晤教云云。”

几天后，毛泽东与罗章龙两人如约在定王台湖南省立图书馆见面。时久雨初霁，红日当空。他们同坐在一条长石上，纵谈宇宙与人生、学问和理想。彼此留下良好而深刻的印象。

到毛泽东快毕业的时候，他已与蔡和森、萧子升、萧三、何叔衡、罗章龙、周世钊等建立起深厚的友谊，1918 年 4 月 14 日，新民学会在长沙岳麓山刘家台子蔡和森家成立，选举萧子升为总干事，毛泽东、陈书农为干事。

1918 年 6 月，毛泽东从一师毕业，结束五年半的师范学习生涯后，这才真正走向社会，用他的知识和智慧特别是勇往直前的精神，在中国这个大舞台上扮演着越来越重要的角色。这时的毛泽东，初涉社会，他虽已打下学问、修养、身体的基础，也已明确以拯救国家、民族、人民为己任，但他还没有找到奋斗的具体方法和思想、理论武器。他充满理想，但头脑中杂糅着中西各种文化思想。直到该年 8 月，他第一次来到千年古都北京，才开始把他的理想与信念向马克思主义方向浓缩、凝聚。

这首诗大约就是写于毛泽东从一师毕业前后。此诗最早由中国革命历史博物馆研究室编《党史研究资料》1979 年第十期披露，原文是罗章龙《回忆新民学会（由湖南到北京）》，另据罗章龙《椿园诗草》（岳麓书社 1987 年 6 月版）载，诗题为《二十八画生诗简》，诗前有小序：“一九一八年，余决定赴日本留学，新民学会同仁均赞襄其事。乃从长沙乘轮直航上海，轮船启碇前，二十八画生到埠头送行，面交一函，内题‘为纵宇东渡，有诗一首为赠’。”

又据罗回忆说，从上海动身前，毛泽东、何叔衡得知罗虽想去日本，但家庭经济困难，毛泽东说：这不是你个人的事，有困难大家想办法。毛、何一发动，就帮罗筹集了一些经费。在做准备时，罗说他有个老师周频卿，到过日本。毛泽东说：那我们去见见他吧！于是一同去见周。周介绍：日本搞革命的人很多，他去那里深受影响，他是反袁的，是湖南派去炸袁世凯的几个人中的一个，只是因投弹技术不熟而未炸死袁。毛泽东听了这些很感动。临行，毛泽东对罗说：相信前面会有困难，但如果有充分的准备就会好些。毛泽东以二十八画生为笔名写诗相赠，后毛泽东告诉罗，这首诗是费了三四个晚上才脱稿的。

这是 1918 年初夏，新民学会会员和同窗好友四五十人在长沙北门外的平浪宫聚餐，欢送罗章龙，大家情绪激昂，纷纷作诗惜别。但罗到上海不久恰逢 5 月 7 日国耻日，当时日本政府殴打中国的爱国留学生，一些人被迫回国，罗也就不去日本而是进了北京大学。

此诗与《五古·挽易昌陶》堪称毛泽东早期诗歌创作的双璧。

与《五古·挽易昌陶》比，这首诗意境开阔、情调激越了许多，可以说，毛泽东的诗艺又进了一步。当然，前者是死别，不能再见，自然要哀婉凄切，而此诗是生离，尚有会面时日。况且纵宇一郎东行渡海留洋，也是一件可喜可贺的事。

与五古一首相同的是，此诗也抒发对友人的留恋，那是建立在志同道合基础上的友谊使然；在前一首诗中，毛泽东曾重点提到日本对中国的侵略野心，而此诗受赠者罗章龙却正是要东渡去日本，为何毛泽东反而对罗氏前往敌国持祝贺态度呢？孙子曰：知己知彼，百战不殆。毛泽东认为罗去日本正可以直接、深入地了解日本的政治、经济、文化和军事等诸多方面，以便将来“战而胜之”，虽然这个意思在诗中并未明说，但我想应可如此解释。这样看来，从五古中对日本的警惕与痛恨到此诗的坦然面对甚至主动去了解，毛泽东的人生观，已跨近三个年头，显然大大进了一步。

在五古中，诗人有着深深的孤独，所以当易昌陶病逝，他便大发子期、伯牙之叹。那时，毛泽东曾借诗经中的句子：“嘤其鸣兮，求其友声”，对外张贴征友启事，“应者五六人”后发展到更多的人，而到此时，毛泽东身边已有大批“同志”，并成立学术团体——新民学会。他不再感到孤独，相反已感到合群奋斗的力量。1918年对于毛泽东是极重要的一年，除成立新民学会，他这年6月从一师毕业，正式走入社会，他写下这首七古后不久，他本人也将第一次远行——8月15日，他与张昆弟、罗学赞、李维汉、罗章龙、萧子升等人坐船北上（先到武汉，再改乘火车，罗章龙没有去日本）。首度北京之行，毛泽东除与昔日师友杨昌济、黎锦熙晤面，更重要的是他结识了李大钊、陈独秀、胡适、蔡元培等新文化运动的泰斗，毛泽东的思想迅速向着新文化和马列主义方面转化。

七古就是建立在如此的背景之上的。因此，它的情感已完全摆脱“悲伤”这一类名词，至多也只有一个“愁”字，而这个“愁”字也只不过是文人的“强说愁”，还没等其稍稍扩散，就被东风吹到万里之外。一位豪迈派诗人的身形，已从写《五古》时的潜藏状态变得明显，呼之欲出！试看五古中，毛泽东构造的是那么一种凄清哀婉情境和一系列令人低回不已的意象，而到这首七古中，情调与意象都变得开朗豪放：春天已经来了，群山从雨云中挣脱而出。湖南一方热土，本是一个出人才的地方，毛泽东以古代贾谊自况，决心要为国出大力，建奇勋！他塑造了“涨连天”

的洞庭、湘水，“直东指”的“艨艟巨舰”等极壮美的意象，又直接抒发自己的豪情壮志：把宇宙看成稊米，不再顾虑一己一身的小事或人世间的各种纠纷，而要去创造一个全新世界，甚至要建立“王者”的事业！这是何等的壮怀激烈！真个是化范仲淹的“先天下之忧而忧后天下之乐而乐”与岳飞“饥餐胡虏肉”的壮志豪情于一身！

毛泽东这首七古，蕴含着深厚的湖湘文化，同时，这种七古的形式是毛泽东一生中的唯一，他以后再没有用过的形式，但后来他的诗词一如既往地保持着豪迈风格，可以说，1918 年，毛泽东就已开始体现出他诗歌风格的主流趋向，即豪放。

此诗另一特点是用典，由此也可见毛泽东古典文学功力之深（这也是他后来许多诗词的特点），例如“屈贾才”之典（屈原、贾谊都是与湖南历史密切相关的伟大的爱国者和大文学家，但他们生时都不得重用而过早死去，值得注意的是，毛泽东在此诗中未去谈他们的凄惨一面而只是推崇他们的“才”并自比），又如化用庄子的鲲鹏击浪之典（鲲鹏自古为胸怀伟大抱负者的象征）。

从此诗的空间来看，也是博大雄奇的。由平浪宫到湖湘大地，由岳麓山到衡山山脉再到洞庭湖，更到万里天空乃至无边宇宙。与毛泽东后来在《七律·长征》中所写的“乌蒙磅礴走泥丸”相似的是，毛泽东在这首七古中竟把“宇宙”看成“稊米”。修辞上这是“缩小夸张”，而更重要的是反映了诗人不把困难放在眼里的豪迈情怀。与李白所谓“白发三千丈”相比，手法同一而意境截然相反（李白写的是“缘愁似个长”），李白也曾描绘“蜀道”，在李的眼里是“危乎高哉！难于上青天”，可是毛泽东却翻越了过去，“三军过后尽开颜”。这就是古今两位同属豪放派的诗人的不同！

女子

1919年7月14日

或问女子的头和男子的头，
实在是一样。
女子的腰和男子的腰实在是一样。
为什么女子头上偏要高竖那招摇畏风的髻？
女子腰间偏要紧缚那拖泥带水的裙？

我道，
女子本来是“罪人”，
高髻长裙，
是男子加于她们的刑具。
还有那脸上的脂粉，
就是黥文。
手上的饰物，
就是桎梏。
穿耳包脚为肉刑，
学校家庭为牢狱。
痛之不敢声，
闭之不敢出。

或问如何脱离这罪？
我道，
惟有起女子革命军！

《女子革命军》

有人要问：女子的头与男子的头，实在是一样的，女子的腰和男子的腰，也实在是一样的，为什么女子头上偏偏要高高竖起那被风吹得左右摇摆的发髻？女子腰间偏偏要紧紧地捆绑那拖泥带水的裙子？

我告诉你，女子本来是“有罪”的人，高高的发髻和长裙，是男子加在她们身上的刑具。还有啦！那脸上的脂粉，就是刺的字；手上的装饰品，就是枷锁。穿耳戴耳环，包小脚，都是肉刑。而学校、家庭，是她们的牢房与监狱。她们痛苦，但是不敢出声；她们被关起来，却不敢出去。

有人要问怎样解脱这活受罪？我说，只有兴起女子革命军！

1919年7月14日，毛泽东担任主编和主要撰稿人的《湘江评论》在长沙创刊。创刊号“世界杂评”“湘江杂评”栏内共发表25篇杂文，其中22篇署名“泽东”。《女子革命军》是其中一篇，实为一首自由体诗，只是未作分行排列。

发表此诗后四个月，1919年11月14日，长沙发生了一起赵五贞自杀的严重事件。赵五贞，长沙人，1896年生，她父亲是一家眼镜店的小老板。五贞知书识礼，又擅长缝纫、刺绣。媒婆撮合，父母从商业利益考虑，把她许配给富商品古斋少老板——又老又丑的吴凤林为继室，五贞不从，要求改变婚期，终以“择吉已定”而不被允准。出嫁这天，她便用剃刀自杀于花轿，立刻引起社会强烈关注。毛泽东就此事接连在湖南《大公报》《女界钟》发表评论10篇，这是毛泽东一生中就同一事件发表文章最多的一次。

28日，他于湖南《大公报》上发表《婚姻上的迷信问题》一文，对他所熟悉的韶山和毛家的婚姻习俗作了批判性地介绍，说：

我常研究旧式婚姻所以尚能维持的原故，以为这是有一种极大的迷信……“婚姻命定说”是一个总迷信，其余尚有附着的许多小迷信。

……

这一些迷信，只算是婚姻上的一些把戏，不外把一对男女用这些迷信做绳索，将他们深深的捆住。从说媒直到过礼，这一对夫妇被迷信的绳索缚得转不过气来，以后便是稳稳当当很和睦的好夫妇了。……我们倡言改革婚制，关于婚姻的迷信应该首先打破，最要紧的是“婚姻命定说”的打破。此说一破，父母代办政策便顿失了护符，社会上立时便会发生“夫妇的不安”。夫妇一发生了不安，家庭革命军便会如麻而起，而婚姻自由、恋爱自由的大潮，接着便将泛滥于中国大陆，乘潮打桨的新夫妇，便会完全成立在恋爱主义上面。……

毛泽东何以对中国传统婚姻礼仪习俗有如此深刻的认识和痛切的批判？原来，他本人在少年时代就曾受过包办之苦！他 14 岁时，由父亲包办，迎娶了一个 19 岁的姑娘罗一姑，尽管他一直不承认这桩婚姻，也从未与罗氏一起生活，但罗一姑还是来到了他家，并住了三四年，直到 1910 年 2 月 11 日因病去世。毛泽东正是从这时开始认识中国婚姻制度之弊的，少年时代的这件事时时刺激着他的心灵，罗一姑的过早离开人世虽然使他获得了解脱，但他也深深同情这一位弱者，尤其是像罗一姑这样的故事还在他身边不断重演，且有许多更加惨烈，像刚刚发生的赵五贞自杀于花轿事件，他不能不拍案疾呼！他为此接连写文，全面分析、批判中国的婚姻制度，为中国女子鼓与呼。

女子的真正解放，毛泽东认为除社会的共同努力，她们自己也要起而抗争，兴起“女子革命军”。后来，在他创建的人民军队中，就有不少女子。“红色娘子军”也算得上他早年关于女子起来革命的主张的实现。

没有人认为毛泽东写过自由体诗，而笔者通过近十年细心考察，在反复阅读《毛泽东早期文稿》后，认定：毛泽东在“五四”运动爆发后的一段时期，倾向白话写作，甚至也用胡适式的语言，写过一些自由体诗。

毛泽东在“五四”运动前夕第一次到北京，拜见了一大批新文化运动的人物，其中即有自由体诗的大力倡导者胡适，毛泽东与之有通信来往，除受胡适的思想熏陶，毛泽东在文风上也大受其影响，当然也知道胡适是一位新诗人（胡的新诗不断见诸报刊）。

毛泽东的作品中，这时可称为新诗的，多半以段落形式出现在他的一些文章中，如在 1919 年 7 月 14 日发表的《湘江评论创刊宣言》中，他如此充满激情而深重地写道：

至于湘江，

乃地球上东半球东方的一条江。

他的水很清，

他的流很长。

住在这江上和他邻近的民族，

浑浑噩噩。

世界上事情，

很少懂得。

他们没有有组织的社会，

人人自营散处。

只知有最狭的一己，

和最短的一时，
共同生活，
久远观念，
多半未曾梦见。
……

像这样的话语，毛泽东早期文稿中还有许多，但真正独立形成篇什的当是这篇《女子革命军》。

什么是诗歌？诗的本义是朝廷、宗庙中祀祖时唱的歌辞，当然，比这更早，事实上，在民间，甚至在原始人群中就已产生诗歌。我多年从事诗歌创作，认为诗歌的最大特征，内容上是对感情的宣泄，所以它比别的文学形式，显得更强烈更集中，而形式上，它通常不能直说，也不能所有的都说，它讲究跳跃性和流动的韵律（但韵律不等同于押严格的韵，有的诗不押韵或中间换韵，也一样有韵律）。语言上，它比所有的文学体裁都要精炼、简洁。

那么，我们来看毛泽东的这首《女子革命军》，它就具备了这一切特征，又联系写作时毛泽东的心态，我认定这是一首自由诗。

跳动的韵律，我们仅仅初读一遍也能明显感受到，虽然毛泽东没有有意地押韵，但韵律在自然地流动。何况在五四运动的时候，不少人写诗是干脆不押韵的，毛泽东倒是不主张没有一点韵，他这首诗就没有走诗歌散文化的路，是一首诗，而且是一首不错的自由诗。

诗的另一大特点是用形象说话，通常要构筑特定的意象（即诗人的意图与形象化的事物的结合体）。此诗就是如此。毛泽东构筑的意象有：腰、髻、裙、脂粉、刑具、黥文、穿耳、包脚。毛泽东选择了这些属于女子的典型而常见的特征物，来表达他对女子受压迫的强烈愤慨，而且也是颇有新意的，也大约是一般人不能理解的。为什么毛泽东要把这些东西说成是刑具、黥文？原来，髻也好，裙也好，脂粉也好，在封建社会都是为男子而设，供男人欣赏，那个社会，最大的男人就是皇帝，就是最高统治者，而以下，就是各种各样夫权十足的男人们，女子根本无地位可言。如此想来，毛泽东构筑的这些意象难道不是非常独特而典型的吗？女子的装饰要完全为了自己，那要等到妇女真正得到解放的时候。那么，如何解放，毛泽东指出一条路：兴起女子革命军。

这些深刻的道理，毛泽东都没有明说，而是用诗歌语言说出，并且是含蓄的，要读者去细心体会。

诗中，毛泽东还用了一个反语，就是女子本无罪，却说“女子本来是罪人”，正因为是“罪人”，才会有那些“刑具”“黥文”。

他在这里强烈地呼吁男女平等。同时他以这种自由诗的大胆尝试，响应着新文化运动的呼声。当然，他后来写诗还是大量地用旧体（只是注入了新的内容和情感，并吸收了一些民歌的写法），他废止了文言在他文章中的位置，而唯一保持着他与传统语言相联系的是他的诗词。

母亲

1919年10月8日

鸣呼吾母，遽然而死。
寿五十三，生有七子。
七子余三，即东民覃。
其他不育，二女二男。
育吾兄弟，艰辛备历。
摧折作磨，因此遘疾。
中间万万，皆伤心史。
不忍卒书，待徐温吐。

今则欲言，只有两端：
一则盛德，一则恨偏。
吾母高风，首推博爱。
远近亲疏，一皆覆载。
恺恻慈祥，感动庶汇。
爱力所及，原本真诚。
不作诳言，不存欺心。
整饬成性，一丝不诡。
手泽所经，皆有条理。
头脑精密，劈理分情。
事无遗算，物无遁形。
洁净之风，传遍戚里。
不染一尘，身心表里。
五德荦荦，乃其大端。
合其人格，如在上焉。
恨偏所在，三纲之末。
有志未伸，有求不获。
精神痛苦，以此为卓。
天乎人欤，倾地一角。
次则儿辈，育之成行。
如果未熟，介在青黄。
病时揽手，酸心结肠。
但呼儿辈，各务为良。
又次所怀，好亲至爱。
或属素恩，或多劳瘁。
小大亲疏，均待报赉。

总兹所述，盛德所辉。
必秉悃忱，则效不违。
致于所恨，必补遗缺。
念兹在兹，此心不越。
养育深恩，春晖朝霭。
报之何时，精禽大海。

呜呼吾母，母终未死。
躯壳虽隳，灵则万古。
有生一日，皆报恩时。
有生一日，皆伴亲时。
今也言长，时则苦短。
惟挈大端，置其粗浅。
此时家奠，尽此一觞。
后有言陈，与日俱长。
尚飨。
疾革尚呼儿，无限关怀，万端遗恨皆须补；
长生新学佛，不能住世，一掬慈容何处寻？

春风南岸留晖远，
秋雨韶山洒泪多。

《祭母文》及灵联

呜呼，何其痛哉！我敬爱的母亲，您突然撒手人寰！

您享年53岁，生下七子，只剩下三人，即我、泽民、泽覃。其他两女两男，都未能长大成人。您养育我们兄弟，经受无数艰辛。各种挫折磨难，让您患上疾病。这中间的无数往事，都是伤心的历史。我举起笔来，不忍心写出，让我慢慢倾诉。现在要说，只有两个方面，那就是您的大德和未了心愿。

母亲，您的高风，首推那广博无私的大爱。您的慈爱，远远近近，不管亲疏，所有的人都曾承享。您恻隐慈祥，感动万类。您的爱心，来自一片真诚。您从不说谎，从不欺瞒。您总是整齐有序，形成习性，一丝一毫，从不紊乱。您经手的事物，都是有条有理。您的头脑精密，情理分得清清楚楚，事从不会遗漏，物逃不过您的慧眼。

您的洁净之风，传遍亲戚邻里。从身到心，从外到内，您都是一尘不染。您的温、良、恭、谦、让，五德昭彰；您的品格，至高无上。

至于您遗憾的地方，是在三纲最后一条。您有理想还没有实现，有追求还未能获得。您因此精神痛苦，以此最为突出。您就这样带着遗憾，突然离去。天啊人啊！大地都要倾塌一角！

您担心的是儿辈：我们虽已成人，却还没有成熟，就好像果子还在由青转黄。记得您重病的时候，拉着我的手，酸楚的情绪郁结在肠。您喊着我们的名字，要我们为善从良。除此之外，您所怀想的，还有亲友和至爱。

您所留下的，有的属于恩情，有的属于劳苦。无论大小，无论远近，都等待我们去答报。说了这么多，一切的一切，总归一句，您的大德，光辉照耀。我们一定牢记您的初心，效法而行，决不违背。至于您的遗憾，我们也一定努力弥补。

想到这里说到这里，我心如止水。您养育的深恩，就像春天的光彩、早晨的雾霭。什么时候可以回报？像精卫填海，一定要实现。

呜呼！我敬爱的母亲！您永远不会离去。您的身体虽毁，您的英灵万古。我有生命的一天，就是报答您恩情的一天；我有生命的一天，就是陪伴您的一天！要说的还有许多，相聚的时间苦于太短。又拙于言辞笨拙，万不能道一，只能选择大的方面，说得也非常肤浅。当此家祭之时，我敬上一杯清酒。思念之情，将与时日一起增长。

母亲，您请享用吧！

重病的时侯您还呼唤您的儿子，无限关怀他人，千万遗憾都须要弥补；

生命的中途您又信奉佛的教义，不能长留在世，音容笑貌到何处寻找？

春日的风吹拂着南岸把光辉长远留下；

秋天的雨飘落在韶山伴清泪潸然而洒。

毛泽东母亲文氏（1867—1919），在家排行第七，故又称文七妹（正式的名字是文素勤），湘乡县凤音乡（现韶山市大坪乡）唐家坨人。十八岁与毛顺生结婚，生五男两女，仅三个成人。她毕生勤劳俭朴，心地善良，特别富有同情心，经常周济穷人和乡邻。

毛母文氏因长期忧郁和劳累，加上韶山冲的封闭，营养不足，这位孕育未来伟大人物的母亲，得了当时难治的两种病：喉炎、淋巴腺炎（喉蛾和瘰疬病）。由于韶山冲医疗条件恶劣，毛母度过了一段痛苦的晚年，并终于被夺去生命。

1918 年，母病恶化，该年 8 月毛泽东写给舅父的一封信对此有所反映：

七、八二位舅父大人座下：

前在府上拜别，到省忽又数日，定于初七日开船赴京，同行有十二三人。此行专以游历为目的，非有他意。家母在府上久住，并承照料疾病，感激不尽。乡中良医少，恐久病难治，故前有接同下省之议。今特请人开来一方。如法诊治，谅可收功。如尚不愈之时，到秋收之后，拟由润连护送来省。望二位大人助其成行也。

甥叩

其时，母亲已被她的两位兄长文玉瑞、文玉钦接回娘家。毛泽东于该年七八月回韶山探母，但他的事业使他不得不舍下51岁的母亲，于8月中旬回省城，组织新民学会会员北上，准备赴法勤工俭学，8月15日，他到了北京。

1919年3月12日，毛泽东匆匆离京，14日到上海，送走第一、二批赴法勤工俭学青年后，4月6日回到长沙，大弟泽民已按所嘱，扶病母在长沙就医，他急赶到医院。

4月28日，毛泽东写给他舅父一封信，又说到母亲的病情：

七、八舅父大人暨舅母大人尊鉴：

甥自去夏拜别，匆忽经年，中间曾有一信问安，知蒙洞鉴，辰维兴居万福，履瞻多亨，为颂为慰。家母久寓尊府，备蒙照拂，至深感激。病状现有转机，喉蛾十愈八九，疡子尚未见效，来源本甚深远，固非多日不能奏效也。甥在京中北京大学担任职员一席，闻家母病势危重，不得不赶回服侍，于阳（历）三月十二号动身，十四号到上海，因事勾留二十天，四月六号始由沪到省，亲侍汤药，未尝废离，足纾廑念。肃颂。

福安！

各位表兄表嫂同此问候。

四、五、十舅父大人同此问安。未另。

愚甥　毛泽东禀

四月二十八

这是毛泽东与母亲相聚的最后一段宝贵时间，他和弟弟搀扶着母亲，在蔡和森家留下他们一生中最后，也是唯一的一张合影。

从照片上看，毛母文氏脸部已明显可见病痛的阴影，却丝毫也改变不了老人家佛一样的雍容；她的双眼，是那么纯洁无瑕，

她把她的爱无私奉献给了她的丈夫和儿子乃至乡邻。

然而，照片背景是黯淡的，天国已在召唤着她。在三个儿子的照料下，老人在长沙疗养一段时间。其时正值“五四”运动风起云涌，她得以亲睹由大儿子毛泽东等人组织的湖南新文化运动，这是她一生中唯一见过的一次大世面。辛亥革命从形式上摧毁了中国的封建帝制，而“五四”运动却是从文化的深层对封建制度来了一次大扫荡，马列主义也因此进入中国社会，中国历史和毛泽东个人的历史同时进入全新的阶段。毛泽东十年前在他的故乡即已开始对封建文化的某些反抗，但那时他仅仅凭一种本能，单枪匹马在私塾里、在父亲面前作最初的尝试。现在，他以故乡的经历为基础，以他少年即有的锐气和新增的一种稳健冲锋陷阵——毛泽东在韶山曾经反抗的东西，比如婚姻上的父母包办，教育上的死记硬背，文法上的不打标点，文体上的八股……都将被新文化运动的洪水淹没。

但是，“五四”运动所倡导的民主、科学还未来得及引进西方最先进的医术，毛母文氏也大概没有那个条件接受最先进的医学治疗，她与那个时代大多数患病的中国人一样，还得不到有效的医治。

因此，1919 年下半年，毛泽东在亲历“五四”运动的极大振奋之后，却又经受了他人生中最大的一次悲痛——他失去了他的母亲。

母亲在“五四”运动的余波中回到韶山，在病榻上艰难地度着最后的日子。她在翘首盼望游子归来，但她依然一如既往地独自默默承受痛苦，只在心灵和梦中与儿子相会。10月初，老人家病情急剧恶化，毛泽东慌忙收拾行李，急回故乡。但到上屋场时，母亲已于三天前永别人世。

毛泽东放声恸哭，在飘摇的桐油灯下，在母亲的灵位前，他呜咽着，颤抖着双手，以泪凝成这篇《祭母文》。

毛泽东读诗，读四言最早，那便是《诗经》，这部绝大多数由四言诗组成的诗集，是中国第一部诗歌总集，包括风、雅、颂三部分。风即国风，多为周朝各地的民歌，雅是文人诗，又分大雅、小雅，颂则是朝廷或庙堂的颂歌。《诗经》开创了现实主义的诗歌传统，又首创赋、比、兴（即铺陈、打比方、先言他物再引到正题）三种写作手法。这些对毛泽东影响极深。他从进南岸私塾启蒙时就开始研习《诗经》，以后他常读常新，一直到晚年都爱读。他也经常用《诗经》似的四言句子作文、讲话以致直接写诗。这篇《祭母文》就是毛泽东创作的一首四言精品。

在韶山毛氏家族中，族人过世，特别是有名望的人过世，通常都要读祭文、焚祭文，而祭文的样式，则规定用四言，《中湘韶山毛氏族谱》二修首卷中就收录有祭文，如：

《中元祭文》

黄云覆陇，新谷方升。

金井飘桐，先畴未改。

我先人应不忘夫故土，

想灵爽必同返乎家园。

景物增新，处处是生前乐地；

门庭依旧，人人是堂下孙支。

列祖归来，全家虔肃。

翦蔬献韭，敬为时食之陈；

封楮裁衣，聊便冥途之用。

伏冀先亲默鉴：

列祖式临，保护家庭。

佑启孙子；

行藏共永，山林廊庙齐荣。

耕读同昌，卷轴桑麻并耀。

呜呼！

抚心今昔，痛泉路之乍分；

翘首遥天，望云山而饯别。

以妥以侑，来格来尝。

尚飨。

不过，毛泽东并未依葫芦画瓢地照搬家族的祭文，在母亲去世时，他完全把自己的感情浓浓地注入，从而铸成名篇。

真情、浓情，是此长诗的最大特点。一开头就不由自主地深情呼唤母亲，然后从美育子女的辛劳、博爱精神的宝贵、条理分明的作风、讲究整洁的习惯等方面概述母亲平凡而伟大的一生。同时也写到母亲深深的遗憾。关于这一点，毛泽东讲得比较含蓄，“三纲之末”似乎是讲的“夫为妻纲”一条，大约是说母亲与父亲关系不是很融洽，或者父亲对母亲较缺乏关爱，也许是因毛顺生一心只想发家致富，又加以他有自私、刻薄的特性，所以毛泽东认为父亲对母亲关心不够，甚至使母亲受不少委屈。母亲死了，另一个遗憾是三个儿子还没有完全成熟，特别是小儿子泽覃只有14岁，所以说“介在青黄”。毛泽东追述这一切之后，便自然而然地要痛哭失声，大呼：呜呼吾母！母终未死。表示在世一天，就要报答母亲一天。人都去世了，何以报答？那就是以母亲的为人，以母亲的精神激励自己奋斗不息，做出大事业，完成母亲没有完成的遗愿（如把母亲对韶山冲和本家族的爱推而广之到全中国乃至全世界！）。

另外，用词上，也是精雕细琢。如用“遽然”（突然）写母亲过世得令人没有思想准备；用“摧折作磨”写母亲的艰辛；用“覆载”（覆盖）写母亲的博爱之广大；用“恺恻慈祥”（富有同情心和慈祥品格）写母亲的品性；用“倾地一角”（让大地塌下一角）极言作者的悲痛；用“春晖朝霭”比喻母亲留下的光辉；用“精禽大海”（指精卫填海之事）表达作者报答母恩的决心。

全诗结构，大略为三大块：

第一块是总写母亲的去世并概写母亲的恩德，引起下文。即从开头到“待徐温吐”；

第二块就是“温吐”（慢慢地述说）的内容，从“今则欲言”到“均待报赍”，这是从几个方面分述母亲的恩德；

第三块是全诗的总结，也是感情的高潮。从“总兹所述”，到最后，表达对母亲深深的思念和报答母亲的决心。

四言诗的特点是典雅、高贵，内涵丰富，用语精炼，但通常较难懂。尤其在 1919 年这个时候，毛泽东刚刚沐浴“五四”文风，要完全转变他写作上偏好古典的风格，尚待时日，而诗风要转到较通俗甚至民歌化上，则更是不容易的事。

1921 年

枕上愁

堆来枕上愁何状？江海翻波浪。
夜长天色总难明，寂寞披衣起坐数寒星。
晓来百念皆灰尽，剩有离人影。
一钩残月向西流，对此不抛眼泪也无由。

《虞美人·枕上》

头靠着床枕，却无法入眠，愁绪同黑暗一起漫延，笼罩着周身。心中像江海一样在翻波卷浪。难挨的夜啊，为何如此漫长，太阳不知旅行到了哪一个遥远的地方，我只好披上衣裳坐起来，数着那窗外的点点寒星。

终于熬到了早晨，见不到她，一切的想象都像灰一样消失殆尽，只剩下离别的她若有若无的影。一钩残月向西很快地落下，面对此情此景，怎会有理由不让人落泪心伤！

1920 年，杨开慧的父亲、毛泽东的恩师杨昌济先生在北京逝世后，杨开慧随母亲扶柩南下，办完后事，即进入私立福湘女子中学读书。李淑一当时也在该校读书，她们便成好朋友，而这时毛泽东与杨开慧在热恋当中。杨开慧常向李淑一谈起毛泽东，甚至把恋爱中的“秘密”也告诉她。一日，开慧给李看毛泽东送给她的一首词，就是这首《虞美人》。

1957 年 1 月，《诗刊》创刊号发表毛泽东旧体诗词 18 首，李淑一读后回忆起开慧曾给她看过的那首，即写信给毛泽东，想请毛泽东写出全词。5 月 11 日，毛泽东复信：

大作读毕，感慨系之。开慧所述那一首不好，不要写了吧。有《游仙》一首（即《蝶恋花·答李淑一》——笔者注）为赠。

从此信可知，毛泽东首先是承认有这首词的，其次，他觉得那是恋爱中的“私情”，不想公开。李淑一却是一位有心人，唯恐失传，根据记忆，让其儿子录存。1961 年，毛泽东曾把此词写给卫士张仙朋，说：“这个由你保存。”而毛泽东后又将此词做了些修改，1973 年冬交护士长吴旭君用毛笔抄好。

此词现所见仅有毛泽东的手书一幅，大约是写给张仙朋的。写明日期是 1921 年。“寂寞披衣起坐数寒星”原作“无奈披衣起坐薄寒中”，“剩有离人影”原作“倦极身无凭”。

为什么已事隔三十六年，毛泽东经李淑一提起，他还记得那首他并未留底稿的词？可能因为他与杨开慧的爱情特别是热恋的时候，对他来说是刻骨铭心的，他在那时所思所想，包括他为她写的词，也是经久难忘的。

开慧当时对毛泽东也一往情深。她曾如此叙说：

不料我也有这样的幸运，得到了一个爱人！我是十分地爱他；自从听到他许多的事，看见了他许多文章日记，我就爱上了他，不过我没有希望过同他结婚，一直到他有许多的信给我，表示他的爱意，我还不敢相信我有这样的幸运！……自从我完全了解了他对我的真意，从此我有一个新意识，我觉得我为母亲而生之外是为他而生的。

假如他被人捉着去杀头，我一定要同他去，共这一个命运。

这段话真是感人至深。可是后来却是她被敌人捉去杀了头。真令人扼腕痛惜！毛泽东闻听，跌足长叹：

开慧之死，百身莫赎！

这首《虞美人·枕上》是现所见毛泽东的第一首词，也是一篇极为婉约的美词。

词在唐后期兴起，到宋代达到繁盛的顶峰，词家如满天繁星，而婉约派则以柳永、晏殊、晏几道、李清照等为代表。诗、词相比，诗的形式规整，而词被称为“诗余”“长短句”，但慢慢也按词牌形成固定的格式，从表达的效果看，词也许更适合抒发那种浓烈的情感，它的优点在于，它可以在歌唱时把调子拉得更长更低回婉转。宋代时势动荡不安，宋天子与人民不断经历着家仇国恨，特别是南渡之后，往往又沉醉于歌舞升平当中，故有婉约词之兴（词之始，本就是南唐李后主的婉约派），从宋词来看，也是以婉约为主流的。

毛泽东显然借鉴宋词，他一辈子也特别爱写词，他也是从学写婉约词开始的。比较一下同类别题材的宋词，我们也许对毛词的语言与艺术形式会有更深的理解。

毛泽东本人并不欣赏自己写的这首词，原因大约是其情调太感伤，似乎缺乏男子气，所以他生前不同意发表，可是他自己还是手书此词送给卫士张仙朋，这又说明他对此词的艺术性还是认可的，特别是因为它是怀念妻子杨开慧的，所以不能忘怀。的确，我们对比一下，毛泽东的这首词与宋词中写爱情、写思念的诸多词，极有相似处。仿佛宋人再现。笔者甚至认为，此词就是模仿宋词的一篇“习作”，或者是写后送给杨开慧的（否则，杨的女友李淑一不会得到）。

整篇词一个“愁”字统括，这个“愁”是因相思而生，而相思又是因离别而生。距离必造成作者的相思，而相思又使他彻夜难眠，在床上翻来覆去，心潮汹涌；夜长如此难挨，只得起身披衣，与冷月相伴，无聊地数着星星。到了早晨，仍是孑然一身，不禁流下一行清泪。

毛泽东的愁，与古人相通。同一词牌的李煜词（毛词可能就是模仿李）说：“问君能有几多愁？恰似一江春水向东流。”欧阳修则在其《踏莎行》中说：“离愁渐远渐无穷，迢迢不断如春水。”贺铸在《青玉案》中写道：“试问闲愁都几许？一川烟草，满城风絮，梅子黄时雨。”李之愁是亡国之愁，欧之愁是离愁，而贺之愁则是闲愁，毛泽东的愁不及李的痛彻，又比贺之愁深，与欧阳修的愁倒是差不多。

从用词造句或构造的情境、意象看，此词没有创新之处，基本上模仿古人，其价值则在于，这篇词披露了毛泽东早年与杨开慧热恋时的真实感受，从而也使我们认识到毛泽东也是一个有着七情六欲的凡人，这使我们感到毛泽东更可亲可敬。

而从毛泽东诗歌创作之路来看，显然，此词处于探索的第一阶段，特别是词创作的初始阶段，词艺是圆熟的，但与后来他创作的大量瑰丽辞章相比，它的意象显得有些陈旧，没有自己的独创。因而也不大为他本人看重。

1923年

挥手

挥手从兹去。更那堪凄然相向，苦情重诉。眼角眉梢都似恨，热泪欲零还住。知误会前番书语。过眼滔滔云共雾，算人间知己吾和汝。人有病，天知否？

今朝霜重东门路，照横塘半天残月，凄清如许。汽笛一声肠已断，从此天涯孤旅。凭割断愁丝恨缕。要似昆仑崩绝壁，又恰像台风扫寰宇。重比翼，和云翥。

《贺新郎·别友》

挥挥手我从你身边离去。真不能忍受这分别的痛苦，默默地凄然相对，我把我的酸楚向你倾诉。眼角眉梢都挂着遗憾，满腔的热泪就要零落而下。我前次给你写的信引起了你的误会，其实在这如烟似雾的人生中，想一想知己，要算得上我和你。我内心充溢着隐痛，老天可否知晓？

今天清晨霜凝大地，远去的道路也被冻住，那门前的水塘映照着天空上将要下沉的月亮，这气氛是如此的凄冷。突然一声汽笛鸣响，我已心慌得肠都要断掉，从此我们天各一方，我将独自旅行在外。下狠心割断这悠长的愁绪和绵绵的痛楚。要像昆仑山的绝壁轰然崩落，又像台风扫过宇宙。有一天，我们还会再在一起，如比翼鸟，随同云彩一起，飞，飞，飞。

杨开慧（1901—1930），亦名霞，字云锦，长沙板仓人。她还在少女时代，即经常看到来向父亲请教的毛泽东，大约在1919年前后即她18岁，毛泽东26岁的时候，他们双双坠入爱河，进入热恋则是在毛泽东第一次上北京之时。1921年春节前，他们结婚，婚后，开慧仍在岳云中学读书，初冬，即毛泽东从上海参加中共一大回来后三个多月，他们住进长沙小吴门外清水塘。这年她加入中国共产党，并担任中国共产党湘区委员会的机要和交通联络工作。

1922年10月24日，杨开慧生下第一个孩子岸英，次年又怀上第二个孩子。毛泽东天天奔波在外，无暇照顾妻儿，特别在1923年二七惨案发生后，湖南军阀赵恒惕下令通缉毛泽东，4月，毛泽东离开长沙到达上海，调到中央工作。6月，他去广州参加中共三大，当选为中央执行委员会委员、中央局委员、中央局秘书，担任中央组织部部长。大会讨论通过《关于国民运动及国民党问题的决议案》，毛泽东积极赞成同国民党合作，建立革命统一战线，避免“孤军奋战”。9月，他返回长沙，同李维汉、何叔衡等进行反对赵恒惕的斗争，继续开展工农运动。冬，他又一次离开长沙经上海去广州，参加国民党第一次全国代表大会。

毛泽东与杨开慧时聚时散。许多时候开慧不能随同前往，她难免有些怨言。毛泽东的这首词就是写于此时。

到1927年大革命失败，毛泽东领导秋收起义队伍上井冈山后，她回到长沙板仓，秘密开展地下斗争，这成为夫妻的永诀。

1928 年 10 月，开慧写下一首《偶感》五言长诗，寄托自己对丈夫的思念：

天阴起朔风，浓寒入肌骨。

念兹远行人，平波突起伏。

足疾已否痊？寒衣是否备？

孤眠谁爱护，是否亦凄苦？

书信不可通，欲问无人语。

恨无双飞翮，飞去见兹人；

兹人不得见，惆怅无已时！

1930 年 10 月下旬，杨开慧被捕，与 8 岁的长子岸英一起被关押于长沙警备司令部、陆军监狱署等处。在狱中，她坚贞不屈，严词拒绝“与毛泽东脱离夫妻关系。”11 月 14 日下午 1 时，她被杀于长沙浏阳门外识字岭。

毛泽东的《别友》与《虞美人 · 枕上》一样，显然对古人有所模仿。首先，别友，是古今文人常见的写作题材，无论唐诗、宋词，甚至在古老的《诗经》中就已有“昔我往矣，杨柳依依，今我来思，雨雪霏霏”的句子，大略因亲人或朋友之间的离别，总是最让人伤感的，平日不明显的感情，在分别的时候便一下子突现，甚或平日的仇怨也会因分别，特别是永别而消。

毛泽东在此词中写的就是他与妻子的分别，虽然不是永别却可能是长时间的分别和空间上的远距离。作者从挥手写起，倒叙离别前夕的“凄然相向”和对“前番书语”的误会。写离情，用“凄”“恨”两字概括。“凄”者何？离别也。“恨”者何，误会也。总起来，透露出作者对妻子的一往情深。又通过“相向”时的“眼角眉梢”和“热泪”，经细节描绘，反映这种“凄”与“恨”。

正因有“恨”（指怨恨）和误会，毛泽东笔下的情感才会显得较为复杂，而不只是一味地难舍难分，他还需要对妻子做一些解释和安慰。他告诉杨开慧，他们不管有多少误会，那都是过眼烟云，他们建立在“知己”基础上的感情是牢不可破的，他对此指天发誓“人有病，天知否”。

词的下片，正面写离别时的情境。描写“霜重东门路”，“半天残月”照“横塘”，既是写实，也是对古人常用的意象的借用。汽笛一声，当然只有现代才有，而“肠已断”则自古皆然。“天涯孤旅”，往往是文人和“志在四方”的好男儿迷醉的与不可避免的人生状态，但这中间免不了产生“羁旅”之愁，毕竟远离亲人和故乡，因而这也常常成为诗词家咏叹的题目。

到最后的几句，毛词意境大开，由低回婉转而突然高旷张扬，他要割断愁丝恨缕，他要像昆仑崩绝壁，台风扫寰宇一样去干一番惊天动地的事业，他也希望妻子与他一同“高飞云天”，言外之意，不要再缠绵于儿女情长！

这几句反映出毛泽东对柳永等词人纯粹“婉约”的突破。自然，《贺新郎·别友》，大部分篇幅写离愁别恨，没有脱出古人的题材与手法甚至意象，但最后能从中急速突出，则是超过古人而有所创新之处。宋词常常要么一味地铜琶铁板、金戈铁马，要么一味地缠绵悱恻、低回婉转，极少有能把二者结合在一起的。毛泽东力图这样去做，也终于做成，这是毛泽东词最大的成功之处。

1925年

寒秋独立

独立寒秋，湘江北去，橘子洲头。看万山红遍，层林尽染；漫江碧透，百舸争流。鹰击长空，鱼翔浅底，万类霜天竞自由。怅寥廓，问苍茫大地，谁主沉浮？
携来百侣曾游。忆往昔峥嵘岁月稠。恰同学少年，风华正茂；书生意气，挥斥方遒。指点江山，激扬文字，粪土当年万户侯。曾记否，到中流击水，浪遏飞舟？

《沁园春·长沙》

我独自一人伫立在橘子洲头，在这寒冷的秋天里，看那湘江静静地向北流去。远处，千座山万座山，已红透了，层层树林都被染得如此绚丽与烂漫；俯视江水，清澈见底，许许多多的船，争相竞发。雄鹰在苍穹上翱翔，鱼儿惬意地闲游在浅浅的水底，世间的生灵都在这降霜的天气里获得它们的自由！可我却在这无边的宇宙间，感到有些怅惘，我要问这苍苍茫茫的大地，谁来主宰它的命运？

曾经，相约朋友们到此游赏，回忆那个时候，多姿多彩，多么沉重厚实！那是风华正茂的年龄；各人都满腹经纶，怀着那奔放遒劲的远大理想，要用彼此的才学指点江山，要用练就的本领书写春秋！只把那自古以来的王侯将相，看成一抔粪土！可曾记得：我们一同在水流最急处，奋勇搏击，那连天的大浪，岂能阻挡住前行的方舟？

长沙，是对毛泽东一生有重大影响的文化之区，毛泽东学问的基础，全都在这里打下，他丰富多彩的实践活动，也是在这里最先进行，他独特的个性张扬于此，他绚丽的诗词探索之路，也由此向远处延伸。

这里是楚文化发祥地之一。战国时屈原曾从潇湘大地吸取素材，或直接以这里为背景写下大量瑰丽诗篇，其主旋律是激越的爱国主义；宋、明两代，理学大盛，湖湘学派形成，湖湘文化积淀，这为近、现代“惟楚有材，于斯为盛”打下基础。毛泽东个人的思想乃至作风，很大一部分来自中国传统文化，这是与他 20 世纪初长期生活在湖湘文化的中心密不可分的。青年毛泽东在长沙生活、学习先后长达十三年。1911 年 9 月，毛泽东初次来到长沙，考进湘乡驻省中学。不久，辛亥革命在武昌爆发，毛泽东参加了湖南新军。以后，他又在商业学校、省立第一中学读书。1913 年至 1918 年，他在省立第一师范学校读书（先入第四师范，不久四师并入一师）。

湖南第一师范设在长沙南门外书院坪，原为南宋理学家张栻创建和讲学的城南书院。与城南书院一河相隔，是朱熹讲学的岳麓书院，连接两处著名书院的湘江渡口即取名朱张渡，以纪念当年朱、张讲学之盛。它坐落在长沙城南门外妙高峰下，面临湘江，遥望麓山，东靠京广铁路。东南丘陵参差，北边楼房林立。

1903 年，城南书院与湖南师范馆合并为湖南全省师范学堂，次年改名中路师范学堂，1912 年改为湖南公立第一师范，1914 年又改湖南省第一师范学校。

毛泽东入一师，便获得一个长期、稳定钻研学问的环境，他停止了漂泊不定的生活，而专心治学——当然，他的主攻方向是社会科学，内容甚广，由历史、地理而入哲学、伦理学，由古而今，自中而外。

1918 年 4 月，毛泽东与萧子升等一批志同道合的学友，在长沙市荣湾镇刘家台子蔡和森家成立新民学会，萧子升被选为总干事，毛泽东和陈书农被选为干事。1918 年，毛泽东从一师毕业，先后在长沙修业小学、一师附属小学任教。“五四”运动时期，他组织领导了湖南的学生运动和新文化运动。接着，他领导了“驱张运动”。1920 年 9 月，毛泽东与何叔衡在长沙建立湖南共产主义小组。次年 7 月，他和何叔衡作为湖南代表出席中共一大，10 月 10 日，他们在长沙建立中共湖南支部，毛泽东为书记。不久，又组建中共湘区委员会，也任书记。1923 年 4 月，他离开长沙，到上海、广州等地参加中共中央和国民党中央的领导工作。9 月，又返回长沙，领导反对湖南省省长赵恒惕的斗争，并开展工农运动。

1925 年春天，他回到韶山领导开展农民运动。8 月间，赵氏派兵到韶山捉拿毛泽东，毛泽东在赵恒惕追捕下，却在长沙待了一二十天，会见了中共湘区、省工团联合会、文化书社负责人，他建议多派人赴广州和深入乡村。毛泽东本人神不知鬼不觉钻到赵恒惕鼻子底下。

他重登岳麓山，游橘子洲，紧锁双眉，不禁吟出《沁园春·长沙》——毛泽东平生第一首豪放派辞章。

月底，他从长沙坐船经衡阳南下，到达湘阴渡，因冬旱水枯，船不能上行，乃弃舟登岸，沿旱路往郴州，一日傍晚到了郴县栖凤渡，在金盆窝小村住一晚，与一前清廪生杨萱源聊到半夜，次日又行80里而至赤马岭歇宿，接着到良田，住共产党员孙开球家，之后间道入粤，庞叔侃、周振岳与之同行；11月初，他到达广州，住国民党中央党部，不久即代行国民党中央宣传部部长之职。

此词历来被视为毛泽东的第一篇成熟的词章，信其不诬也。这应当是从语言的成熟，特别是意象、情境的独创性和整体的风格来说的。

先看语言。用词极为精当典雅且动静得宜，已很少仿古用典，而纯出自创。一个“独”字，写出作者当时的处境，是实写独自一人，更是写心灵的孤独、思想的孤独，因为他的关于中国革命（特别是农村、农民革命）的认识尚不被中共党内大多数人认可，所以会有孤独感。“真理常常掌握在少数人手里”，毛泽东便时常处在这种境地，他以后还将无数次地领受这种孤独，正是在这种孤独中，他走出他自己的独创新路。

接下来，他继续写他的孤独境地。他独自一人，待在湘水当中，橘子洲上，只有大自然给他无穷的慰藉。虽然是寒秋，他却也能感到一些暖意和暗藏的勃勃生机，那就是远山近树满眼的红色，他不由想起唐代诗人杜牧的句子：霜叶红于二月花。红叶是绚丽的，但相对又是静态的，而近前，那碧透的江水上，争流的百舸，游动的鱼儿和天空的雄鹰却是动态的。在这里，毛泽东着一“染”字，极写秋霜给层林打下的深深印痕；以一“透”字极写秋水之碧（这正是深秋湘江最大的特色），又着一“击”字状鹰之力量，以一“翔”字写鱼之悠闲，以一“竞”字总括天地万物的生存状态（这也是哲理性的概括，所谓物竞天择，适者生存）。

上片由己及物，由“独”而“群”，由“静”而“动”，毛泽东作词功力已显不凡！其中所写之景，是写实，或兼有象征意义，红遍的万山，层林是否暗寓风起云涌的农民运动？而碧透的湘江与江上争流的百舸，以及击长空的鹰等是否也有所指？不必太牵强地一对一，但诗词是讲究象征的，适当地联系也有一定的道理。

值得重点一议的是“独”即孤独，此前毛泽东作过的几首诗词，多次写到孤独，孤独甚至一度成为他诗词中的重要内容。孤独也常常是一些君子、伟人常见的生存状态，阳春白雪，总是“和者寡”的。在刚离开韶山到湘乡县立高等小学堂时，他就开始感到孤独，“独坐池塘如虎踞”，进湖南一师的最初几年，他也时常孤独，所以发出启事征友，而同学易昌陶的病逝，突然使他感到死别的深深孤独，送纵宇一郎东行，他又感到生离的孤独，在《枕上》，在《贺新郎》中，则是与恋人不能在一起的孤独，可贵的是毛泽东并没有在孤独中沉沦下去，他也从来不孤芳自赏，而是非常懂得合群奋斗的重要，到写这首《沁园春》之时，毛泽东差不多已摆脱个人意义上的“孤独”感（上片有一个“怅”字，即怅惘，他所“怅惘”也非个人情感方面的“怅惘”而是因对“谁主沉浮”的不确定性而产生的“怅惘”)，而将他的孤独上升到更高的层次，并且也找到了排解孤独的办法，那就是团结一班同志，共同奋斗。

词的下片即写他与学友在一起探讨学术、畅谈理想与人生和锻炼身体的情景，当然，毕竟这个时候毛泽东是孤身一人在湘江上橘子洲赏景和思索，所以他只有回忆，而回忆的当是他快要从一师毕业，即已开始组织新民学会以后的事。那一幅幅场面是如此动感十足，是那么意气风发，洋溢着奋发向上的乐观精神和无所畏惧的气概，而这一切又是超脱个人功名之上的，是基于“主沉浮”“指点江山”，即他早年就已确立的救国救民理想的。

有人说毛泽东在此词中就显出他的“霸气”或“帝王之想”，依据即他所问“谁主沉浮”（言外之意是他要主沉浮），这是极而言之或多少带有一些贬义，但此词中洋溢的建大功立大业的理想的确是明显的。

这就使我想到我们读过的此前的毛泽东的几篇词，此词已完全摆脱个人的离愁别绪和卿卿我我，或生离死别，因而在题材上有了重大突破，而在意境上也根本突破原先常见的那种低回婉转、缠绵悱恻和难以排解的伤感，这就在情调上也根本突破他自己也突破古人。这样一来，其用词造句、语言风格也表现出极大的独创性。他的诗词开始面对国家、社会和政治的现实，形成他的史诗风格，这正是毛泽东诗词的主流和最大的价值之所在。

此词的写作时间，有人考证应是在 1925 年初，毛泽东回到长沙到韶山开展农民运动之前，因为这个时候才可能有词中所描写的寒冷景象，而 8 月底 9 月初他到长沙，天还热，秋老虎未去，既无霜也无红叶，因此不应为此时写。不过，这不在本书评析范围内，故不多说。

1927年春

逐浪心潮

茫茫九派流中国，沉沉一线穿南北。
烟雨莽苍苍，龟蛇锁大江。
黄鹤知何去，剩有游人处。
把酒酹滔滔，心潮逐浪高。

《菩萨蛮·黄鹤楼》

条条大河，浩浩茫茫，在祖国大地奔流不息，黝黑深沉的铁路，贯穿南北。春雨生烟，莽莽苍苍，龟山和蛇山，像两把铁锁，扣住长江。

那传说中的黄鹤，不知道现在去了哪里？只剩下它的遗迹，供游人玩赏。在这高楼之上，我端一杯好酒洒在这滔滔的水里，心情起伏，有如波涛，随着大浪愈涨愈高。

1927年春季，革命前途和中国命运正面临着严峻的考验。这年，毛泽东徒步历五县，行程700公里，对暴风骤雨式的湖南农民运动进行大检阅，其时国民政府由广州迁到武汉。2月12日，毛泽东也从长沙到武汉，其家小，包括妻、儿、岳母及保姆陈玉英亦于月底跟来，同住武昌督府堤四十一号。

16 日，毛泽东给中共中央写了视察湖南农民运动的报告，说明将在三四月间写出详细的考察报告送呈。18 日，国民革命军总政治部农民问题讨论会聘请他为委员。其时，他埋头写作，常至深夜不息，桌上码着大堆材料，其妻亦在旁帮他看和写。23 日，他出席农民问题讨论会第二次常会，作中国各地农民运动状况的报告，指出农运已席卷湘鄂赣粤，波及黄河流域，为此急需继续主办农运讲习所，培育人才。3 月 2 日，他又出席第三次常会，被选为“红枪会调查训练委员会”主席委员，帮助引导河南的红枪会。经毛泽东提议，讲习所定名为武昌中央农民运动讲习所，毛泽东为三人常务委员之一，后任副所长，主持工作。4 日，他被湖北省第一次农民代表大会聘为名誉主席。

这时，毛泽东的写作已完成，3 月 5 日，中共湖南区委机关报《战士》周刊 35、36 期首次刊登《湖南农民运动考察报告》第一章和第二章一、二节；38、39 期连载第二章第三节。至此，毛泽东继《中国社会各阶级的分析》之后，又发表一篇名著，且由对整个中国社会的分析而集中到中国农村，他宣言：

很短的时间内，将有几万万农民从中国中部、南部和北部各省起来，其势如暴风骤雨，迅猛异常，无论什么大的力量都将压抑不住。他们将冲决一切束缚他们的罗网，朝着解放的路上迅跑。一切帝国主义、军阀、贪官污吏、土豪劣绅，都将被他们葬入坟墓！

3 月 7 日，中央农运讲习所开班上课。同日，毛泽东参加国民党二届三中全会预备会。其时蒋介石已在南昌另立中央，全会本拟 3 月 1 日开幕，但蒋介石迟迟未到，至 7 日仍未到，毛泽东颇感愤怒，反对继续推迟。遂定于 8 日开提案委员会，9 日开审查委员会，10 日正式开幕——3 月 10 日，毛泽东出席开幕式，他的身份是国民党候补中央执行委员和农运委员会常务委员。13 日，他与邓演达、陈克文提交《土地问题案》（后改为《农民问题案》），14 日又提交《对农民宣言案》，其内容与《湖南农民运动考察报告》相一致。16 日，两项提案均获通过。17 日，大会闭幕。

杨开慧到武昌不久，在医院又生子，产后四日，毛泽东才来看望，抱了那白胖小子，笑道："好啊，没哪个换掉我的毛伢子去吧！"众人都笑，要毛泽东取名，他沉吟片刻，说，"'岸龙'如何？"大家都说好。

毛泽东的《湖南农民运动考察报告》单行本于 4 月由瞿秋白以《湖南农民革命》为题出版，瞿氏还写了序言。

4 月 27 日至 5 月 6 日，中共五大在汉口召开，毛泽东提出支持农民开展土地革命，猛烈发展农民武装，建立农村民主自治政权，这虽然揭示了中共日后成功的第一要素，却未引起人们大的注意，毛泽东在该次会上也仅选为候补中央委员——他的主张越来越不合"时宜"，不但造成国民党一方的敌视，在本党内也受到轻视。毛泽东"心情苍凉，一时不知如何是好"，他独步长江岸，徘徊黄鹤楼，仿佛陈子昂登幽州台，不禁写出这首 20 世纪的"登幽州台歌"。

毛泽东 1945 年曾给诗人徐迟亲笔写下孔子《论语》中的句子：诗言志。毛泽东的许多诗词都有言志的特点。特别是他青年时期的诗词，几乎篇篇都要"言志"。盖因他从小立志，由发奋求学到救国救民和探寻真理，伟大的志向是他人生的动力。从“立志出乡关”到“何以报仇”，到“谁主沉浮”，即使他挽亡友和送罗章龙，也无一不体现着毛泽东的人生大志，无一不充满理想主义色彩。那么，这篇《黄鹤楼》反映了毛泽东的什么志向呢？

不管如何“言志”，诗毕竟是诗，她是一种典型的语言艺术，必得以形象说话，而不能过于直白，否则味同嚼蜡，不能称为诗。

我们看此词中构造了一些什么意象与情境。毛泽东笔下，有滔滔奔流的大河，有穿南北的大铁路和烟雨茫茫中紧锁长江的龟山和蛇山。这都是实景，而有所象征。象征与暗寓者，即是当时国内严峻的政治形势（不利于革命派一方的形势），就仿佛“山雨欲来风满楼”。毛泽东在这个传说曾有白云黄鹤的地方，像古人一样以酒洒地，表示心中的祈愿或誓言，他的心潮澎湃，思绪飞腾。

黄鹤楼，古来四大名楼之一，又是一座浪漫的楼。唐代诗人崔颢诗云：昔人已乘黄鹤去，此地空余黄鹤楼。黄鹤一去不复返，白云千载空悠悠。

毛泽东之志大约就隐藏在这里面。到底为何？快快说来。如前面背景所述，毛泽东和中国共产党人既已无法在国民党内安身，那就只好“乘鹤”离去。也就是说要勇敢直面与国民党右派的决裂。毛泽东在中共正式发动南昌起义和秋收暴动前几个月，就已有了与国民党决裂的思想准备！这就是本诗中所言“志”。

当然，毛泽东决不会像佛家所言的“驾鹤西归”，坐等灭亡，而是要主动出击。在这首词中，此点没有明说，或者毛泽东本人也还未明确。

艺术上，此词一如既往地用形象说话，把词人的感情与理想，深寓在自然景物之中，又把自身与现实，人与自然完全融合在一起。词的色调是灰色偏暗的，但有一种红光透出来。情调先是低沉的，但后通过动感的江河和心潮高扬起来。江、山、楼与人构成完整而耐人寻味的画面。几个动词：流、穿、锁，极富艺术表现力。

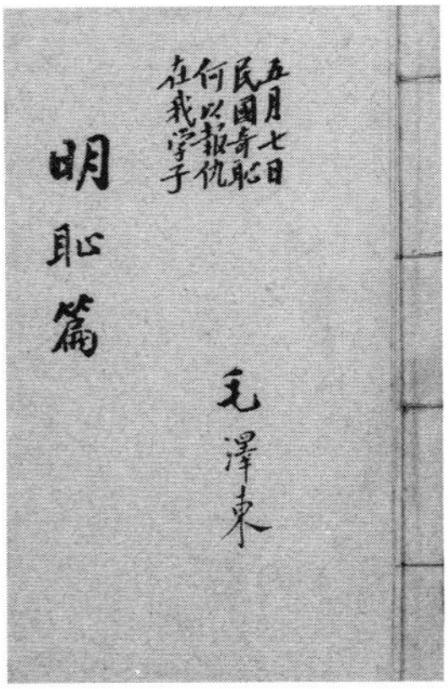

毛泽东题写封面的《明耻篇》（右）和写给萧子升的信（下），此信写于 1916 年 7 月 25 日，预言到中日之间必有一战。

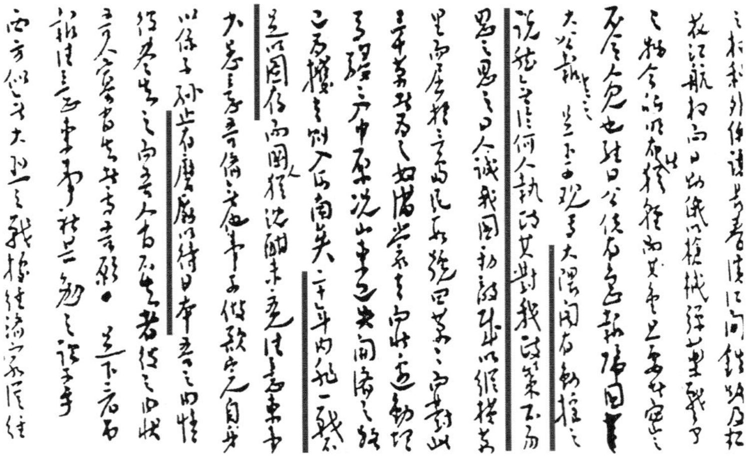

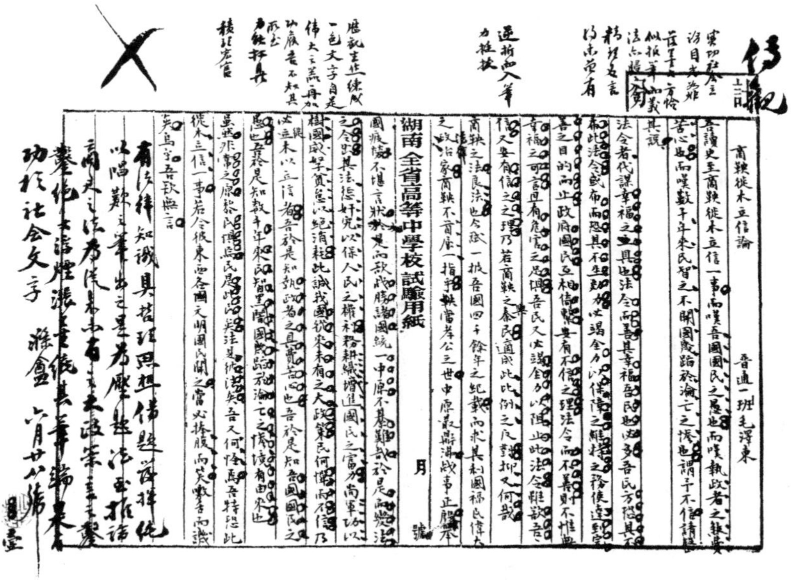

现存毛泽东最早的作文《商鞅徙木立信论》。1912 年作。此文仅 600 字，纯用文言，古意甚浓，有韩、柳、欧、苏遗风，亦存康、梁痕迹，足见“六年孔夫子”让毛泽东打下了较深的古文根底。从内容上来看，忧国忧民之心颇重，立论高远；从书法上看，毛泽东仍保留着“诗经”“论语”墨迹那种规整楷式，但已略趋松散。这是毛泽东书法发展的一个微妙变化。国文教员柳潜称赞毛泽东和这篇作文“才气过人，前途不可限量”，“实切社会立论，目光如炬，落墨大方，恰似报笔，而义法亦骎骎入古”，“历观生作，练成一色文字，自是伟大之器，再加功侯，吾不知其所至”，“有法律知识，具哲理思想，借题发挥，纯以唱叹之笔出之，是为压题法，至推论商君之法为从来未有之大政策，言之凿凿，绝无浮烟涨墨绕其笔端，是有功于社会文字”。

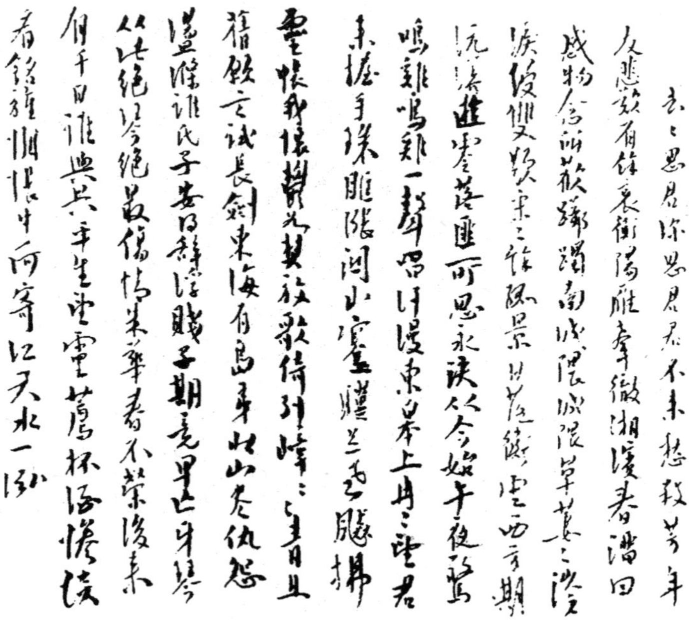

|《五古·挽易昌陶》

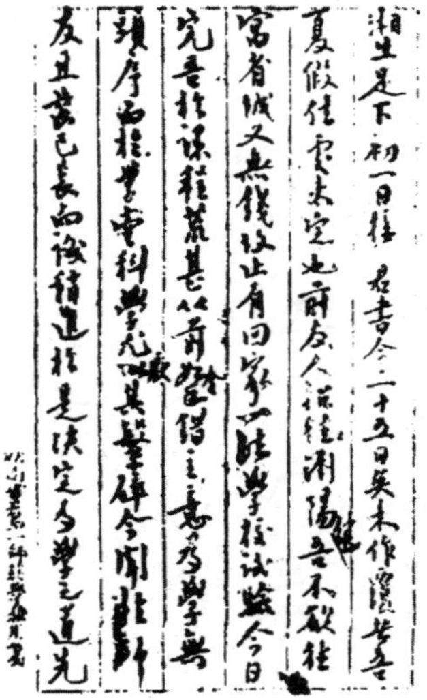
湘生足下：初一日接君書，今二十五日矣，未作覆，[illegible]。
夏假住處未定也。前存人謀往湘陰，吾不欲往
寓省城又無錢，故止有回家一法。學校試驗今日
完。吾於課程甚以前[illegible]之意為學無
頭序，而於書中科學尤其[illegible]者，今則[illegible]
友且意已長而識稍進，於是決定為學之道，先

1915 年毛泽东写给湘生的信

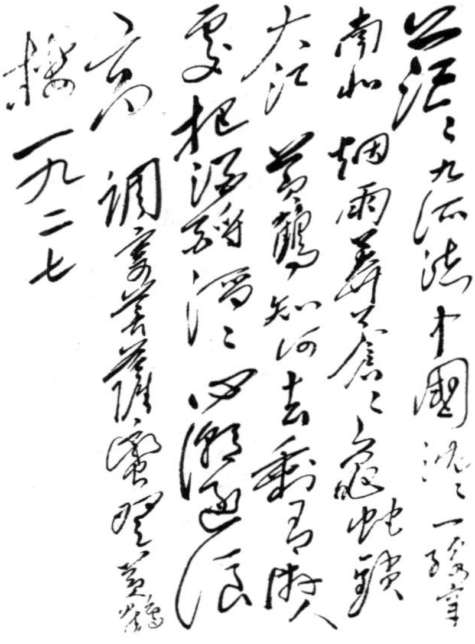

《菩萨蛮·黄鹤楼》

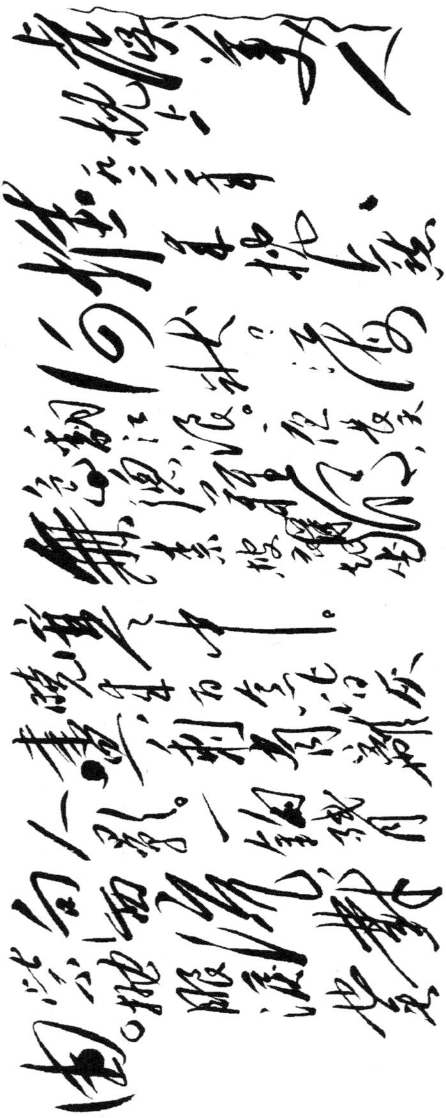

—《虞美人·枕上》

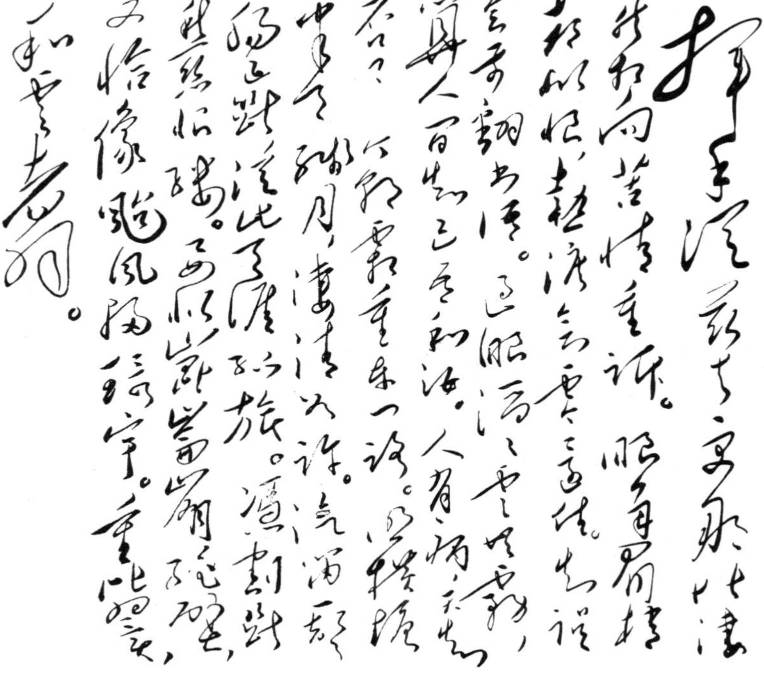
挥手从兹去，更那堪凄然相向，苦情重诉。眼角眉梢都似恨，热泪欲零还住。知误会前番书语。过眼滔滔云共雾，算人间知己吾和汝。人有病，天知否？今朝霜重东门路，照横塘半天残月，凄清如许。汽笛一声肠已断，从此天涯孤旅。凭割断愁丝恨缕。要似昆仑崩绝壁，又恰像台风扫寰宇。重比翼，和云翥。

|《贺新郎·别友》

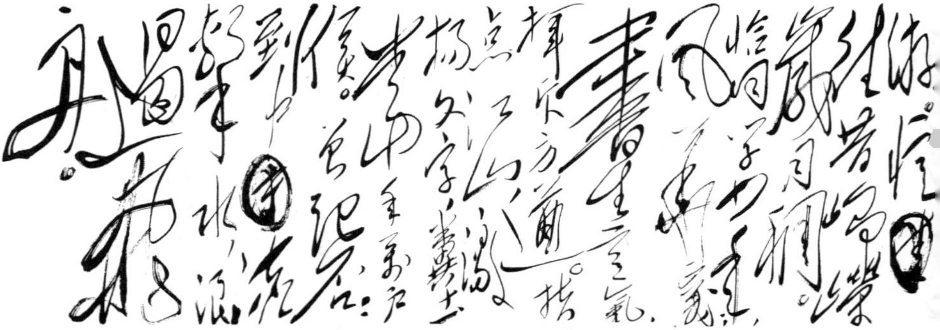

丨《沁园春·长沙》

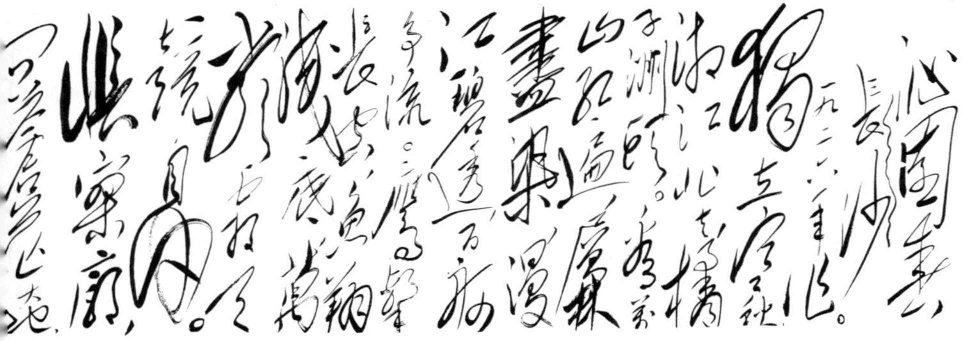

第二章

战地风景线

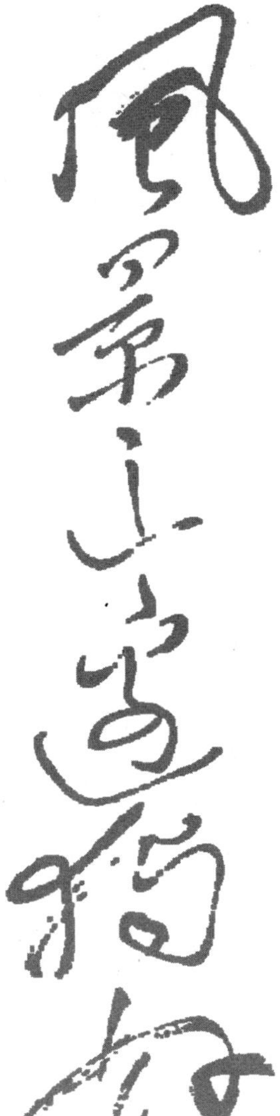

霹雳

1927 年

军叫工农革命，旗号镰刀斧头。
匡庐一带不停留，要向潇湘直进。
地主重重压迫，农民个个同仇。
秋收时节暮云愁，霹雳一声暴动。

《西江月 · 秋收起义》

这个军队叫作“工农革命军”，它的旗号上有镰刀、斧头标志。不在江西一带停留，要直接向潇、湘二水开进。

地主重重地压迫，农民个个同仇敌忾。在秋收时节，傍晚的云显出愁闷的样子，突然间一声惊雷震响，暴动发生！

1927 年 8 月 1 日，南昌起义爆发，中国共产党向国民党打出第一枪——这一天后来被作为中国人民解放军的建军节。毛泽东之弟毛泽覃即前往参加该次起义，但毛泽东本人仍在准备湖南的暴动。因风声吃紧，毛泽东在汉口租界另租一处房子，以避耳目，又请孙嫂（保姆陈玉英）带次子毛岸青先行返湘回板仓。

8 月 1 日，中央批准毛泽东的《湘南暴动大纲》，并任命他为湖南特委书记。8 月 3 日，中共中央制定《关于湘鄂粤赣四省农民秋收暴动大纲》，组织此次暴动之目的是为配合南昌起义和南昌、广州建立根据地。8 月 7 日，中共中央在汉口召开紧急会议（八七会议），共有 21 人出席，毛泽东到会发言，首次提出："须知政权是由枪杆子中取得的。"

在选举时，毛泽东极力推辞，不愿加入中央，原因是不愿去上海，而决意往湖南发动秋收起义。经表决，毛泽东还是被选为政治局候补委员，并任命为领导湘赣秋收暴动的中央特派员。

次日，毛泽东出席瞿秋白主持的临时中央政治局第一次会议，瞿提议毛去上海党中央工作，毛答：

"我要跟绿林交朋友，我定上山下湖，在山湖之中跟绿林交朋友。"

毛泽东的思路已由一般的"拿起枪"，具体到"上山下湖"，这与此时期大多数人的城市中心论已显不同。

8 月 12 日，即农历的中元节——七月十五日，毛泽东偕妻于武昌乘货车星夜赶回长沙，人们正在祭祖烧包，毛泽东住北门外福寿桥沈家大屋，中共湖南省委机关秘密设此。他又去清泰乡，草拟《土地纲领》，并与先期回板仓的妻儿团聚。这时毛泽东已无法公开行迹，他提篮买菜入市，暗做调查，或扮军官外出。16 日，彭公达主持中共湖南省委改组，成立新省委，毛泽东被选为委员，毛泽东未到会，17 日才与妻杨氏回到长沙城，住在板仓杨寓。18 日，与彭公达在沈家大屋出席新省委会议，传达"八七会议"内容，主持制定秋收起义计划。

20 日，毛泽东起草《湖南致中央函》：中国客观上早已到了

1917年，但以前总以为这是在1905年，这是以前极大的错误。工农兵苏维埃完全与客观环境适合，我们此刻应有决心立即在粤湘鄂赣四省建立工农兵政权，此政权既建设，必且迅速地取得全国的胜利。

8月底，毛泽东决心破釜沉舟，他与妻儿作最后的分别，他们从长沙乘火车至白水站，下车后，一家四口：包括岸英、岸龙同行，徒步30余里，到达板仓。次日清晨，毛泽东匆匆告别妻儿。

30日，毛泽东星夜从长沙乘上火车。次日，到达株洲，化装成司炉，坐在火车头锅炉旁。8月下旬，国民革命军第四集团军二方面军总指挥部保卫团、平江、浏阳农军负责人在修水山口镇开会，将队伍会编为一个师，余洒度为师长，余贲民为副师长，下辖两团，分驻修水和铜鼓，此部为毛泽东暴动的主力。这时，国民党湖南省政府及驻军已对湘东严密布防，“严防共党中秋节大暴动”，长沙卫戍司令张国威宣布从9月8日起特别戒严五天。

9月初，毛泽东抵安源，在张家湾安源工人补习学校召开秋收起义军事会议，到会的有浏阳县委书记潘心源，安源市委书记蔡以忱，安源市委委员宁迪卿，宣传部部长杨骏，赣西农军总指挥、安源农军负责人王新亚等。

毛泽东作完部署，即与潘心源、易子义、刘建中乔装往铜鼓，毛自称姓张，身份为安源煤矿采购员。绕过萍乡，行至浏阳、铜鼓边界之张家坊，毛泽东被团防军捉住。随后脱险抵铜鼓县城，立即在萧家祠召集三团干部会，作具体布署。

9月9日，一个有独特意义的日子。正是丹桂飘香的季节，晴空万里，中国传统佳节的中秋节的头一天，湘赣边界响起了枪声。

这首词大约写于秋收起义后毛泽东率部向平江和浏阳进发途中。

西江月，本是唐教坊曲名，传说因李白《苏台览古》诗“只今唯有西江月，曾照吴王宫里人”而得名。过去的文人多以此词牌写景，如辛弃疾的《西江月·夜行黄沙道中》。毛泽东在此用以记载秋收起义这件大事，不能不说是一个创造。

此为毛泽东军旅诗词的开篇之作。从这年10月开始，毛泽东走上南征北战的斗争生涯。与一般军人不同的是，他不是行伍出身，而是以文人统兵，他的战略战术因而也常常是全方位而不是单纯军事的。只是，他在起义之初，军事经验还相当有限，还谈不上指挥的艺术，大的军事行动方向，也是按上面（中央）的指示办。此词就是写的秋收起义后，准备向湖南突进，去占领长沙。

从词艺本身看，因为他的军旅诗词还处在起步阶段，因此还不是十分娴熟，多半采用的是铺陈即直接叙事的手法。头两句交代的是军队的名称、旗号的特征，即工农革命军和镰刀斧头红旗（这时还未称红军）。三四句是讲起义的初始地点和将要进击的地点。匡庐，即庐山，代指江西，事实上毛泽东领导的起义并未到庐山，而是在赣东邻近湖南的区域。此词原作“修铜”（修水和铜古），是写实，但空间范围也不及“匡庐”。

潇湘，首次发表时作“平浏”（即平江和浏阳），后改，空间范围更大。潇即潇水，湘江支流，在湘南，源出蓝山县九峰山，至永州入湘江；湘则是湘江，湖南最大的河流，源出广西灵川县东、海洋山西麓，流注全省，北入洞庭湖。这里都是代指湖南。

下片写到地主和农民，说得相当直白，形象性不是很强。寓含了“哪里有压迫，哪里就有反抗”的意思。最后两句是全词最好的地方，构造了“暮云”和“霹雳”两个意象。暮云是指暮气重重的反动派或落后阶级，毛泽东用“愁”字形容他们的精神状态，为什么会愁？因为暮气已至，即生命力不足，而农民运动正风起云涌；在这个时候，一声惊雷震响，天地大开，当然人民是欢呼，暮云则会更愁甚至会死亡！欧阳修《圣无忧》词云：“珠帘卷，暮云愁。垂杨暗锁青楼。”其本意是指晚云低垂，令人忧愁。毛泽东在当年 3 月曾预言：

目前农民运动的兴起是一个极大的问题。很短的时间内，将有几万万农民从中国中部、南部和北部各省起来，其势如暴风骤雨，迅猛异常，无论什么大的力量都将压抑不住，他们将冲决一切束缚他们的罗网，朝着解放的路上迅跑。

这可作此词最后两句的注解。

有诗评家认为此词的特点是朴拙，即质朴、自然，不加雕琢。既没有一个典故，也没有刻意地修饰。信然！其实，这也反映了毛泽东军旅史诗创作正在探索的初始阶段，而不应认为这种朴拙是毛泽东的某种高明之处，诗词总是要尽量达到精湛的艺术地步的，此词朴拙，不应视为特别。诗人也有不成熟的阶段，即便是天才。

1928年秋

黄洋界

山下旌旗在望，山头鼓角相闻。
敌军围困万千重，我自岿然不动。
早已森严壁垒，更加众志成城。
黄洋界上炮声隆，报道敌军宵遁。

《西江月·井冈山》

可以远远看到山下的旌旗，可以听到山上的鼓声、号音。敌军把井冈山一层又一层地包围，但我军岿然不动。早已经是防守森严，壁垒坚固，更加以众人拧成一股绳，意志筑成城。黄洋界上炮声轰隆，报告敌军连夜在逃奔。

1928年7月，蒋介石授意湘、粤、赣国民党军“克日会剿朱毛”。毛泽东率31团，朱德、陈毅率28团和29团先后击溃进攻永新县的赣敌杨如轩部和杨池生部，“打败江西两只羊”，湘敌李朝芳、向成杰部，粤敌范石生、胡凤章部不战而退。蒋介石发动的对井冈山的首次“会剿”失败。

这时中共湖南省委指示红四军（即原中国工农革命军第四军）：“立即向湘南发展”，“毛泽东同志须随军出发”。而此时敌军正在准备发动第二次“会剿”。毛泽东在永新田溪乡时，28 团、29 团开往湘南，结果 29 团在湘南惨败，几乎全军覆灭，只剩百余人并入 28 团。红四军参谋长兼 28 团团长王尔琢也被叛徒袁崇全杀害。

当毛泽东下山往湘南迎红军大队时，湘赣两省国民党军乘隙进攻井冈山，以四个团的兵力于 8 月下旬发动第二次“会剿”。红三十一团党代表何挺颖当即召集留守机关、红军医院负责人开会商议对策。

井冈山保卫战定在黄洋界进行。黄洋界系沟通大小五井要道，左翼是一片深谷，峡谷左侧又是陡不可攀的高山；右翼为陡坡，山上是茅坪通往井冈山的孔道。从山岭俯视，尽皆悬崖峭壁。守住黄洋界，阻挡即将从酃县来犯之敌。其时，湘敌吴尚第八军第一师全部及二师一部，合计四个团，从大陇、茅坪、酃县大小院攻来；赣敌王均第九师、二十七师的警卫团及刘士毅部张团共三个团自古城、茅坪、罗浮攻来，刘士毅师另一团亦从黄坳攻来，总计敌方兵力共七个团。守山红军不足一营，决定将主力放在黄洋界，三十二团一营在山下骚扰。

8 月 28 日，吴尚三个团抢在赣军之先，从酃县直趋黄洋界，红军三十二团一营急自茅坪撤守井冈山；29 日，吴尚部进至下乔村一带，下午 3 时，红军到达五井，朱云卿团长部署：第三连警戒黄坳、五斗江通遂川之敌，王佐部警戒白泥湖、罗浮通永新之敌；金州由酃县地方武装警戒，一、二连派一个排警戒茅坪，其余扼守黄洋界。各部分头进入阵地。从哨口通往大陇方向及通往茅坪的小路上筑下五道工事：第一道为竹钉阵，于草丛中布下数里长的竹钉防线；第二道为竹篱笆；第三道为滚木礌石；第四道为四五尺深的壕沟；第五道是石筑射击掩体。

30日8点左右，先至湘敌向山上进攻，均未能冲上；下午4点再攻，红军将仅有的一门待修的迫击炮搬上瞭望哨，装上仅有的三发炮弹，头两炮未响，第三发在敌群中炸开，男女老少一齐呐喊，煤油筒内鞭炮齐鸣，滚木礌石齐下。激战整天，敌终未能上山。至夜，敌仓皇退去，不再来攻，却是红军大队已威逼遂川，刘士毅部急转回救，井冈山之围得解。

当时，守山的红军战士编了一段戏文，名“毛泽东的空山记”：

我站在黄洋界上观山景，忽听得山下人马乱纷纷，举目抬头来观看。原来是湘赣发来的兵。来来，农民斗争经验少，来来，二十八团离开了永新。你既得宁冈茅坪多侥幸，为何又来侵占我的五井？你既来就把山来进，为何山下扎大营？你莫左思右想，心神不定，我这里内无埋伏，外无救兵。你来！来！来！我准备着南瓜红米，犒赏你的众三军。你来！来！来！请你到井冈山上谈谈革命。

这是毛泽东军旅史诗之二，诗艺比起前一首要成熟了许多。毛泽东善于营造意象的特点重新有所体现，因此写得比前一首也更加从容。一开篇就从形象入手，井冈山万绿丛中，忽然现出点点殷红，虽然是秋天，毛泽东并没有如他在《沁园春·长沙》中那样极尽画笔去写秋声秋色，而是写山下的旌旗和山头的鼓角，一个是视觉，一个是听觉，旌旗与鼓角，即构成极动人的意象，且把战争的气氛烘托出来。“山下”与“山头”，一段距离的对照，角度的切换。接着又是一个对比：敌人是围困万千重，我军是“岿然不动”。当时敌军有三个团的兵力，而我军则不足一个营，悬殊颇大，但我军镇定自若，稳如泰山。“自”体现出我军的十足自信和对敌军的藐视。毛泽东曾说过：在战略上藐视敌人，在战术上重视敌人。毋庸置疑，这里是战略上藐视敌人。“岿然”形容高大坚固的样子。王延寿《鲁灵光殿赋序》云：“灵光岿然独存。”李善注：“岿然，高大坚固貌也。”这里形容我军高瞻远瞩、从容不迫、毫不畏惧的样子。敌人“围困”，而我“不动”，动与静的对照。这就是黄洋界保卫战最初的态势。因为毛泽东本人毕竟没有亲身经历，所以他基本用的是概括性的语言，而没有像辛弃疾用《西江月》写其亲历的夏夜那样细致。

下片同样是概括性的语言为主，森严壁垒是讲防御工事，物的方面；众志成城，是讲军民团结，人的方面。“早已森严壁垒，更加众志成城。”根据地军民同仇敌忾、英勇奋战的士气犹如坚固的城堡。词中用了“早已”和“更加”两词，目的在于强调我军万众一心，奋战到底的程度。“众志成城”出自《国语·周语下》：“众心成城，众口铄金。”韦昭注：“众心所好，莫之能败，其固若城也。”正因人和物两方面准备都很充分，才有后面胜利的结果：又是从敌我双方去写，我方是炮声隆，敌方是连夜逃跑。

前句渲染战场的激烈程度，后句描写敌军仓皇逃跑的丑态，这与前句“敌军围困万千重”形成鲜明对照。敌军看似强大，面对根据地军民昂扬的斗志和团结奋战的精神也只能连夜逃遁。是的，拥有人民基础的红军永远不会被打倒！黄洋界保卫战以胜利拉上帷幕。毛泽东同年写下《井冈山的斗争》，其中有这样的话：“边界红旗子始终不倒，不但表示了共产党的力量，而且表示了统治阶级的破产，在全国政治上有重大的意义……”

这首词是毛泽东在黄洋界保卫战胜利之后所写，主要采用赋的手法。何谓赋？“敷陈其事而直言之”，即对事情一一叙述。另外，采用对比也是本词的一大特点。如敌军与我军的对比，敌军战前与战后的对比等。全词虽然意不在“山”，却带有山的气息，气势恢宏而起伏动人。

红旗跃过汀江

1929 年秋

风云突变，军阀重开战。
洒向人间都是怨，一枕黄粱再现。
红旗跃过汀江，直下龙岩上杭。
收拾金瓯一片，分田分地真忙。

《清平乐·蒋桂战争》

风云突然变化，军阀之间重新开战。战争给人间造成的都是怨恨，那些军阀，都在做着统治中国的迷梦。红军趁此机会从汀江飞跃而过，径直攻下龙岩和上杭。将河山好好地收拾收拾，忙忙碌碌把田地分给农民。

国民党军从 1929 年 6 月开始，对闽西进行三省“会剿”。红四军前委于 7 月 8 日制订对付三省会剿军事计划，决定红军暂不去赣南和东江，坚持在闽西，各纵队分别到永定、龙岩及上杭、长汀、连城三县交界区域分兵发动群众，造成巩固的根据地，寻机打击敌人；此计划是预备与敌方在闽西硬拼，打消耗战，毛泽东此时已失去发言权，尽管不同意，但没法纠转，遂于当日去了蛟洋。到7月底，红四军面对三倍于己的大军压境，才不得不考虑放弃以上计划，于是未待陈毅等会聚蛟洋，毛泽东等人共商对策，毛的意见得到重视，决定出击闽中，只留四纵队在闽西，二、三纵队则由朱德率领打到外线去，发展新局面，并从侧翼牵制敌军，这成为挫败三省“会剿”的关键。

7月31日，朱德率三纵连夜开拔，在闽西山区密林中摸黑向北行进。8月4日占领宁洋。朱德在宁洋做了三件大事：刷制张贴标语、布告，召开群众大会，宣讲红军宗旨和革命道路。朱德亲临演说，号召工农起来闹革命；打了当地三个土豪，没收财物分发群众；烧毁国民党县政府衙门，将从连城押来的两个土豪处决示众。

朱德在宁洋住了三天，随即于8月7日挥师南下，沿双洋河直扑漳平。8月中旬，沿九龙江上游支流感化溪溯流而上，至杨美村，次日向大田方向进军。8月21日到达大田县境。闽中军阀卢兴邦紧闭城门，不敢出战，朱德率红四军首次进入闽中。8月24日，参加“会剿”的张贞部第一补充团永（春）德（化）“剿匪”指挥部官兵，受红军感召，在德化县城倒戈兵变，参加红军。

刚刚进入龙岩城的张贞部杨逢年旅不得不全部调至龙岩北境扼守，张贞急电杨树庄请调刘和鼎师入漳州应接。蒋介石开始动用他的嫡系，于8月14日电令驻防安徽芜湖的五十六师师长刘和鼎往福建，协剿朱、毛。15日，又电召刘氏赴南京面授机宜，刘于21日下午回到芜湖，立即召集部属一六六旅旅长陈万泰、一六七旅旅长刘尚志及各团团长在师部举行临时会议，传达蒋之命令，部署行动计划。22日，蒋两次下令五十六师即速开闽，并饬直赴闽南，以厚兵力，期于最短时间，“籍除腹心之患”，刘和鼎率领全部人马，急如星火赴福建，由军舰分批装运于8月底、9月初先后抵达厦门、石码登陆，刘将师部设在漳州，大部兵力立即投入“会剿”。

这样一来，敌方的三省会剿部署被彻底打乱，因为他们原是预备将红军消灭于闽西的，而现在红军主力一部已插到其腹背，形成反包围之势。

此时毛泽东正在“饶丰书房”休养，一面与闽西特委一道指挥一、四纵队在上杭、永定、龙岩等三县分兵游击，与朱德的外线部队互为犄角。如此，占据永定湖雷一个多月的粤军陈维远三个团始终不敢搜山；赣军金汉鼎部则龟缩汀州、连城而未能向前推进。9月上旬，朱德率二、三纵队抵上杭白砂，与一、四纵会合。至此，国民党的三省“会剿”诚如毛泽东预言的“会而不剿，剿而不会”，红四军主力未受任何损伤，而敌却被拖得精疲力竭。

朱德率红四军二、三纵回师闽西，在上杭白砂与一、四纵会合后，即准备攻打上杭城。

9月18日，朱德率部秘密开至城外。当夜，发起攻击。在南岗和潭头，佯攻部队乘竹筏过汀江，首先用机关枪、“九节龙”土炮、土制手榴弹开火，将鞭炮置于铁桶内点燃炸响，敌方调兵上城。红军趁黑架设浮桥，并用孔明草船借箭之法相掩护，向墙根撑出箩筐，敌看不真切，胡乱开枪，消耗大量弹药。一纵将敌主力吸引至西门后，二、三纵乘机攻北门，飞速冲过塘埂扑到城墙下，架云梯翻入城内，卢新铭回援时，北门已被突破，城门大开，红军、赤卫队蜂拥而入，东门四纵一部与赤卫队组成突击队，背棉花、稻草、煤油桶火攻；一纵也打入西门。拂晓时，上杭城被攻破。

卢新铭带20余人乘夜坐船逃脱，所部被全歼，计生俘1000余名，缴枪1000多支。

上杭之战后，毛、朱红军空前壮大，每个纵队由原来的两个支队发展至三个支队，总兵力已达7000余人。国民党方惊呼“共党又陷上杭，朱德行踪飘忽，在上杭之省防军二旅卢新铭部因猝不及防，致被攻陷，卢新铭失踪……”。福建省政府宣布全省戒严。

毛泽东闻红军攻克上杭，十分欣喜，填写了这首词。

词一开头就直接点出历史事件。风云，在毛泽东诗词中与“风雷”“风雨”一样，都是特定的意象，均指社会现象，而非自然现象，“突变”，言变化之速，与“钟山风雨起苍黄”意义接近，都是快而突然，只是这里的“突变”是军阀重开战造成的。这个战争非但是无益的，而且是给人间带来了怨恨，因为他们并非为保卫国土而战，或者是为人民而战，而纯粹是为一己私利，即争夺地盘而战，最终的目的是实现他们称霸天下的黄粱美梦。

上片写的就是当时的形势，其总的特点是“突变”和“怨”。毛泽东审时度势，抓住有利时机，及时率领红军向闽西进军，从而扩大了自己的生存空间。所谓“有利”，一是军阀开战给红军造成的松动，因为国民党各派军队一时无暇围剿红军；一是军阀战争给人民带来了“怨”，而红军可以借此帮百姓了结这个“怨”，其方法就是每到一地，即建立人民政权，并把土地分给农民。这样就获得了民心，也就使自身获得生存的基本条件。

如此看来，词的上下片之间，是有着内在联系的。下片写的就是红军迅速地跃过福建西部的汀江，占领龙岩和上杭的情景。汀江在福建西南，源出长汀县北的武夷山东麓，南流至广东省大埔县三河与梅江合为韩江，全长260公里。上游河道险而窄，谣云：“汀江会撑船，闯遍天下川。”而红军却能迅速过汀江。

龙岩、上杭，都是闽西重镇，占据两城即控闽西，与赣南联成一片。金瓯，即金盆，比喻国土完整而坚固，《梁书·侯景传》中有“我国家犹若金瓯”的句子。毛泽东所指是他的一方天地，即红军的根据地，他也在谋划建国，故如此说。这一句化用岳飞名句：“待从头收拾旧山河”，是说要好好地经营这一块红色根据地。至于分田分地，是土地革命战争中最重要的形式，也是毛泽东与红军赢得民心的法宝。

值得指出的是，“红旗”是毛泽东诗词中使用频率相当高的一个意象，如“风展红旗如画”“风卷红旗过大关”，等等。这里的“红旗”代指工农红军。这两句对红军活动的描写充满了诗人浓厚的主观情感色彩，体现着诗人对工农红军的赞美之情。红军进入闽西，迅速地改变了闽西的形势，闽西人民在红军的影响下，积极地开展土地革命，打土豪，分田地，“收拾金瓯一片，分田分地真忙”生动地再现了这一历史情景。从词的章法结构上讲，“收拾金瓯一片”起承上启下的作用，它的内涵既包括“红旗跃过汀江”，又包括“分田分地真忙”。“分田分地”使“收拾金瓯”的历史使命进一步深化了。同时诗人用“金瓯一片”的典故来指闽西，使人能马上想起“金瓯一片”是被军阀破坏的一片国土，红军从“收拾”一片做起，直到收拾整个金瓯。“忙”字生动地表现了人民群众参加土地改革的那种踊跃和热闹的场面。全词至此戛然而止，似完未完，留下一片令人细细品味的艺术空间。

这首词有一个显著的特点，就是对比手法的运用恰到好处。一是情感的对比，上片写怨情，敌占区战祸连绵，人民怨声载道，不少人家破人亡，妻离子散；下片写喜情，根据地分田分地，人民群众欢天喜地。军阀混战带给人民的是怨恨和痛苦，而土地革命带给人民的则是土地和幸福，一个前景黯淡，一个前途光明，上下两片构成鲜明的情感对比，同时也体现战争性质的对比。二是语言格调的对比，上片凝重沉冷，愤怒压抑，节奏徐缓，给人以灰暗、低沉的感觉，下片热烈昂扬，欢乐开朗，节奏明快，无一涩笔，无一废词，给人以欢乐喜庆的感情倾向。三是虚实的对比，上片“风云突变，军阀重开战”写实，但后两句从效果和哲理上说，意味深邃，属虚笔。下片头两句以欢快的笔调和一往无前的气势写红军攻克龙岩、上杭的战绩，是写实，而“收拾金瓯一片”用典古朴，属虚写，胜利进军与喜庆景象为实，以小见大，以此来回答悲观论调，则又是化实为虚。四是敌我双方的对比。上片写军阀间互相利用、殃及群众，下片写中国共产党领导人民群众开展反抗斗争和轰轰烈烈的土地革命。上片写敌，下片写我，表面上是相互独立的，其实不然，一句“洒向人间都是怨”把敌和我紧密地联系起来。

战地黄花

1929年10月

人生易老天难老，岁岁重阳，
今又重阳，战地黄花分外香。
一年一度秋风劲，不似春光，
胜似春光，寥廓江天万里霜。

《采桑子·重阳》

人生容易衰老但大自然却难以衰老，它在往返不停地更新，每年有重阳节，现在又逢重阳节，战地开满菊花，闻起来格外有一种清香。

一年一度的秋风特别劲爽，不像春天，却胜过春天，汀江上的天空显得格外辽阔，万里的地域都下了秋霜。

1929年6月19日，红四军三打龙岩。6月22日，在龙岩城一所中学内召开中共红四军第七次代表大会。会上，毛泽东的一系列正确主张未被大多数代表所接受，因此未能继续当选红四军前委书记，而暂时离开军队到闽西做调查研究并指导闽西的工作。

7 月 8 日，毛泽东前往中共闽西特委所在地上杭县蛟洋，8 月初去上杭县大洋坝，稍作停留即往永定。

9 月下旬，朱德在上杭城太忠庙召开红四军党的八大，目的是稳定官兵情绪，整顿和加强纪律。会前，毛泽东收到开会通知，他回信：我不能够随便回来。于是由大会代表集体致函其务必到会，并回红四军主持前委工作。毛泽东乃坐担架赴会，但到达时，会已开完。

红四军八大因缺乏坚强的领导中心和充分准备，事先未拿出意见，只是放开讨论，结果预期目的未达到，朱德乃深感毛泽东之不可或缺。

也就在这时，9 月 28 日，中共中央致信红四军前委，批评红四军七大对毛泽东的错误免职。原来，陈毅到中央后，于 8 月 27 日即将红四军党内问题作了汇报，29 日进行详细报告，中共中央政治局会议决定由李立三、周恩来、陈毅三人组成委员会，提出一个决议，由政治局通过，此决议由陈毅根据中共中央会议精神和李、周二人多次谈话，代中央起草，并经周恩来审定，这就是“九月来信”。9 月 28 日向红四军发出。

此信再次批评红四军七大，并指令“毛同志应仍为前委书记，并须使红军全体同志了解而接受”。

当然，这封信一时还未能传到红四军前委，而毛泽东三个多月来，一方面疟疾缠身，另一方面更主要是心存不满，所以一直以养病为名“隐居”不出。这很容易使人想起 1925 年初，毛泽东因与陈独秀意见不合而回湘“养病”，在其故乡韶山待了长达半年的时间。不过，毛泽东并非消极的“隐居”，而是借此深入乡村做调查研究，这也是毛泽东个人奋斗史上一段有趣的插曲。

10月上旬，毛泽东到永定县合溪，时敌正从闽粤边境由东向西“进剿”，形势紧张，而毛泽东身边并无正规红军，合溪区委只能调区赤卫队主力部署于东线林家山，以拱卫毛泽东。

合溪为龙岩至上杭邮路中的一个大站，各种报纸都要过此，毛泽东即请区委负责人每天向邮局借阅当天的各种报刊。他一面养病，一面指导合溪区委和永定县委的工作，并密切关注外界形势，随时相机出山。

重阳节前夕，毛泽东前往已解放的上杭城，正是秋高气爽，闽西山区，满野的菊花，茁壮锦秀，芳香四溢，傍晚，毛泽东渡过汀江，进入上杭，住在一个名叫“广德隆”商号的楼上，这座楼南临汀江，北倚大街，故名临江楼。

在临江楼，毛泽东与老战友朱德相聚——他们已分别三月之久，毛泽东养病期间，朱德独当一面，驰骋千里，出击闽中又回兵闽西，两人都感到彼此的重要，从此朱、毛更紧密地结合在一起。10月11日，农历重阳节，登高赋诗，是历代文人墨客的雅好，毛泽东立在临江楼上，见远远近近，黄菊盛开，汀江两岸霜花一片，诗兴大发，作《采桑子·重阳》。

此词描写的是重阳的战地风光，与过去写过的许多战争史诗相比，这首词显然是站在旁观者的角度去写战争的；也没有正面的战争描写，有的是对过去战事的回忆和对重新参战的强烈渴望，而毛泽东把这一切都诗化到了他面前的一景一物之中。

重阳，即农历的九月初九，古人以九为阳，《易经》中的“九”是最崇高最光明的数字，因而也是最吉祥的数字，九月九故被称作“重阳”。据《续齐谐记》载：这天人家可能有灾祸，必须到外面去，让家人制作一个彩袋，袋中盛着避邪的茱萸，系在手臂上，并登上高处，喝菊花酒。渐渐地，重阳登高赏菊成为风俗。这天，又往往成为怀念故乡亲人的日子，诗云：

独在异乡为异客，每逢佳节倍思亲。

遥知兄弟登高处，遍插茱萸少一人。

重阳节的时候，一般都是秋高气爽，艳阳朗照，又加上百物有收，人们都是非常高兴的，有忧愁也借登高去解闷。毛泽东作这首词时，是他离开红四军领导岗位以后，按理他是愁闷的，但秋阳、金菊，使他感到了极大的振奋。

人在秋天，总是要想一想全年的收成和作一作明年的计划的，而在人生的秋天——中年，则要回顾一下来时的道路，遥想一下未来的发展。“人生易老天难老”是对李贺《金铜仙人辞汉歌》的“天若有情天易老”的反其意而用之。人生易老，这是不可回避的客观事实，而宇宙和自然界却是永恒的，也是不断发展变化的，“人生易老”与“天难老”相对，丝毫不含消极、感伤的意味。诗人用一个“难”字和一个“易”字相比较，要突出的还是“人生易老”，却赋予积极的内容，正因为人生短促，所以要争分夺秒，只有这样才能感受生命的充实和宝贵。关于“天老”，毛泽东在许多地方都有反映，如“天若有情天亦老”，但意思与此相反；而“一万年太久，只争朝夕”，与此意却较接近，都是讲人生有限，时间宝贵，应爱惜光阴。这一句整个都是他对人生的思考。

“岁岁重阳”紧承上句，是对“天难老”的进一步引申，年年岁岁都有重阳节，宇宙无穷，重阳节也是永远存在的。这里的“岁岁重阳，今又重阳”不仅是对重阳节的感叹，还有对1927年以来几个重阳节的回顾。1927年有秋收起义，1928年有保卫井冈山之战，这几年的重阳节都是在硝烟弥漫的战斗中度过的，这是

“岁岁重阳”的具体所指。唯有 1929 年的重阳节，诗人有闲暇，在宁静优美的环境里赏菊作诗，这是“今又重阳”的指向。

“战地黄花分外香”是此词最核心的句子，是对革命战争发自内心深处的赞美，是对凝聚在战地秋色中的人生意义的歌颂。黄花，即菊花，《礼记·月令》：“季秋之月……鞠（菊）有黄华（花）。”诗人通过赞美野菊花扎根于闽西农村、挺立于战斗环境中的旺盛生命力，暗寓赏菊者自己的人格取向。

下片是正面描写秋天。毛泽东喜欢秋天，但他从来不用悲凉的调子写秋天。要么是“层林尽染，漫江碧透”，要么是“萧瑟秋风今又是，换了人间”，要么就是秋风扫落叶，而这首词中则是“一年一度秋风劲”，这不单是指自然法则上的变化，也是对秋天的欢呼，所以诗人欣然写道“不似春光，胜似春光”。为什么胜似春光呢？“寥廓江天万里霜”，江上的天空在秋天如此地辽阔无边，没有一丝云，没有一点尘。

这里写到的秋天，也容易使我们想到诗人在《沁园春·长沙》中写到的秋天，两首词中的秋天有相似之处，都是生机勃勃的，都是令人感奋的；但两词表达的情感还是有很大的不同，虽然都是在不得志的情况下，但在长沙之时，毕竟他还年轻，那时也没有确立武装起义的道路，他不免有些惆怅，要问“谁主沉浮？”；而这里，毛泽东的惆怅隐藏极深，不易察觉，他也已经解决了“谁主沉浮”的疑问，那就是通过中国共产党人的奋斗来主宰中华民族的命运。所以这首词给人的感受是：秋天是美好的，秋天是丰收的季节，虽然也有“万里霜”，但它是能给人无穷的力量的。

从年龄上说，毛泽东刚刚进入中年，即“不惑之年”，也就是人生的秋天，应该说，这首词也是对人生秋天的礼赞：他相信在他的人生之秋一定会干出一番大事业。他有这样强烈而坚定的信心，也的确显出了他的“不惑”姿态。

这首词的特点在于就景取意，景中寓情，看似写景，实则寄托着诗人对革命生涯的回顾与展望。毛泽东的诗词很注重诗画意境，这首词尤为突出，诗人把自己的思想感情同客观景物融为一体，如“战地黄花分外香”和“寥廓江天万里霜”两句亦诗亦画，景象阔大，情思深远，气度恢弘。语言轻快，格调高昂，富有哲理。

武夷山下

1930年1月

宁化、清流、归化，路隘林深苔滑。
今日向何方，直指武夷山下。
山下，山下，风展红旗如画。

《如梦令·元旦》

红军大队行进在宁化、清流、归化三个县境，道路狭窄，险隘重重，树林幽深，密不透风，石上苔藓，湿而光滑。

今天要开向何方？直指武夷山下，山下山下，风把红旗展开，像一幅最美的图画。

1929年12月28日至29日，中共红四军第九次代表大会在福建省上杭县最北的古田村廖氏宗祠召开，史称“古田会议”。毛泽东重新当选为红四军前敌委员会书记。古田会议结束，1930年元旦佳节到来。在曙光小学南侧游艺坪上及各纵队的驻地，军民联欢，庆祝新年。但军情容不得人们尽情欢乐，时蒋介石嫡系刘和鼎五十六师已占领龙岩，先锋达小池，与古田仅隔彩眉岭，相距15公里，粤军陈维远逼向永定、上杭，金汉鼎则再占长汀，逼近河田。毛泽东召集前委会议，决定离开闽西，朱德率主力一、三、四纵队先行，北击连城，越过武夷山，直捣赣南金汉鼎后方，逼金回援；毛泽东率二纵队则留驻古田，向东出击刘和鼎，牵制该敌，掩护朱德远征，之后撤出，在广昌会师。

元旦这一天，一纵队司令员林彪写了一封信给毛泽东祝贺新年，提出“红旗到底打得多久”的疑问，毛泽东阅信，眉头紧锁：林彪有这种想法由来已久了，他知道有这种想法的人也不止林彪一人，不过，他倒欣赏林氏敢于公开这一想法，于是他酝酿写一封长信来回答。1月3日，朱德率红军主力离开古田，经庙前、营溪，第三日占连城，9日进入宁化境，挺进赣南。毛泽东送走朱德，也从林荫堂搬到紧挨小池的彩眉岭山下赖坊，将指挥所设在协成店。5日，毛泽东令二纵队飞越彩眉岭，突袭小池圩，然后主动撤回。这一天，他在协成店小木板房内提笔给林彪写回信，这就是后来收入《毛泽东选集》第一卷的名篇《星星之火，可以燎原》，这封信中不少语句堪为警句，其末如此说：

马克思主义者不是算命先生，未来的发展和变化，只应该也只能说出个大的方向，不应该也不可能机械地规定时日。但我所说的中国革命高潮快要到来，决不是如有些人所谓“有到来之可能”那样完全没有行动意义的，可望而不可即的一种空的东西。它是站在海岸遥望海中已经看得见桅杆尖头了的一只航船，它是立于高山之巅远看东方已见光芒四射喷薄欲出的一轮朝日，它是躁动于母腹中的快要成熟了的一个婴儿。

毛泽东在信中对林彪作了点名批评，近乎严厉，他说：

我从前颇感觉，至今还有些感觉你对于时局的估量是比较的悲观。去年五月十八日晚上瑞金的会议席上，你这个观点最明显。……

其实，悲观、忧郁是林彪的个性，但他几十年间，还是跟毛泽东南征北战打下去，且此人擅长谋略，军事上颇有建树，古田会议时年方 22 岁，就已做到纵队司令。毛泽东虽一直重用林彪，却从井冈山时期开始洞察到此人的弱点，所以不惜重语相告。他致信林彪后，又将此信公开印发给红四军各级干部阅读。从毛泽东思想发展史来看，此文标志着毛泽东农村包围城市，武装夺取政权的理论基本形成。

1 月 6 日，毛泽东令所部启程，尾随红军主力开往武夷山。这首词就是写于这个时候。

如梦令，词牌名，得名于唐庄宗词句“如梦、如梦，残月落花烟重”，属于“小令”一类，原名《忆仙姿》，又名《宴桃源》。单调，33 字，仄韵。

毛泽东热爱大自然，常常以风景如画来称赞，但他极少纯粹写景，总是寓情于景，情景交融。他的这首词，又给我们展示了一帧山水风景，画面是那么细致，却又相当大气，地跨三县，而以武夷山为主景，点睛之笔，亦即亮点，是万绿丛中的点点红，不是红花或霜叶，而是那急速行进的红军与红军高举着的红旗。这样的小令，通常是用来写小景、小场面的，像苏轼、辛弃疾那样的大家都没有突破，而毛泽东却大胆以此写大场面，即红军大队向武夷山行进的情景。真是小篇幅大作品。

首句中“宁化、清流、归化”为福建的三个县。宁化在闽西、九龙溪上游，县政府驻翠江镇；清流也在闽西九龙溪流域，县政府在龙津镇；归化在闽西，即后来的明溪县。

1929 年 12 月古田会议后，为摆脱国民党对江西、福建、广东的“三省会剿”，毛泽东率领红四军一部，向北经连城、清流、归化、宁化等县，西越武夷山，赴江西与朱德率领的红四军主力部队会合。词一开头，就连续用上三个地名，勾勒出红军行进的路线。从节奏上看，也十分明快，朗朗上口，且颇有诗歌的跳跃性。第二句又用了对应的三个主谓词组，极富动态美（前面三个词则是一种隐藏的动态美），此时正值严冬，山路蜿蜒狭窄，森林茂密深深，苔藓光滑，寸步难行，可是在毛泽东的笔下却是这样的充满诗意与美感，这反映了毛泽东对待困难的乐观态度。

“今日向何方”，毛泽东知道诗歌句式也需要有变化，否则会显得呆板，所以用了疑问句，看似以为前途渺茫，充满疑惑，其实不然。“直指武夷山下”，笔者立即非常坚定地回答了上句，要去武夷山，其中“直指”，是毫不犹豫的写真，表达了毛泽东的决心与当机立断。

末句用叠词“山下”，这也是如梦令的一个显著特点，如李清照的《如梦令》中“争渡，争渡，惊起一滩鸥鹭”。

本词是毛泽东在行军途中所作，所以末句为对红军前景的乐观预测：到那时，突破敌兵围剿，满山遍野的红旗在风中飘扬，壮丽如画。“风展红旗如画”，表现的是他对革命胜利的一种憧憬。毛泽东非常喜欢在诗中用“红旗”二字，如《清平乐·六盘山》的“红旗漫卷西风”；《七律·到韶山》中的“红旗卷起农奴戟”等。红色是中国人偏爱的颜色，它代表着热烈、奋发、向上和胜利，中国民间就时常以红色避邪。历史上，农民起义，似乎也只有崇尚红色的元末红巾军取得了最后胜利。当初，毛泽东和中共选定红色旗作为党旗与军旗，除受苏联党与军队的影响，更主要的是出于与中国传统民众心理的一致性。由此，毛泽东对红旗也就特别喜爱，在他的诗词中，这一意象不时出现。

雪里行军

1930 年 2 月

漫天皆白，雪里行军情更迫。
头上高山，风卷红旗过大关。
此行何处？赣江风雪迷漫处。
命令昨颁，十万工农下吉安。

《减字木兰花·广昌路上》

满天都是一片白色，在大雪中急行军，去应对紧急的军情。看头上高山上，风卷着红旗，部队正在跨越险关。

这次去何方？要往那风雪弥漫的赣江。昨天已颁布命令，十万工农将打下吉安。

1930 年 1 月下旬，毛泽东与朱德在宁都东韶会师后，毛泽东主持召开前委会议，决定十五天的短距离分兵游击：一纵北上直取乐安，对付金汉鼎；二纵西进藤田，沿途发动群众；三纵居中出击永丰；四纵南下宁都，会同宁都县赤卫队向南线扩大战果。会后即分头行动。这时，彭德怀、黄公略各领红五军、红六军由西向东，直逼吉安，与毛泽东遥相响应。

毛泽东率红四军司令部到藤田，致函赣西、赣南特委和红五军、六军军委，提出召开联席会议，并与赣西特委商定于2月7日在吉安陂头举行。2月7日至9日，“二七会议”（陂头会议）如期进行，由毛泽东主持，他作关于政治形势和今后任务的报告。

陂头会议决定集中红军四、五、六军夺取江西全省，第一步打吉安，而打吉安第一步是占领与吉安为犄角的吉水、安福、泰和诸县；由红四军攻取吉水。并确定组成共同的前敌委员会，统一领导红四军、五军、六军和赣西南、闽西、粤东江革命根据地，由毛泽东、朱德、方志敏、黄公略、彭德怀、谭震林、陈毅、张鼎丞、邓子恢、滕代远、曾山等17人组成，公推毛泽东为书记。红四军另设军委，由潘心源任书记。此外还决定成立红军第六分校，朱德任校长，毛泽东任政委。

陂头会议，使毛泽东成为红四、五、六军的最高统帅，毛泽东的领导地位得到稳固和加强。14日，他与曾山、刘士奇（赣西南特委书记）联名发布《关于占领吉安建立江西苏维埃政府》的通告。次日他又往赣县召开赣南工作会议作部署。

其时，国民党调集七个旅十二个团，以江西省主席鲁涤平为总指挥，再次向各路红军进行“会剿”，金汉鼎已占宁都，朱耀华旅已进至乐安，戴岳旅到了南丰、乐安之间，成光耀旅驻吉安，唐云山的独立第十五旅从湖北调来，占据永丰、乐安后，向吉安东固方向搜寻而来。

毛泽东、朱德率红四军开至永南，进到中鹄区施家边，准备攻取吉水，但敌前锋已至永丰，遂决定改变计划，相机歼灭孤军冒进的唐云山旅，于是率部折回富田，略作休整。

唐云山不知深浅，贸然进至永南，距富田仅40里，然后分三路攻来，毛泽东、朱德已设下埋伏，24日至26日，敌我交火，唐云山惨败，第一天“计被我军击毙敌团长罗奇一名，官兵约五十名，伤一百七十余名，俘虏官兵二百余名……”，次日拂晓“我军继续向施家边前进与敌之第三团相遇，唐逆亲自督战，剧战至下午六时许，敌始完全溃散。此役唐逆云山头部负伤甚重……”。此役为古田会议后，毛泽东“争取江西，同时兼及闽西、浙西”，创建中央革命根据地的第一次大捷。唐云山几乎全军覆灭，三个团长被俘，1600余人遭生擒，缴枪2000余支，子弹五六十担。

2月27日，毛泽东出席在吉安县值夏举行的军民祝捷大会，号召赣西南人民发展游击战争，巩固和扩大革命根据地，建立与巩固苏维埃政权。

在红军各路大举进攻吉安的路上，毛泽东策马扬鞭，在“马背上哼成”这首《减字木兰花·广昌路上》。

这是毛泽东战争组诗之六，是一幅威武雄壮的雪里行军图。

“漫天皆白，雪里行军情更迫”，词一开篇就“画”出了红军在大雪纷飞中行进的宏大场面。“漫天皆白”，“漫天”着眼于下雪的过程，指雪花仍在飞舞，天地一片茫茫，整个世界都是粉妆玉砌，“皆白”是下雪的结果，既有动态的描写，又有静态的描写，动静结合。雪是毛泽东最爱写的景色，在他笔下，总是那么美好，“雪里行军”点明词的主旨，红四军正在进行一次重大的军事行动。一个“迫”字，写出了军情的紧急。

由于起句的铺垫，雪里行军的艰苦生活虽然没有直说却表现得非常充分，但是诗人的意趣并不是要渲染行军的艰苦，而是要体现“情更迫”这一急切的情感。“情更迫”初稿是“无翠柏”

（1963年12月续集出版时作者自改），重在说明雪势之大，改后由原来的纯雪景描写而深入到人的精神世界，由景而情，把红军战士渴望战斗杀敌的昂扬斗志和急切心态生动揭示出来，抒发了红军在古田会议精神的感召下，挟风雪之势，席卷江西，去迎接革命高潮的迫切心情。

“头上高山，风卷红旗过大关”紧扣行军，写红军的行程和声威。诗人形容红旗举得很高，先从山高说起，“高山”之前冠以“头上”，看似平常，实则有很强的表现力，山好像在行人的头上，须仰头才能见到，既说明山高，又指山多，使人即刻联想到红军在那青峰迭起，倒插苍穹的悬崖沟壑中行进的英勇雄姿。然而就算山再高，雪更大，红旗已经随风舒卷越过山上的大关，这是何等宏大的场面，何等雄壮的声势！这句也可能是实景，即红军前队已经攀越头上的高山，因而红旗就在头上飘展。一个“卷”字，一个“过”字，不仅具有强烈的动态感和情感色彩，而且渲染了热烈奔腾的革命气势，表现了红军战士乐观豪放的革命精神。

上片写行军时的现境，下片由现境引申入未来之境。“此行何处？赣江风雪迷漫处。”两句总写红军的去向，同《如梦令·元旦》一样，也是自设问答，点明行军目标，在雄壮昂扬的情调中，插入一问句，使行文显得跌宕起伏，曲折有致。这样的句式在毛泽东诗词中不少，如，“问苍茫大地，谁主沉浮？”毛泽东一般都是在下面回答，但不一定是正面回答，这里就答得比较含蓄。这也是毛泽东引起下文的一种方式。

“赣江”实指一定的区域，然而当时是大雪纷飞，前程一片苍茫，故设想赣江一带必定也是风雪迷漫，同时“风雪迷漫”还富有诗情画意，象征着红军即将投入的战斗场景。红军行进的前方是一片风雪迷漫，在那里，国民党正残酷地统治着人民，百姓处于水深火热之中，红军此行的目的就是要去解救那些苦难的老百姓，所以红军面对的将是更激烈与残酷的斗争，诗人不直说“硝烟弥漫”，而是用“风雪迷漫”呼应“漫天皆白”，把红军此行面临的、为迎接革命高潮而挺进江西的伟大斗争气氛用艺术的手法从侧面烘托出来。

结尾两句，诗人以口语入词，直接陈述命令已颁的事实和红军将集中会攻吉安城的重大决定。语似浅近而情实深沉。“十万”说明红军战士之多和工农武装力量之大。“工农”二字入词，以前还未曾有过，有之自毛泽东开始，而且他用“工农”一词的频率还比较高，如“军叫工农革命”“唤起工农千百万”“百万工农齐踊跃”，等等，由此可以看出毛泽东对工农群众的深深热爱之情。“下吉安”在行文上与上片的“过大关”相照应，上片一“卷”一“过”，这里一“颁”一“下’，前后紧密呼应。“吉安”是当时国民党军盘踞的战略要地，“下吉安”暗指红军的铁拳打在敌人的要害上，形容红军所向披靡，犹如江河奔腾般势不可当，同时也表达了诗人对这一重要指令颁布的喜悦之情。

从结构上看，这首词上下两片通过反复形成了循环：两片都是前两句仄韵而后两句平韵，仄韵的句子都是写雪里行军的紧张与困难，下抑的韵脚加强了急迫与沉重之感，平韵的句子则表现壮丽的景色或浩大的气势，平声韵脚更强化了飞扬的情趣。但词的节奏不是单纯的循环，从上片到下片情调在变化和展开，上片侧重写雪里行军的景象，雪猛、山高、旗艳，是实写，下片着力于表现红军面临的事态情境，属虚写，一方面是前途的险峻，一方面是红军的势不可当。

吉安，为江西中部重镇，位于赣江及其支流禾水汇合处，井冈山在其西 90 公里。红军在这一年九次攻打吉安，到 10 月 4 日才真的把吉安占领。这是毛泽东发动秋收起义后占领的第一个较大的城市，他后来（1933 年 8 月 13 日）还充满深情地用散文笔调写过一篇《吉安的占领》，说：

这一天月亮儿还没有落尽的时候，我们的队伍已经开进了。真君山方面打响了，这是城的西北角上，接着城的北部螺子山打响了……晚上看不见的红旗一到东方的红日涌出来的时候，一齐都看见了。……

这首词和《如梦令·元旦》一样，都是描绘行军的画卷，如果说前者像一幅明丽清新的水彩画，那么这首词就像一幅气势磅礴的油画，境界壮阔，言语豪放，言雪则“漫天”“迷漫”，言山则“高”，言关则“大”。这种境界的崇高美和诗人的革命胸襟与魄力、红四军的英勇气概、战斗精神与坚强的决心融为一体，表明中央革命根据地的形势当时已经有所好转，虽然革命仍需经受无数的考验，仍需闯过无数的难关，但是革命的高潮是迟早会来到的，抒发了诗人革命必胜的信念。

《减字木兰花》是一种小令，一般写小景、小场面，毛泽东在这里却活用来写行军的大场面。当然，毕竟是小令，受到字数的限制，毛泽东也就特别选取典型的侧面，而不是面面俱到地去写进攻吉安的全景。他选取的典型就是：白雪（此词中又有雪字的重复）、高山、红旗、大关。

从情调与感情的激越方面看，此词更有一种隽永的美和余韵的悠长，而不是《七律·长征》或《沁园春·雪》那样的深重、博大的美。

天兵

1930年7月

六月天兵征腐恶，万丈长缨要把鲲鹏缚。
赣水那边红一角，偏师借重黄公略。
百万工农齐踊跃，席卷江西直捣湘和鄂。
国际悲歌歌一曲，狂飙为我从天落。

《蝶恋花·从汀州向长沙》

天兵在六月出征，去消灭腐败和邪恶，手里拿着万丈的长绳，要把鲲鹏缚住。赣水那边红一角，原来是借重了黄公略。

百万工农群众团结一致，踊踊跃跃，席卷江西直捣湖南和湖北。国际歌悲壮地唱起来，大风为助，我军从天降落。

从1927年9月9日的秋收起义到1930年上半年，在毛泽东“工农武装割据”思想影响下，江西、湖南、湖北、福建、浙江、广东、广西、河南、安徽、甘肃、陕西、江苏、四川等十三个省的三百多个县举行过武装暴动，建立十五块红色根据地，组建革命武装十三个军，共约10万人，赤卫队也发展到10多万人。

1930 年 5 月，中原爆发蒋（介石）、冯（玉祥）、阎（锡山）大战，南方各革命根据地所受军事压力减轻。同时，从 1929 年底开始，资本主义世界爆发严重的经济危机。国内外形势，都有利于革命的发展。

这时，毛泽东又受到批评。中央指责他“想”以乡村来包围城市“只是一种幻想，一种绝对错误的观念”。次日，中央致信红四军前委，说指示“猛烈地扩大红军与坚决地向中心城市发展，是红军当前最主要的任务”，目前先胜利的前途，最显著的区域是湘、鄂、赣等省，而以武汉为中心，“红四军”应该成为争取湘、鄂、赣先胜利的主要力量，要求毛泽东与红三军联系，向赣江下游发展，以取九江、保障武汉的胜利；15 日，中央发布军事工作计划大纲，要求毛泽东、朱德领导红四军“转变路线，猛烈地扩大，急进地向外发展”，并“领导第三军，协同动作向着赣江下游夺取吉安、南昌、九江”。24 日，中央再次致信红军前委，提出应立即成立红三、四、五军总指挥部，以朱德为总指挥，以利统一行动。

或因中央指示未能很快传至红四军，或因毛泽东对此本有抵触，不愿苟同，四五月间，他仍未按上面要求采取大的军事行动，而是沉住气搞调查研究报告和发动群众。6 月上中旬，随着中原大战爆发，中央催促加急，“立三路线”发展至极致。9 日，李立三在中央政治局会议作工作报告，强调在中心城市暴动，认为爆发革命高潮有最大可能的地方是上海或武汉，指责毛泽东是妨碍“猛烈扩大红军”的代表人物。

11 日，李立三又主持召开中央政治局会议，通过他起草的《新的革命高潮与一省或几省的首先胜利》决议，云：“准备一省与几省的首先胜利建立全国革命政权，成为目前战略的总方针。”随后，李氏制定以武汉为中心的全国总暴动和集中红军进攻中心城市的计划，指令赣西南、赣东北、闽西的红军“以主力侧击南浔路”，“取南昌，攻九江，夺取整个江西，以切断长江”，然后“会师武汉，饮马长江”。15日，中央致信毛泽东及红四军前委，说“现在红军的任务，不是隐避于农村中作游击战争，它应当积极进攻，争取全国革命的胜利”，甚至说毛泽东“现在完全反映着农民意识，在政治上表现出来机会主义的错误”，“你们应当深刻地了解自己的错误，按照中央的指示转变你们今后的路线”，“如果前委有谁不同意的，应即来中央解决”。此无异于向毛泽东发出最后通牒：若还不立即率部向大城市进攻，中央将撤销其职务。中央对毛泽东已大为光火了。

由是，毛泽东动作起来——他虽不同意中央对形势如此乐观，过高估计红军力量，但也认为中原大战于红军是一个好的发展机会。6月22日，朱、毛签发命令，令红一军团由闽西向江西集中。28日，毛泽东与朱德领一军团总部及直属部队离开长汀，经广昌、瑞金，于7月9日至兴国，开始远征南昌。

7月11日，毛泽东与朱德发布命令“进略樟树，窥袭南昌”，以引诱敌邓英部“弃置吉安，退回与我野战，使赣西群众武装得以乘间占领吉安”。随即在兴国城北雨坛脑举行万人誓师大会，并成立第二十、二十二军，军长分别为曾炳春、陈毅，各有兵力两千余人，统由红一军团节制。次日，大军开拔，经崇贤、贺堂等地，于14日抵吉安陂头。时中央特派员涂振农随军督战，他在陂头行使“钦差”大权，召集军团前委和赣西南特委联席会议，毛泽东出席，此次会议考虑吉安守敌坚固，而南昌、九江空虚，于是决定放弃攻吉安，而直接奔袭南昌。第二天，毛泽东与朱德率部自吉水出发，涂振农不堪军中劳损，留在赣西南特委，这使毛泽东少了一个包袱，他可以更独立而少受一些干涉。20日，抵永丰县城，接着经流源，于22日至新干麦斜，下令攻打樟树。23日至新干城，次日，红军一举攻占清江县樟树镇，歼灭国民党军第十八师一部两个营。

毛泽东虽已摆出进攻南昌的架势，实为虚张声势；他深知此地四面临水，易守难攻，又侦知守城者系敌第十八师一个旅，另有一旅驻抚州，互为呼应，还有一旅有由新干渡江来樟树之势，南昌决难轻易攻下，遂与朱德商定不打南昌，以免无谓牺牲。但打南昌系中央军令，必得做个样子。25日，他下令红一军团务必于26日清晨4点全部由河东渡江至河西，26日，全军安然过河，并攻占高安县，已离南昌不远，29日，毛泽东命令进占南昌对岸牛行车站，30日，进至近郊万寿宫、石子陵。守城敌军一时草木皆兵，以为攻城之战不可避免，而毛泽东却未贸然攻城，他只派二十军代军长罗炳辉带两个纵队，于8月1日攻下牛行车站，隔江向南昌城内乒乒乓乓放了一通枪——1927年的这一天，中国共产党就是在这座城市打响的反击国民党的第一枪，三年之后，朱德故地重游，而毛泽东系平生第一次至此，但他们没有进城，只是放枪示威，以表纪念。随后撤围而去，开往安义、奉新。

这期间，毛泽东又创作一阕新词，即《蝶恋花·从汀州向长沙》。

《蝶恋花》词牌一般用来抒写儿女的缠绵之情，婉约派词人运用较多，但毛泽东在这里和后来写的《答李淑一》一样，写得大气磅礴，豪情激荡。毛泽东称自己统领的红军为“天兵”，即正义之师，秉承天意之师，又用“万丈”的夸张手法，极写红军神威；“鲲鹏”，在毛词中一般为正面形象，但这里，他却反其意而用之；“红”是一个动态的形象词，既是实指红军，又有“染红”，“使变红”即变成红色区域之意。在此词中，他赞扬黄公略的勇武，“偏师借重黄公略”。词的下片以“百万工农齐踊跃”，写民众对红军的拥护，以“席卷”“直捣”“狂飙”，写工农兵结合后的神威。全词既有慷慨激昂，飞扬雄放的一面，也有苦衷难吐，殷忧难解的一面，不过丝毫没有低回颓放的情绪。两者结合，壮为主，悲为次，壮中含悲。

毛泽东放弃攻打南昌之后，红军又沿着他三年前发动秋收暴动的路线行进，10 月 2 日，他签发进攻吉安之令。10 月 4 日，将此重镇攻下。这是红军建军以来占领并能稳固的最大的一座城市。直到 11 月 18 日，红军才放弃吉安。12 月底，又在龙岗一带歼灭国民党军第十八师，生俘师长张辉瓒。

1931年春

万木霜天

万木霜天红烂漫，天兵怒气冲霄汉。雾满
龙冈千嶂暗，齐声唤，前头捉了张辉瓒。
二十万军重入赣，风烟滚滚来天半。唤起
工农千百万，同心干，不周山下红旗乱。

《渔家傲·反第一次大“围剿”》

各种树木都在霜天里红得格外烂漫，天兵怒气冲上霄云和星汉。龙冈笼罩着迷雾，众多的山峰都变得阴暗，只听得齐声呼唤，前头捉了张辉瓒。

蒋介石二十万大军又进入江西，风烟滚滚从天外而来。唤醒了千百万工农群众，共同苦干，不周山下红旗飘展。

1930年9月，中共六届三中全会在上海召开，结束了李立三“左”倾冒险主义路线。这给革命带来转机，中央革命根据地和红军得到迅速发展。同年10月，蒋、冯、阎大战以蒋介石获胜而告终，蒋介石即确定赣南为“剿匪重点”，部署第一次“围剿”。

蒋军长驱直入，从 16 日开始向中央革命根据地腹地进攻。22 日，毛泽东令三军团、四军、十二军（缺三十五师，含六十四师）北移至黄陂、麻田、另封、洋衣，以避其锋，而派出十二军三十五师独立活动于兴国东北约溪，监视敌十八师、二十八师，并将其注意力引向西面。他还以总部名义下发《三十条作战注意》，以贯彻他的方略。24 日，谭道源师从源头向小布移动，毛、朱下令先歼此敌，遂于小布设伏。

设伏地点在芦木峰下的沾坑、嵊背、小布圩镇周围的东、南、西三面。时值岁末隆冬，北风劲吹，寒气袭人，红军主力集结潮湿的战壕内，紧盯大路，连续两日，谭道源在源头据险未出。毛泽东乃令撤回原集结地。

25 日清晨，红日喷薄而出，小布河畔麻食石下，搭起一个主席台，毛泽东在此主持军民歼敌誓师大会，有一万多人参加，毛泽东登台，在他左右侧，一副由他撰写的对联格外醒目：

敌进我退，敌驻我扰，敌疲我打，敌退我追，游击战里操胜算；

大步进退，诱敌深入，集中兵力，各个击破，运动战中歼敌人。

毛泽东决定在第一阶段诱敌深入，之后埋伏待机，最后实行中间突破，突破点选定谭道源五十师或张辉瓒十八师，谭氏较狡猾，急躁的张辉瓒则落入陷阱。

至 28 日，蒋军已先后进占万安、泰和、东固、源头、广昌、建宁一线，东西相距 800 里。红一方面军周围共有敌方五个师，左路十八师、二十八师已至富田、东固、南垄，即公秉潘、张辉瓒部，中路谭道源五十师在源头；右路二十四师进至宁都洛口，第八师先锋已至头陂。至于刘和鼎师，尚远在建宁，罗霖师则在吉安，隔在赣江以西。敌方战线颇长。其时红军已在源头正南之黄陂，小布一带集给完毕。

29日，张辉瓒率十八师师部和五十二旅、五十三旅共九千余人逼近龙冈，毛泽东在永丰县君埠万寿宫下令歼灭该敌，由左路军正面总攻，右路军助攻。

30日凌晨，龙冈崇山峻岭雨雾濛濛，毛、朱令各路红军籍此按预定路线疾速推进。时张辉瓒先头部队戴岳旅正由龙冈向五门岭来犯，其尖兵连刚进入王竹岭附近小别村，便被红三军消灭，据守龙冈的张辉瓒认定红军主力尚远在黄陂、小布一带，而不知已陷重围，强令戴岳冲锋，红三军第八、九师向敌两翼发起猛攻，十二军一部亦赶到，戴岳三面受敌，急电张辉瓒：遇红军主力！张乃派一团驰援，该团未及进入阵地，便与戴旅一道遭红四军、三军团夹击、红三军和十二军堵击，未几，被全歼，敌副旅长洪汉杰、团长李月峰被打死，戴岳钻入灌木丛得以逃脱。接着，红四军向龙冈西北斜插，越过红十二军阵线，切断敌方师部和后备旅的联络，如此，张辉瓒师部和两个旅完全陷入包围。

下午4时，毛、朱发布总攻击令，几百个冲锋号一齐吹响。张辉瓒慌忙一面电调留在东固的九十四旅经南龙赶来保驾，一面电请鲁涤平催促公秉藩向龙冈迂回，但一切已晚。红四军、十二军已迅速插到龙冈西南和西面，红三军团则占领上固和附近阵地，阻断西北方向的增援和逃跑之路；三军团十五师迂回到背后，切断敌西南方的增援和退路，并以重兵迅速缩小对龙冈的包围圈。

张辉瓒师号称“铁军师”，多日来被红军拖累，锐气大挫，张氏只得下令突围，哪里逃得出！至太阳下山时，张部九千人马全军覆没。张辉瓒本人逃入深林，红军在一棵大枫树下捡到他丢掉的一件狐皮大衣，领子上写有“张辉瓒”三字，接着，便在一个杂草丛生的坑里揪出一个白胖子，只见此人上穿士兵服，下身却是黄色毛哔叽裤子，自称是文书，其实正是张辉瓒。

龙冈一役，毛泽东统红军获得空前大捷，歼灭蒋正规军一个师部、两个旅，近万人，并获各种武器9000余件、子弹100万余发，还得了一部电台。

31日，鉴于受到重创，“围剿”军总司令鲁涤平急令谭道源师退洛口，电云：“张辉瓒失利被俘，五十师火速撤退。”

这时，毛泽东移师宁都小布，布置追歼谭道源。1931年1月1日，元旦佳节，毛泽东与朱德在南林发布进攻谭道源的命令。1月2日，谭道源夺路奔逃，凌晨，其二九六、二九九团从鹭鹚垴经南团，三〇〇、二九八团由云驻亭经陂头，分三路逃往东韶。当日夜10时，毛泽东与朱德在小布下达进攻东韶之敌的命令。

红军各部接令，于当晚分头出击。此役歼灭谭师一半计六千余人，俘千余人，获长短枪2000多支，机关枪40余挺，迫击炮4门，子弹13万余发，还得到一部完整的电台，有令在先，电台故未被破坏。谭道源本人及另半个师，只因右翼的红三军晚了一步，才得生路逃去。

至此，毛、朱领红一方面军，五天两捷，共歼敌1.5万人，缴枪一万余支，打破蒋介石的第一次“围剿”，敌方各路纷纷退去。

第一次反“围剿”的胜利，又激发毛泽东的诗情，遂写下这首《渔家傲》。

渔家傲词牌始创自北宋晏殊，因他的词中有“神仙一曲渔家傲”而得名。最著名的却是范仲淹的几首《渔家傲》。

毛泽东显然对范词有很大借鉴。毛、范同为爱国的军旅词人，从词艺到情调都有相通之处。一落笔，毛泽东就从秋天万木霜天红烂漫的美景写起。毛泽东特别偏爱秋天，在《沁园春·长沙》中他也用类似笔调写过：“看万山红遍，层林尽染”，这是极壮美的秋景，在那个时候，他是“独立寒秋”，而这里，他已拥有“怒气冲霄汉”的“天兵”，而且在龙冈取得大捷，活捉了国民党围剿军的前敌总指挥张辉瓒。真是今非昔比！当初他显得颇有些惆怅与孤独，而今他却是如此意气风发，斗志昂扬。

红烂漫是指红艳鲜明，灿烂耀眼的颜色，秋天，枫树、乌桕等许多树木，叶子都转红，冯延巳《抛球乐》云：“霜积秋山万树红。”唐代杜牧“霜叶红于二月花”，即说此。天兵，与后面一首的“飞将军”类同，为天兵天将的分解，指掌握了天意或上天赐给力量的军队，毛泽东在此是比喻威力无比的红军。怒气，也不是一般的愤怒之气，而是压倒敌人的气势的统称。霄汉，则指极高的天空和天上的星汉，意指“怒气”之大而磅礴。

接着，毛泽东又写到战争当时的环境，除秋天霜降的大环境外，还有雾满龙冈的小环境，红军正是借助天降的大雾，因为雾把道路和山嶂都遮暗了，更便于隐蔽埋伏。就好像当年孔明借箭时天降的大雾，而在这雾中，突然枪炮齐鸣，喊杀震天，结果被伏击的张辉瓒也成了俘虏。捉到这么大的一个官，红军上下，包括毛泽东，自然是欢喜不已。这种欢喜就充溢在这首词中。

毛泽东如此真切地描写战争的场面，不是他亲上前线，直接指挥，是不可能写得出的。

上片是点，重点写龙冈之役活捉张辉瓒，下片就是从面上写整个江西反“围剿”的情况：敌人兵力是20万，来势汹汹，一路风烟（风扬起的灰尘）滚滚；我方兵力虽处劣势，但有千百万工农支援，军民一心，因此取得如此大的胜利。

最后一句，毛泽东用一个典故，就是共工怒触不周山。据《淮南子·天文训》载：以前，共工与颛顼争着都想称帝，发怒而碰撞不周山，支撑天的柱子断了，维系地的绳子也断了。结果天向西北倾斜，所以日月星辰都移动，而东南方地不满，水和尘埃都往东入海。

毛泽东自注：诸说不同。我取《淮南子·天文训》，共工是胜利的英雄。你看，“怒而触不周之山，天柱折，地维绝”。他死了没有呢？没有说。看来是没有死，共工是确实胜利了。

总之，毛泽东是赞颂红军的胜利。他这里又写到红旗。红旗既是胜利的象征，为什么用一个“乱”字？乱，是胜利后红军狂欢，舞动旗子，结果红旗显得乱。也是说红旗之多。

1931 年夏

赣水苍茫闽山碧

白云山头云欲立，白云山下呼声急，枯木朽株齐努力。枪林逼，飞将军自重霄入。

七百里驱十五日，赣水苍茫闽山碧，横扫千军如卷席。有人泣，为营步步嗟何及！

《渔家傲·反第二次大“围剿”》

白云山上，云如同城垣一样立起来，白云山下，呐喊的声音阵阵急迫，各种武器都派上用场，包括枯木朽株。枪炮如林，紧紧相逼，将军从层层云霄中飞来。

十五天里强行军七百里，横跨苍茫的赣江，翻越青翠的闽山，千军万马横扫过去，如同把席子卷起。蒋军士兵在哭泣，虽然有步步为营的办法，却只能徒然感叹，哪里来得及逃跑！

第一次大“围剿”失败之后，鲁涤平被蒋介石撤职。1931 年 2 月，蒋介石派军政部长何应钦代理国民党陆海空军总司令职权，指挥南昌、武汉两行营，准备发动第二次大“围剿”。

1931 年 4 月 1 日，蒋介石十八个师另三个旅计 20 万大军，从江西吉安至福建建宁东西 800 里弧形战线，大举进攻毛泽东、朱德的红军。

毛泽东 4 月 19 日与朱德下令各军、师向苏区中部集结。23 日，毛泽东率总部至龙冈，接着，令红一方面军再西移 40 里，将部队摆在根据地前沿东固一带，已十分逼近富田。

东固四面环山，北有东固岭、钟鼓山，东南有“狐狸十八歇”，南有大乌山、方石岭，西南有白云山，群山间只有五条羊肠小道，类似井冈山五大哨口。其西北方面之九层岭、观音崖尤为险峻峭拔，越过这几座高岭向北就是富田。红军在四周山上构筑了工事，地方党和群众帮助红军严密封锁消息，在各条路口都放了暗哨，毛泽东的主力就隐蔽在深谷丛林中，上政治课、军事课、擦枪、练兵，练兵重点是瞄准和抢占山头。每日清晨，连长、指导员带战士朝山头跑，跑至山顶才回来吃早饭。

时王金钰在富田未敢轻动，就地构筑工事，躲在碉堡中，只是等待红军来攻。毛泽东却不上当，他将总部设在距东固 5 里的敖上，亦耐心地等王金钰出动。时值插秧季节，农事正忙，三万红军云集东固，给养十分困难，于是紧缩开支，减餐和停发菜金，又以竹笋、野菜、螺蛳、泥鳅相补充。如此在东固山沟里一蹲就是一二十天。

5 月 13 日，红军已在东固埋伏达二十五天，敌方终于忍耐不住，分三路走出富田的坚固工事。中路为王金钰直辖四十九师，已通过九层岭，到达箬龙坑至万寿宫一线；右路为公秉藩二十八师，抵山坑、中洞。14 日，毛泽东偕彭德怀登上白云山观察地形。山上长满了红彤彤的刺梅，这两位出生地相隔仅 50 公里的湘潭佬，饱吃了一顿，算是重温儿时相似的乡间梦，然后商议如何打这一仗。毛泽东说："一军团，即四军、三军打正面，在距东固15里处阻击和伏击，你的三军团绕到敌之右侧背，不过，这是一个背水（背赣江）阵。"他问彭有无危险？彭说无危险，敌人意识不到我军会敢侧敌侧水。

毛泽东于14日晚得知王金钰、公秉藩两师次日晨开始东移，遂与朱德于当晚8时下达《攻击富田消灭王金珏、公秉藩两师的命令》。

到16日，红军总计歼灭公秉藩二十八师大部与王金钰直属四十七师师部，俘敌4100余人，缴枪5000余支，机枪50余挺，迫击炮20余门。

17日，下起雨来，山路泞滑。毛泽东、朱德挥师追歼逃敌。次日，红军追至吉水县水南，击溃第四十七师残部和原驻此的郭华宗四十三师一部。19日，直指白沙，这时，雨过天晴，太阳照射着湿漉漉的山林，熠熠耀眼，红军像驾了清风，攀缘腾跃，跨峰越壑，转眼间已高踞岭头。只见前面山下大路敌军人马混杂，一片黄糊糊的人流正满山满谷地向东涌去。红军迅速在山岭线上展开，正面阻击的红军卡住山口，向敌群中发射了第一发迫击炮弹，一声爆炸，两侧山头红旗高举，军号齐鸣，手榴弹炸得黑烟滚滚，红军排空而下。

此日一仗，毛泽东指挥红三、四军与三军团向东横扫，于白沙歼灭敌第四十七师一个旅之残部和四十三师一部，俘敌1700余人，缴枪4000余支、机关枪30余挺、山炮2门。为第二次反"围剿"第二个胜仗，敌我战局已定。

5月22日，毛泽东、朱德指挥红军又在永丰县中村打了第三个胜仗，27 日，毛泽东大军直逼广昌城下，冒雨向城外山头敌阵冲击，敌方火力猛烈，打了整整一天，才将外围之敌清除。广昌城东北河上架有一座木桥，敌方担子，骡马辎重正由此北撤，人马被挤得纷纷落水，红军追击炮弹已用完，机枪射程够不到，因此一时未封住敌人退路。当晚，红军攻克广昌。是役歼灭蒋军第五师一个团，师长胡祖钰受重伤毙命。

接着，红军又取得建宁城。此役为第二次反“围剿”最后一仗，歼灭刘和鼎师三个团，俘敌 3000 余人，缴枪 2500 余支、电台两部及大批医药、军用物资。刘师仅有五六百人逃脱，刘和鼎本人带两个马弁在河边抢一只船，顺流而下时，船在礁石上撞毁，刘氏落水，幸得马弁抓住其腿倒拖上岸逃走。

至此，毛泽东统红一方面军十五天内横扫 700 里，连打五个胜仗，歼灭蒋军 3 万余人，缴枪 2 万余枝，获得第二次反“围剿”的全胜。该年夏天，毛泽东填写了这首《渔家傲·反第二次大“围剿”》。

这是一首战争史诗。从 1927 年 9 月 9 日发动秋收起义开始，毛泽东进入军旅诗、战争史诗的创作时期。这些诗都是战争的真实纪录，在当时有一定的新闻性，而过后却有强烈的史料性，因为无论景物、战事还是情感，都是真实的，也是感人的，艺术上的审美价值也相当大，是毛诗的精品。虽然他时常借助唐诗宋词的各种形式，但从内容到情感，都是全新的，都是极富于独创性的。

毛泽东向来喜欢，也善于把他所要讲述的事和要表达的情感，放在极其壮美的环境当中。此词又是如此。

白云山，是实写，在江西省吉安东南，东固镇西南 17 里。《嘉庆一统志》说此山“峰峦特出，常有白云蒙罩”。此山的特点就是常有云雾缭绕，不过，在毛泽东笔下，白云似乎也在帮助红军，它也竖立起来，形成屏障。《史记·天官书》说："阵云如立垣。"垣就是墙，可作战时防御用。第二句写山下军民的喊杀声，用一个"急"字概括，枯木朽株，则指红军与民众的各种兵器，这反映了红军时期武器的混杂与不良，但在如此装备落后的情况下，因为确定了高超的战略战术，红军又有高昂的斗志和不怕死的精神，所以，红军威风八面，气势如虹，像从天而降的飞将军。自亘霄而入的飞将军的形象，大约来自毛泽东早年喜读的《西游记》，就是那些威力无比的天将，这里，是正义（掌握天意）的化身；又，《史记》中载有"飞将军"李广："广居右北平，匈奴闻之，号曰'汉之飞将军'。"

下片具体纪第二次反"围剿"的史实：十五天内横跨武夷山和赣江，在700里的大范围，横扫国民党的千军万马。卷席，极言红军威力的巨大，这是古来常用于写军队或战事的词。红军如此威猛，而对手就只有了哭和嗟的份。哭者谁？被"席卷"的国民党官兵；在战斗中，确有许多国民党士兵陷入鬼哭狼嚎之中。蒋介石本人当然不至于"泣"，那么，"嗟"就非他莫属了。他只有悲叹，为他精心部署的失败和心腹爱将的死、俘而"嗟"。嗟何及，语出《诗经·王风》："啜其泣矣，何嗟及唉！"即嗟何及唉，意思是叹息也来不及了。

毛泽东用急、逼、入、驱、横扫、泣、嗟等这一系列动词，精心描述战争的全过程，刻画了我、敌双方在战争中的截然相反的情态，大力弘扬红军的志气，大灭蒋介石和他的军队的威风。

雨后斜阳

1933年夏

赤橙黄绿青蓝紫，谁持彩练当空舞？
雨后复斜阳，关山阵阵苍，
当年鏖战急，弹洞前村壁。
装点此关山，今朝更好看。

《菩萨蛮·大柏地》

看哪，那天上变幻的七种颜色，是谁拿着一根彩色的绸带在飞舞？夏雨过后，斜阳悄悄地照临，那刚刚被水洗过的群山显得更加苍翠欲滴。

当年在这里曾经发生激烈的战斗，子弹击穿的洞眼还留在前面小村的墙壁，装点着这儿的山和关隘，现在显得更加好看。

1929年2月6日，毛泽东及红四军主力从福建武平的东留进入会昌河头，7日，从河头经官丰、永隆到富城的半迳，8日经瑞金的大富足、武阳，抵会昌西江的红星。每至一地，毛泽东都要分派红军走家串户，联络、发动群众。9日下午，经瑞金县城北的院溪、隘前到达大柏地。

大柏地在瑞金和宁都交界处，武汉国共分家时，贺龙、叶挺曾率大军经过此地，并曾在此激战。毛、朱率部至此，正是中国传统佳节除夕前一夜，到此时，毛泽东率部已走一个月零七天，近四十天中，历尽艰难困苦，数度陷敌重围。长久恶劣的天气忽然放晴，天空射出朱红的太阳，这真是好的预兆！

瑞金城北60里，崇山峻岭，峰岭逶迤，森林茂密，杂草遍野，中间一条大路，都是石板砌成。通宁都要过一条河。2月10日，大年初一，毛泽东与朱德决定利用大柏地有利地形，打一场歼灭战，以壮军威。

于是在十余里长的狭谷布长口袋阵，他们亲领三十一团和特务营伏于麻子坳、老虎堰一线作正面阻击，陈毅领二十八团和独立营处于杏坑东西两面山上，取两翼包抄，截敌归路；以一部诱敌深入。下午3时左右，熊式辉率追兵至，毛泽东、朱德一声令下，将“口袋”扎紧，次日拂晓，毛泽东下令总攻，他亲提手枪，领警卫排冲入，一时杀声连天，机枪、步枪齐射，敌拥挤在狭谷内，施展不开，左冲右突，无法突围。被围的系刘士毅部，原番号为江西独立第七师，在遂川曾被朱、毛歼灭三个营，击溃两个营，因兵员大减，已缩编成江西独立第十五旅，此时陷于困境的第十五、十六团即该旅全部家底。战至11日上午10点，雨后日出，光芒四射，毛、朱在杏坑村高岽上亲领红军冲锋，一举拿下荣亭的敌指挥所，毛泽东立于山巅，令八名号手同时吹响冲锋号，至中午，战事结束。

此役俘敌800余人，包括敌团长萧致平、钟桓，缴获步枪800余支，水旱机关枪6挺。刘士毅仅剩少量残部，退回赣州；

李文彬亦因此震慑，不敢急追直进，如此，红军基本摆脱尾追之敌，蒋介石“三省会攻”遂告失败。此役亦为毛、朱下井冈山后第一次大捷。

到1931年1月，在中共六届四中全会上，王明取得党中央领导权，他全面推行“左”倾机会主义路线。毛泽东在1931年11月于瑞金叶坪召开的“赣南会议”上受到严厉批判，被撤销中共苏区中央局代理书记职务。1932年10月，中共苏区中央局会议在宁都召开，毛泽东又遭无理指责，尽管周恩来多方解释仍无济于事，被调离红军领导岗位，改为主持中央政府工作，并“服从组织决定”去福建汀州休养。行前，他对周恩来说：“军事工作我还愿意做，前方何时电召便何时来。”次年初，毛泽东回瑞金主持中央政府工作。不久，中央批“罗明路线”，接着批邓、毛、谢、古（邓小平、毛泽覃、谢维俊、古柏），都是针对毛泽东来的。毛泽东在艰难的处境中坚持工作，做调查研究和学习。3月，红军在周恩来指挥下取得第四次反“围剿”的胜利，由于“左”倾冒险主义的干扰，红军在反“围剿”的前期曾严重受挫。夏，更大规模的第五次“围剿”又在密锣紧鼓地筹划组织之中，红军和中央革命根据地面临着巨大威胁。就在这时，毛泽东经过大柏地，抚今追昔，感慨系之，写下《菩萨蛮·大柏地》。

同样的《菩萨蛮》，情调却完全不一样，色调也大异。1927年毛泽东在黄鹤楼上，心情那么沉郁，眼前色彩那么黯淡，似陈子昂登幽州台，欲怆然而出泪，而在大柏地，心情却是这样的开朗，他的笔下也是这样的明亮多彩。这是时过境迁的缘故。

那时，他还没有最后确定他和中国革命要走的路，中共党内争执也激烈，国民党右派则已在磨刀霍霍，而此时，红军已与国民党军转战多年，毛泽东本人虽然不在领导职位，但对周恩来等人领导刚刚取得的第四次反“围剿”的胜利，也是高兴的，因而毛泽东经过曾战斗过的大柏地，心情是开阔的，景物也随着心情而呈现五颜六色。这不只是毛泽东一个人的心情，也是所有红军将士的心情。

赤橙黄绿青蓝紫，是七种颜色，也是大自然所有颜色的集合，阳光经细小水珠折射、反射、衍射而在雨幕上形成，那就是彩虹的颜色。所以毛泽东问：是谁拿着一根彩练在空中飞舞？这是拟人的写法，一个舞字也极为传神。这是写夏雨过后斜阳照临而产生彩虹的情景，更是此时毛泽东与红军心花怒放的情绪的象征。雨后斜阳素为诗人喜爱，例如，唐代温庭筠《菩萨蛮》：“雨后却斜阳，杏花零落香。”

毛泽东一开首即把七彩颜料准备在手，然后便用大手笔描绘开来。与天上彩虹相对照的是雨后的山，山只有一种色，就是水灵灵的绿色，虽然只有一种颜色，却是无穷生命的颜色，“阵阵苍”也暗喻了红军充满着无限生机。关山，本指关隘和山岳，山中的关，或形似关，起关隘作用的山，都可用，总之是险要之地，大柏地西南六七里即有一座关山，或为实指。但亦不尽然，解为泛指群山似更有诗意。《木兰辞》中有诗句“关山渡若飞”，王维《陇西行》又有“关山正飞雪”，杜甫《登岳阳楼》则有“戎马关山北”。毛泽东对这些或有借鉴。

词的下片是从回忆到现实。因为他已不在红军的领导岗位，他对于战争，一时只有回忆中的片断了。而当年在此的激战，也是红军下井冈山后取得的第一次大捷，毛泽东重到此，即见到战斗旧址——前村的墙壁上还残留着当年的弹洞（另一解，“洞”

作动词用，即洞穿之意。言在当年的激战中，子弹把前村的墙壁也打穿了）。鏖战，即激战，《新唐书·王翃传》：“引兵三千，与贼鏖战。”前村，并非村名，而是指大柏地前面麻子坳附近的小村——杏坑。装点，装饰、点缀或打扮之意，宋代华岳《登楼晚望》诗：“展开风月添诗料，装点江山归画图。”为什么说“今朝更好看”？因为毛泽东许久未参加战事了，而大柏地的胜利，作为一个美好的记忆已留在他的脑海里。这句既表达毛泽东对过去战斗生活的美好回忆，又寄托他对重新参战的强烈渴望。

下片用简洁的白描手法，只以粗笔勾勒那装点这山这关，使之更好看的“前村弹洞”。毛泽东撷取了最典型的意象，表达自己的独特感受，这是诗人的天赋所在。

1934 年夏

东方欲晓

东方欲晓，莫道君行早。
踏遍青山人未老，风景这边独好。
会昌城外高峰，颠连直接东溟。
战士指看南粤，更加郁郁葱葱。

《清平乐 · 会昌》

东方就要天亮了，不要说你起来得很早。还没到老的时候，我已走过许许多多的青山，感觉只有这边的风景好。

会昌城外的高高山峰，一座座向远处延伸，一直与东边的大海相连。战士们指点着广东大地，那儿更加郁郁葱葱。

1933 年 9 月，蒋介石调动 50 万兵力，“步步为营，堡垒推进”，对中央革命根据地进行第五次大“围剿”。失去毛泽东领导的红军，先是实行“两个拳头打人”“全线出击”“御敌于国门之外”。后是“分兵把守”“全线防御”“以堡垒对堡垒”“短促突击”，用阵地战代替游击战和运动战，同敌人拼消耗。4 月 10 日至 28 日，国、共双方争夺广昌战事惨烈，红军惨败，是役系博古、李德亲自指挥。战前，博、李唯恐毛泽东碍事，挖空心思要支开他。博古建议其去上海休养，李德则提议去莫斯科，毛泽东看破玄机，坚辞不往，博、李无法，便让毛自己定去向，毛即自愿去会昌。

会昌县在瑞金南面，县城五六里处有个小镇，名文武坝，名字颇有意味，它接纳了文武全才的毛泽东。文武坝系粤赣省政府、省委驻地，该省于1932年8月建立，辖于都、会昌、西江、门岭、寻乌、安远、信康县55万人口，省委书记为刘晓，军区司令兼政委为何长工，均与毛泽东有渊源，尤其后者，是随毛上井冈山的。毛泽东来此“养病”，带了三个巡视员：王首道、周月麟、朱开铨。

毛泽东会见刘、何等人，何长工谈及南线军民反“围剿”情况。毛泽东讲了他对战局的看法，并授以制敌良策，即仍坚持诱敌深入和运动战，批评“以碉堡对碉堡”是以卵击石。何长工对此心领神会。

从4月下旬至6月、7月初，毛泽东都在会昌县文武坝一带。5月间，出席粤赣省委会议，布署地方工作；还就红二十二师筠门岭失利向该师政委了解情况。6月上旬，他来到会昌站塘的李官山，在此住十余天，6月中旬回到文武坝，19日，与项英发表《中华苏维埃共和国中央政府为国民党出卖华北宣言》。22日，毛泽东实在看不得红军的连连失利，按捺不住致电周恩来，报告“敌虽企图进占南坑、站塘，但仍持谨慎态度”，对南坑、站塘战事提出建议：“声东击西，出其不意，黑夜接近，拂晓攻击，包其一部，打其援队”，建议七军团军团长寻淮洲“在瑞金待机为宜”，不同意夺回筠门岭。

6月下旬，红军各线告急，中央决定召开政治局会议，破例通知毛泽东参加。毛泽东此时眼见红军的血本一天天销蚀而心急如焚。途中，他在文武坝渡口等船，他伫立于岸边大樟树下，左手插腰，背着一把红纸雨伞，凝眸眺望会昌城外岚山高峰，心绪浩茫；看着渡口附近的村庄、稻田和奔流不息的绵水河，自语：“好快啊！来时早稻才有一尺来高，转眼已经抽穗，再过些天就要割禾了。”

毛泽东心情郁闷。这年夏天，他作了《清平乐·会昌》一词。

这是一首纪游词。仁者爱山，智者乐水。毛泽东两者都爱，他既是仁者，又是智者。毛泽东早年不喜欢画画，在湖南第一师范时，要他画半壁见海日，他画一根横线和一个圆圈了事。从保存下来的毛泽东画的橘子来看，确是非常简陋的。可是，他的诗词，无论写景还是状物，却都极有画意。有白描（如《为女民兵题照》），也有工笔（如《沁园春·长沙》），有“国画”（如《登庐山》），也有“油画”（如“壁上红旗飘落照”），而大量的是写意。

《会昌》，当是一幅写意味道极浓的画。时令是清晨，天要亮的时候，在还带一点暗色的熹微中，有一个人立在山头，仿佛一道剪影。毛泽东向来习惯晚睡晚起，为何这天却起得这样早？却是他近来心情郁闷，晚间总是睡不着。他所郁者，不只是他被撤职，被晾到一边，更是在为红军的命运焦灼。所以一早就起来，在山上吹吹凉风，也理一理自己的思绪。

毛泽东说他还不是起得最早的，那么还有谁更早？或许是当地的农民。夏天，气候炎热，农民往往利用清晨的凉爽起早干活。一日之计在于晨嘛。

“踏遍青山人未老”，是说他从上井冈山以来，爬过了无数的山，人未老，或说他尚是中年，特别是他的人生目的还未达到，他斗志正旺，虽然受到排挤，但他仍充满希望，他的心没有老。这是毛泽东的乐观主义。既然心情不好，为什么毛泽东还说“风景这边独好”？古来诗人笔下的风景，常常是随着心情变化而变化的，如庾信笔下的树木，就是那么凄凉；而李白因为路上得到被皇上重新启用的好消息，便“朝辞白帝彩云间，千里江陵一日还。两岸猿声啼不住，轻舟已过万重山”，在另一首诗中却大叹“蜀道难”。毛泽东在倍感压抑时，却乐观地说风景好。这或也有强颜作笑的成分，但主要的反映毛泽东对前途并没有失去信心。他也不打算等待命运的垂青，而是在捕捉时机，酝酿重新出山。

词的下片，使我们能真切地感受到站得高看得远。毛泽东甚至由脚底下的会昌山，看到了它不断地向远方延伸，直接东海。其实，在江西是不可能见到海的，这是作者的想象。为何他又要写到广东？一则，会昌的确距广东不远，二更因为毛泽东在设想红军的出路，应在南方，后来的长征，也是先往南的，翻越了五岭。“更加郁郁葱葱”，是说往南，会给红军带来生机。汉代刘珍《东观汉记·光武帝纪》中说：“在舂陵时，望气者言舂陵城中有喜气，曰：‘美哉，王气！郁郁葱葱。’”

—《西江月·井冈山》

—《清平乐·蒋桂战争》

——《采桑子·重阳》

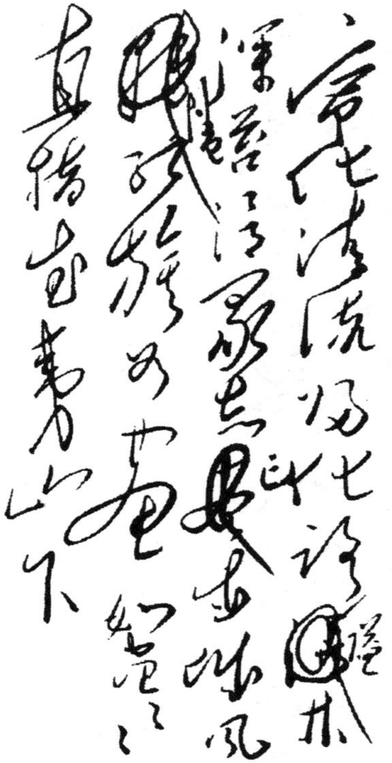

| 《如梦令·元旦》

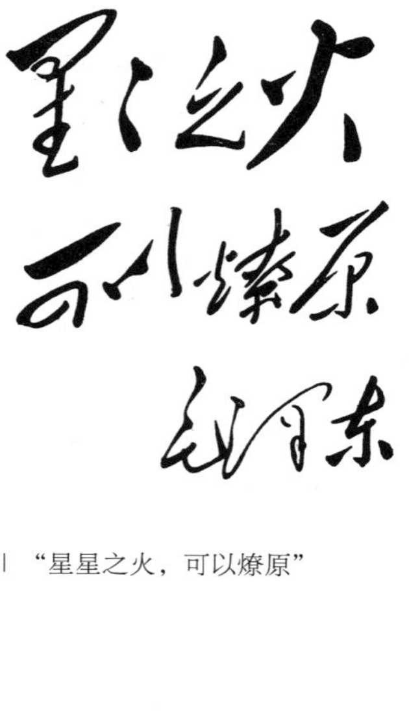

| “星星之火，可以燎原”

—《减字木兰花·广昌路上》

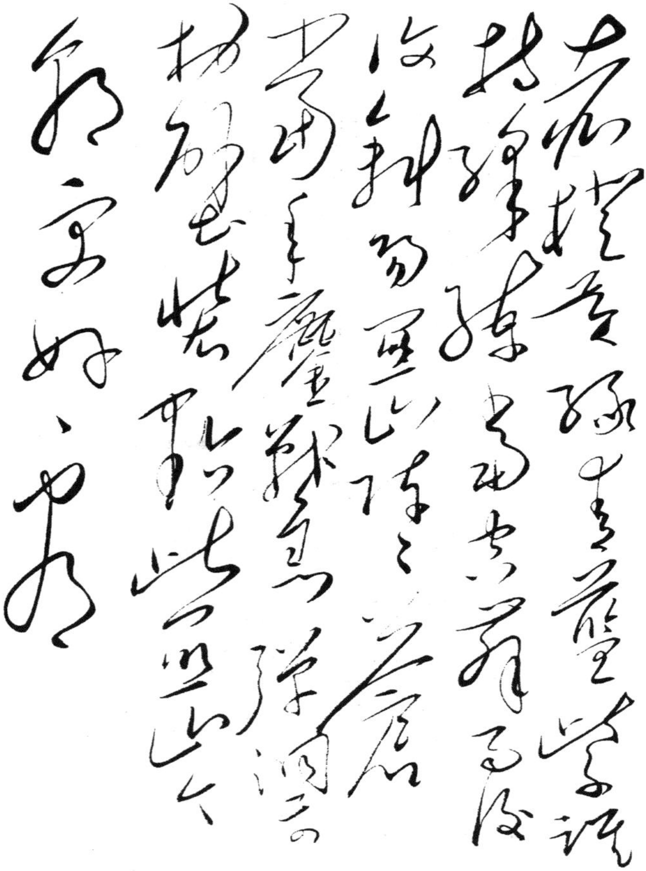

|《菩萨蛮·大柏地》

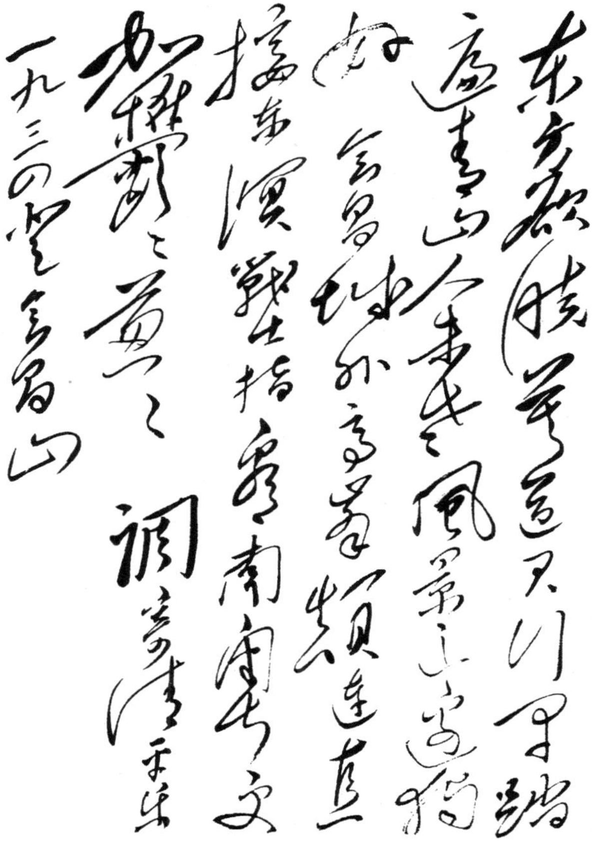

《清平乐·会昌》

第三章

长征风景线

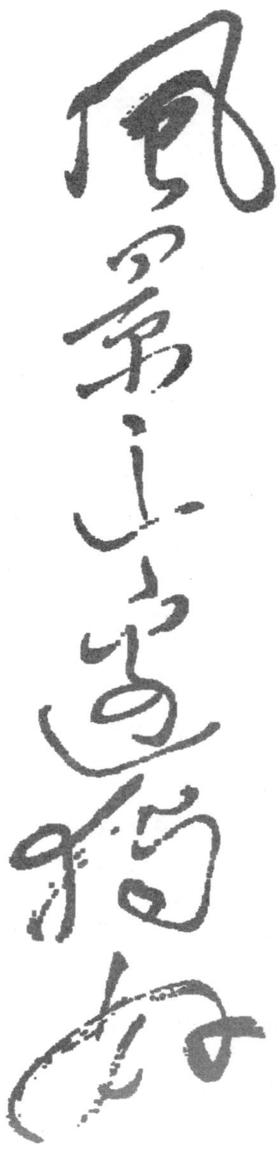

山

1934年到1935年

山，快马加鞭未下鞍。
惊回首，离天三尺三。

山，倒海翻江卷巨澜。
奔腾急，万马战犹酣。

山，刺破青天锷未残。
天欲堕，赖以拄其间。

《十六字令三首》

快马加鞭，一刻不停，飞奔上山。惊奇地回头看，真险：离天只有三尺三。

翻江倒海，卷起巨大的波澜，急速地奔腾，像无数的战马正在发生激战。

刺破青天，像一把利剑，它的锋尖一点也未受损。天要坠落，幸有一根柱子撑在中间。

1934年12月19日，即黎平会议结束次日，朱德、周恩来根据毛泽东之意，签发《军委为执行黎平会议决议作出的行动部署》。这时，红军开始摆脱长征以来的困境，而渐渐掌握主动权。20日，中央红军按上述部署分两路进击黔西北，目标是遵义府城。红军相继占领锦屏、剑河、台江、镇远、黄平、余庆、瓮安，甩掉了薛岳、周浑元、吴奇伟等三个尾追纵队，并将王家烈、侯之担几个师打退至乌江北岸。红军士气大振，一路缴获和购买布匹甚多，军服为之一新。

毛泽东于军阵中也撂下担架，精神抖擞地步行。他为红军节节胜利而欣慰；时值隆冬，沿途百姓仅着单衣，小孩则一丝不挂，毛泽东看到这些，不住皱眉。行经剑河附近林子，忽见路边躺着两人，长者60多岁，幼者仅几岁，婆孙气息奄奄。毛泽东问明情况，即从身上脱下毛衣，又让卫士拿两条装满粮食的干粮袋相送。那婆婆强挣扎着坐起，冻僵的双手合十，颤抖着，老泪纵横，叫孙子给毛泽东磕头，毛泽东将其拉住，弯腰捧起孩子黄瘦的小脸，看了好一会儿，说："老人家！您记住，我们是红军，红军是穷苦百姓的军队。"毛泽东随即把老婆婆搀起，他或许想到了他的母亲——毛母文氏若在世也正是这个年纪了。他把米袋用老婆婆拄的竹棍插好，好叫祖孙俩抬着走。又用贵州方言说："老妈妈！您记住，我们是红军，红军是干人（穷人）的队伍。"祖孙俩一步一回头，蹒跚而去。毛泽东沉思良久，回头见很多战士围在他身边，便快步登上路旁高坡，挥了挥手，大声说："同志们，我们从这位老妈妈身上看到了什么呢？我们看到的，绝不是她一家的遭遇，而是我们灾难深重的国家的缩影！我们的任务，正是要把国家和人民从水深火热之中拯救出来。这个任务我们一定要完成！这个目的一定要达到！眼下摆在我们面前的，是惊涛骇浪的天险——乌江，还有数不清的艰难险阻。我们要勇往直前，踏出一条大路！”

毛泽东的演说，使红军军心更振，急趋乌江。

乌江为贵州第一大河，又称黔江，全长2000余里，宽约250米，流速每秒1.8米；由西南向东北横贯全境，两岸地势极为险峻，皆是悬崖绝壁，侯之担料“乌江素称天险，红军远征，长途跋涉，疲惫之师，必难飞渡。红军或不致于冒险来攻乌江，可能另走其它路线”，然而红军的进军路线却正是过乌江。一军团受命先渡，分别在江界和回龙场两地同时强渡，中央纵队在二师后跟进。12月21日，右纵队占剑河县城。25日夜，红十五师占领镇远县城。接着，一军团占领施秉，留二师随左纵队行动，余部继续北进，经孙家铺、老塘寨，29日击溃黔军宋华轩团，进占余庆县城，继经龙溪、凉风哨等地抵乌江南岸渡口大乌江。在右纵队稍后，红军左纵队从黎平出发，至尚重后分两路，一路经南哨向剑河，一路经郎洞、台勇，22日占领台拱城（台江），28日占领黄平城。红军左纵队和红二师抵黄平旧州后又分两路，一路以红二师为前卫，军委纵队、五军团随后，经瓮安县老坟嘴至猴场（草塘），抵乌江南岸江界河；另一路为三军团，以四师十团为前卫，经木孔、朵丁关往瓮安城。

12月30日22时，朱德下达《关于各军团纵队卅一日的行动及其任务的部署》。31日，红十团乘雾攻占瓮安城，守城的黔军第五、六团（代号鸡团、鸭团）弃城而逃。三军团即以十二团为前卫渡过龙安河，抵乌江渡口茶山关的南岸。

1934年年底，中央红军各路云集乌江南。1935年元旦，杀猪，宰羊，饱吃一顿，准备强渡乌江。新年第一天，中共中央政治局在猴场（草塘）开会，史称猴场会议。会上，博古重谈去湘西的老调，博、李二人心有余悸，不肯渡乌江，恐蹈湘江战役覆辙。

猴场其地，系一小镇，距乌江不远，林木繁茂，猴群出没，故得此名。毛泽东的住所是一栋大院，三间房子并列朝南。毛泽东在猴场会议上重申黎平会议上所述，获多数人赞成，遂通过《中央政治局关于渡江后新的行动方针的决定》，至此，渡乌江，占遵义已不容任何人改变。

抢渡乌江的先锋为耿飚、杨成武第四团。从 1 月 2 日起，至 6 日，红军以很少伤亡，分别从余庆县回龙场、瓮安县向龙场、江界河、开阳县、茶山关全部渡过乌江，侯之担成惊弓之鸟，仓皇逃往重庆，当即被蒋介石的重庆行营参谋团扣留，撤职查办，随即侯部被收编。王家烈则于是年 4 月 6 日被迫下台，贵州落入蒋介石之手，这是蒋军入黔的唯一收获。

毛泽东与红军大队渡过乌江，纵马急趋遵义，在马背上，他看着满目青山，回顾来路，勃发诗情，作三首十六字令。

十六字令，当为词中最简短的小令，仅十六个字，单调，四句，平韵。因宋代蔡伸有《苍梧谣》词，又名《苍梧谣》。

这是一组借景抒情的联章体组词，同以山为题材，互相独立而又紧密联系，描绘山的奇险而暗含对征服山的人们的赞颂。

表面看似只是描写山的挺拔、山的雄伟、山的陡峭，其实赋予山以人格，或者说构筑了极为典型的山的意象。同时他没有写具体的战斗场面，而着重于这次爬山的感受，挖掘出人的精神世界。

第一首写的是山的挺拔、高峻。开篇推出一个大大的“山”字，力透纸背，如雷贯耳，读者眼前似真真实实突现出一座巍峨挺拔的高山。这首词原注：

民谣："上有骷髅山，下有八宝山，离天三尺三。人过要低头，马过要下鞍。"

毛泽东在这里显然化用此谣，却把意义大大升华：民谣是感叹山的险，并写出常人在此山面前的屈服。这种写法自古不少，如"五千仞岳上摩天"，又如《辛氏三秦记》云："武功太白，去天三百尺。"李白《蜀道难》："连峰去天不盈尺。"《读史方舆纪要·江西·吉安府》说"谚云：高宵慵隔，去天三尺"，这都是写的人对山的敬畏，甚至把山神化；而毛泽东与红军却非常人，而是有着铁打的意志的人，他们到此偏要"快马加鞭"，偏不"下鞍"，只是征服了山之后，再回头，才感觉到此山之险！高至天际！这真如后来一些民谣所说的：让高山低头，要河水让路！

最后一句，直接引用民谣，十分精当。陡然掀起一波高浪，"惊回首"，一个"惊"，包含了无穷的感慨。似有对骏马的赞叹，又是对征服者的倾服，也有自我的感叹：跨越过一座又一座山峰，再回首走过的路，不禁连自己也感到惊奇，路险啊，离天只有三尺三。当然这里的"三尺三"非实指，是以实写虚的手法，又是一种夸张，并不是真实的高度，就好比李白诗中的"白发三千丈"。

第二首写的是山的雄伟、磅礴。上一首是从山的个体去写的，而这一首是从山的群体着眼的。站得高，看得远。毛泽东与红军立在山巅，俯视脚底，群峰竞秀，如大海翻腾，如巨浪汹涌。山动起来了，山有了巨大的力量，前一首，毛泽东笔下，山是对手，是被征服者，而到这里，山与人融为一个整体，山给人以助力，一种精神的助力！这可能是一种阳刚之气，一种美的力量！

倒海翻江，是毛泽东对“翻江倒海”的活用，陆游《夜宿阳山矶》说“五更颠风吹急雨，倒海翻江洗残暑”，但陆氏是写真的水，毛泽东这里是把山当作水来写，只有亲身征服过山的人，才会有此感受，毛泽东后来在《七律·长征》中说“五岭逶迤腾细浪”，也是把山当作波浪来写，这极为形似，青青的群山，高低起伏，极似海浪，这中间也有神似，那就是山的力量！山给人胸襟的开阔！或者另含有远古时代沧海桑田的意蕴。

下一句“奔腾急，万马战犹酣”。还是对动起来的山的进一步人格化。山在翻滚，在奔涌，在追逐，就像万马奔腾。范成大云：“湘中固多山，夹岸万马屯。”古今诗人登临高山，有同样的感受，而毛泽东感受更烈。在他笔下，山如马群，被他驱赶起来，他成了山的主人，山不再是阻碍，山甚至可以当马骑，可以把他和红军送上更远的征程。

第三首写的是山的陡峭、坚锐。毛泽东由征服大山，到立在山头看远处群山，再到过细地看某一座山的尖儿，这使得三首十六字令紧密地成一整体。从第二首到第三首是从群体到个体，而个体又选择山尖来写，并回复到写山与天的关系。第一首是写距离天之近，这一首更写山尖已现、刺破青天，既是对第一首的呼应，更是大大进了一步。

后来，毛泽东写的“安得倚天抽宝剑”就是讲借助山这把利剑，因为只有山才具备与天相抗的力量。毛泽东把山当作剑来写，说它把天刺破了，剑尖还没有磨损，可见山尖的威力。这既是写实，也是毛泽东大胆的想象，更是把山与人（他和红军）合二为一，讴歌的是山和山上的人，因为人还在山上，人已征服山，山能把天刺破，人当然更能战胜天！

而最后，毛泽东又给我们构筑了一个天、地、人的和谐统一体，人征服了山，山成了人的朋友，山给人以力量，山刺破了天，而“天欲堕”，又依赖山作为柱子把它撑住（这中间隐藏了共工怒触不周山的故事）。

三首词，给人的整体印象是，山是奇险的，天是可敬的，但人更伟大，天、地（山）、人可以达到统一，三者中间，起决定作用的是人！

1935年2月

雄关

西风烈，长空雁叫霜晨月。霜晨月，
马蹄声碎，喇叭声咽。
雄关漫道真如铁，而今迈步从头越。
从头越，苍山如海，残阳如血。

《忆秦娥·娄山关》

西风猛烈，长空大雁鸣叫，打霜的早晨，明月清冷。霜映冷月，马蹄声零零碎碎。喇叭的声音如泣如诉，呜呜咽咽。

说起这雄伟的关卡，真像钢铁般坚固，而今又一次迈步越过。重走一次，看那苍绿的群山如同海洋，那西斜的太阳红得像血。

1935年1月7日，中央红军渡过乌江攻克黔北重镇遵义。1月15日至17日，中共中央召开政治局扩大会议，这就是中国革命历史上具有伟大意义的遵义会议。这次会议在极其危急的情况下挽救了中国共产党、中国红军和中国革命，成为党的历史上一个生死攸关的转折点。

遵义会议以后，中央红军于2月11日开始东进。19日，一军团在太平渡全部过河，军委纵队、五军团亦随后在此渡过赤水。三军团则于当日抵另一渡河点二郎滩，将黔军魏金镛、侯汉佑守军各一团冲垮，架浮桥全部渡过赤水，20日，九军团亦在此过河。如此，中央红军又进入黔北。

红军二渡赤水后，毛泽东即准备麾师再占遵义。2月2日，三军团在回龙场开干部会，毛泽东来了，他号召一鼓作气，将吴奇伟歼灭。毛泽东已在酝酿长征以来一次最大的歼灭战。21日，蒋介石急电王家烈，他错误地判断红军有“东与贺、肖谋取联络之趋势”，令黔军于松坎、赶水一线堵截。时黔军第四团驻桐梓，接蒋电令，即赴松坎，仅留两个连交防，旅长杜肇华亲率第六团兼程前来接防。毛泽东决定乘虚将桐梓拿下，再取遵义。

24日晚，一军团前卫一师一团抵桐梓，趁夜攻城，不到两个小时，守军两个连弃城逃往松坎。桐梓落入红军之手。

桐梓系黔军南北联系孔道，红军由此将其切断，一时遵义在望，王家烈慌于25日向薛岳告急。

24日晚，毛泽东和军委下令乘虚袭占娄山关。毛泽东领军，有一特点：于每个军团都抓一个团作军委预备队，必要时直接指挥。此时他即以十三团为军委预备队，令彭德怀以其为前卫，务必于25日天黑前攻下娄山关，占领点金山。25日14时，彭德怀、杨尚昆回报：十三团已向娄山关开进，13时许，已有接触，拟以迅速动作歼灭守敌，建议一、三军团应于26日拂晓前发起攻击。当日20时，毛泽东接林彪来电，林主张27日攻击，毛泽东否定了林彪建议，于当天23时发布《关于我军消灭娄山关黔敌夺取遵义的指示》。

红十三团先抵娄山关，其第三营抢占点金山，随之将关口占领，当晚，十三团主力在关下八九里处下寨，25日晚12时十二团从桐梓出发，分四路冒雨顶风奔娄山关；一军团第一团亦抢占关东石炭关。26日拂晓，王家烈令旅长杜肇华坐镇黑神庙指挥黔军反攻，至下午8时，其三个团大部被歼。当日，王家烈连续向薛岳告急。27日拂晓，红三军团进抵董公寺、飞来石，猛攻黔军一、八团阵地，当日黄昏，占领遵义新城，未遇激烈抵抗，夜，向老城攻击，将其占领。红军所受一大损失是三军团参谋长邓萍为流弹击中阵亡。

28日，毛泽东纵马跨过娄山关，于关口吟出此词。

悲壮、雄奇，动静相宜，有声有色，这是此词的特点。选取了最适合表达这种情绪的词牌。又是一首小令，简洁，跳动，如荷叶露珠滚动，如庐山瀑布飞溅，如剑戟相碰出火星。是瞬间的感受，是黄昏的一刻。

李白词云："箫声咽，秦娥梦断秦楼月。秦楼月，年年柳色，灞陵伤别。乐游原上清秋节，咸阳古道音尘绝。音尘绝，西风残照，汉家陵阙。"这是《忆秦娥》的来由，也为毛泽东取法。毛诗中，西风何其多，大概此风之壮烈，为毛泽东偏好，它冷峻，它无情，它能衬托英雄本色。一个烈字，写出风之强度。《尚书·舜典》："纳于大麓，烈风雷雨弗迷。"而在二月间，在清冷的早晨，下霜的早晨，尚有雁叫，着实也让人奇怪。雁何以未南去？或失群，或受伤。这个场景，是凄冷的，但不是无望的，是壮烈的，但不是悲哀的；这样的早晨，传来细碎的马蹄声，被西风撕裂而呜咽的喇叭（军号）声，悲壮又加一层。

这使我们想起前人一些诗句，唐代温庭筠《商山早行》云：“鸡声茅店月，人迹板桥霜。”其《菩萨蛮》云：“江上柳如烟，雁飞二月天。”又宋代蒋捷《虞美人·听雨》：“江阔云低，断雁叫西风。”唐代韦庄《江城子》：“角声呜咽，星斗渐微茫。”

毛泽东为何不用更欢快一些的调子来写，而要写得这样悲壮？他曾自注：

万里长征，千回百折，顺利少于困难不知有多少倍，心情是沉郁的。过了岷山，豁然开朗，转化到了反面，柳暗花明又一村。

下片情绪豪迈许多，打破上片的凝滞清冷。写红军又一次雄赳赳跨越娄山关，迈步从头越，是那么从容、自信，也是毛泽东代红军发表的再接再厉的宣言书。在这“从头越”中，毛泽东推出一幅极壮阔的苍山、残阳图。

中国古典诗歌的精华在于“意境”“神韵”和“气势”。毛泽东诗词集中这三点精华，诗风上毛泽东诗词继承宋代辛弃疾词豪迈、奔放、沉雄的特点，但又能加以批判地继承和吸收，融入新的革命乐观主义精神，在利用和改造旧体诗词上取得突破性的成就。于深沉的意境中交融着冷峻和沉重，苍凉悲壮，读之令人动容，有着极强的艺术感染力。

以本词为例。开篇便是“西风烈，长空雁叫霜晨月”，烈、长、雁、霜，这些关键性的词眼，点明长征途中红军行军时天气和形势的恶劣，彼时正是深秋的清晨，天还未亮，大雁的鸣叫更增加凄凉的气氛，大有“风萧萧兮易水寒，壮士一去兮不复还”

的悲壮美。读来，就好像身临其境。

接下来，“霜晨月，马蹄声碎，喇叭声咽”，受“忆秦娥”词牌格律的制约，重叠“霜晨月”，突出描写红军征程的紧急，此中马蹄声、号角声在静谧的晨曦中交织在一起，就如一幅千军万马图。“咽”则与开篇的“烈”相照应，以红军的号角夹杂在马蹄声中为比方，有如“大珠小珠落玉盘”，断断续续，从而引出悠远的意境。

下片，作者着重描绘红军跨越娄山关时雄伟的场面，面对几十倍于己的敌人的围追堵截，红军战士浴血奋战，终于跳出包围圈，胜利扭转被动挨打的局面，而这些成果恰恰都是在以毛泽东为核心的党的领导下排除王明“左”倾冒险主义所取得的。所以作者在歌颂英勇的红军指战员时，对这种成就也表达出强烈的自豪感。

“雄关漫道真如铁，而今迈步从头越。”岳飞《满江红》有“待从头，收拾旧山河，朝天阙”，从头越就是重新跨越，既指红军再次跨越娄山关，又指遵义会议后，中国革命峰回路转。

作者并未着墨于攻占娄山关的战争场面，而是采用“雄关”这样的词语，刻画出胜利后“从头越”这种雄心壮志和豪迈的心情，极富表现力。第三句“从头越，苍山如海，残阳如血”，作者以娄山关制高点为视点，放眼望去，黄昏下，满目如海洋般的青山，层峦叠嶂，暮霭云绕，即将落下的太阳也似英雄的鲜血般殷红。毛泽东说，这个场面是在战争中积累了多年的景物观察，一到娄山关这样战争胜利和自然景物的突然遇合，就造成了他自以为颇为成功的这两句话。

这中间既包含着胜利的喜悦和对革命前途的百倍信心，也包含对那些牺牲在战场上的战友们无限的缅怀。在这里，毛泽东对“意境”的理解和运用尤为突出，一个“残”、一个“血”、一个“苍”、一个“海”，引发读者无穷的思索。

1935 年 10 月

万水千山

红军不怕远征难，万水千山只等闲。
五岭逶迤腾细浪，乌蒙磅礴走泥丸。
金沙水拍云崖暖，大渡桥横铁索寒。
更喜岷山千里雪，三军过后尽开颜。

《七律·长征》

红军不怕万里远征的艰难，把过万水千山也看得相当一般。五岭山脉逶迤延伸，像大海一样翻腾起细细的波浪，贵州的乌蒙山气势磅礴，在红军眼里却只是几个滚动的泥丸。

金沙江的水拍打着高耸入云的悬崖，似乎生出丝丝暖意，那大渡河上横着的铁索，倒是有些清寒。我们更加喜欢的是，岷山上绵延千里的积雪，三军翻越这个天障后，大家都将喜笑开颜！

中国工农红军二万五千里长征，简称长征。1934 年 10 月 10 日，中革军委命令各路红军从第一集中点开始移动，这天被定为长征的起始日。10 月 16 日，红一方面军从赣南瑞金、雩都和闽西长汀、宁化出发。中央红军突破敌人四道封锁线，渡过章水、潇水和湘江，进入敌人力量薄弱的贵州。接着强渡乌江，占领遵义，四渡赤水河，巧渡金沙江，摆脱40万敌军的围追堵截。然后，强渡大渡河，翻越夹金山，于1935年6月14日到达四川懋功，与红四方面军会合。过雪山、草地后，战胜张国焘分裂主义，继续北上，突破天险腊子口，于10月19日到达陕北吴起镇，与陕北红军胜利会师。至此，红军长征虽尚未结束，但已取得决定性胜利。红军长征历时一年，经过十一个省，行程25000里，是世界历史上前所未有的壮举。

在哈达铺，毛泽东最后确立以陕北为大本营的决心。他说：

同志们，胜利前进吧，到陕北只有七八百里了，那里就是我们的目的地，就是我们的抗日前进阵地！

毛泽东在哈达铺未等到张国焘，即率陕甘支队向陕北前进。此时，蒋介石已急调大军进入甘、陕实施堵截。入陕、甘的国民党军计有七路军毛维寿三个师、第三军王均部、三十七军毛炳文部、东北军骑兵军何柱国部、五十一军于学忠部、五十七军董英斌部、六十七军王以哲部。蒋又电令驻宁夏的第十五路军马鸿逵部派兵至固原及甘陕边的环县布防。另有甘肃省主席、绥靖主任兼剿匪第三路军总司令朱绍良直接指挥的部队以及青海马步芳、马步青一部。共有二三十万人马。毛泽东进抵哈达铺，蒋一时不明其意。朱绍良称红军："行迹尤为飘忽，且声东击西，避实就虚，本为'残匪'窜逃之惯例，更不足异，吾人明了匪情，对付自易。"

蒋介石沿渭河两岸，从和政、临洮、渭源、陇西、武山到天水一线，已于8月底筑成封锁线，驻有其第三军王均部、东北军五十一军于学忠部和鲁大昌新编十四师。

毛泽东声东击西，派出一部向东佯动，攻西和、礼县，扬言取天水。天水系甘东南重镇，西安屏障，对方果然中计，急以重兵集结天水，并于武山、漳县布防，于学忠亲至西和“督剿”。23日，毛泽东麾师东进理川。他与彭德怀随一纵司令部，亲自指挥。当日，抵岷县闾井，毛泽东令司令部侦察科查清从祁山堡、马坞间直逼会宁、静宁沿途情况及左右两翼敌情，并规定当晚12时前报达。

24日，从闾井向新寺，行130里，时有飞机骚扰，走一昼夜，次日拂晓抵新寺，又行40里，已近渭河之滨，于鸳鸯嘴宿营。毛泽东与彭德怀致电一纵司令林彪，部署二、三纵行动，并要林查清至通渭的道路、里程及敌情。

26日拂晓，毛、彭下令全军限上午9时前全部渡过渭河。从鸳鸯嘴到渭河仅20余里，晨雾迷茫，红军疾行。该段渭河，河面宽阔，但河水仅及大腿，红军成多路徒涉过江，未遇阻击。

这一天，国民党西北“剿总”在西安成立，蒋氏亲任总司令，张学良副之，代行总司令之职，统一指挥陕、甘、宁、晋各部，并于西（安）兰（州）公路和平（凉）至宁夏公路上布下封锁线。而毛泽东此时已过了渭河，攻克陇西。前卫一纵队于当日至榜罗镇，后续红军在距渭河30里的一座山上村落宿营，次日亦至榜罗镇。毛泽东率部在此休整两日，并举行中央政治局常委会议。

政治局常委会后，召开陕甘支队连以上干部会。毛泽东、彭德怀、洛甫、林彪讲话。毛泽东讲五个问题。他慷慨激昂地说：

我们要到陕北革命根据地去。我们要会合二十五、二十六、二十七军的同志们去。……陕甘革命根据地是抗日的前线。我们要到抗日的前线上去！任何反革命不能阻止红军去抗日！……

我们已经过了两个关口，腊子口和渭河，现在还有一个关口，就是在固原、平凉的一条封锁线。这将是我们长征的最后一个关口。……为着民族，为着使中国人不作亡国奴，奋勇前进！红军无坚不摧的力量，已经表示给全中国、全世界的人们看了！让我们再来表示一次吧！……要知道，固然，我们的人数比以前少了些，但是，我们是中国革命的精华所萃，我们担负着革命中心力量的任务。以前如此，现在亦如此！我们自己知道如此，我们的朋友知道如此，我们的敌人也知道如此！

红军的精英，静立于露天坪地，虽风雨交加，但听到毛泽东的演讲，颇感振奋。

这时，蒋介石得知毛泽东已突破渭河防线，严斥王均第三军在武山阻击不力，令三十七军军长毛炳文效法清代左宗棠，尽全力确保两宁（静宁、会宁），聚歼共军。于是，国民党军飞机不断飞临榜罗镇上空轰炸，但未造成红军伤亡。29 日，毛泽东领红军离开榜罗镇。当日，一大队袭取通渭城，歼灭鲁大昌部及保安团 300 余人。通渭是一座古老的土城，有数十家大小店铺，人口约两千，百姓杀猪宰羊迎接红军。红军又在此休息两日。

就是在这里，10 月初，毛泽东写下他著名的《长征》。

1935 年是毛泽东人生轨迹上一个极其壮怀激烈的年份，也是他诗歌创作的一个高峰和火山喷发一样的时期，而 10 月又是本年的一个黄金月份。这首《七律・长征》，是毛泽东诗歌创作中的经典之作，最集中地体现出毛诗的才情与磅礴大气。

毛泽东写作本诗时，红军已先后横跨五岭、巧渡金沙江、飞夺泸定桥、翻过大雪山、征服茫茫草地，即将与红二十五军在陕北吴起镇胜利会师。

每读此诗，总让我想起收录于《中湘韶山毛氏族谱》二修二卷中的一首诗：

七二芙蓉族南岳，庆源南岳峰头落。
磅礴苍苍数百里，万水千山隐隐跃。
湘乡上踞鲤鱼峰，矗几空中耸楼阁。
度峡飞来书堂山，玉笋联班尖似削。
黄田坳断帐大开，祖山胎息出帐角。
灵钟倒地木呈祥，亿万斯年祖墓图。
灵源涌出蕊珠泉，古木参天胜岳麓。
螽斯蛰蛰瓜绵绵，祖泽无边天地阔。
桑麻卷轴甲楚南，雍肃一堂征亲睦。

毛泽东早年应当受到过这首诗的熏陶，因为这是他本家族中的诗人写出的一首颇有气势的描写他故乡山水的诗，其中不少意象甚至现成的词句都为毛泽东借鉴，当然，毛泽东对此已大大超越。

我们先看《长征》诗第一、二句，一个“不怕”，这个通俗的词语，写出了毛泽东和红军战士大无畏的英雄气概。面对那些不可预知的困难，没有一点胆怯，没有一丝退缩。第二句对此进一步深化。这里的“万水千山”在艺术修辞上称作“互文见义”，都只是虚指，红军在长征中经历了无数的风风雨雨，不知攀越了多少崇山峻岭，也不知蹚过多少急流，这些难道都不是“远征难”吗？可在红军战士们眼中，这根本不在话下。看到这个“等闲”，我们一定会想到毛泽东后来在《水调歌头·游泳》中的“胜似闲庭信步”，两个“闲”字都是同样的含义，都反映了毛泽东面对困难，无所畏惧，等闲视之的心态。这正是毛泽东制胜的法宝。

当然，事实上，红军长征，走过了天下最难走的路，吃过了天下最难受的苦。李白在他的《蜀道难》中花了那么多笔墨，描绘入川道路的艰难，而红军走过的道路，要比那艰险百倍！

第三、四句，诗人以极其轻松的口吻，轻描淡写地描绘红军长征中的艰难险阻，在他们看来，逶迤、陡峭的五岭（大庾岭、骑田岭、都庞岭、萌渚岭、越城岭）就好像是涓涓溪流中的小浪花，雄壮的乌蒙山脉也只不过是滚动的小泥丸罢了！这是一组极为工整的对偶句，两个动词“腾”和“走”，用得极其精巧；而最妙的是夸张与强烈对比，五岭那么巍峨雄伟，毛泽东却只是比喻成翻起几个波浪，而乌蒙山那样气势磅礴，毛泽东却把它仅当作红军脚下的几个小小泥巴坨！这两句照映了第二句的“等闲”。红军就是这样对待“千山”的阻隔的。

那么“万水”又如何？红军长征渡过无数大小河流，例如湘江一役，损失过半。毛泽东重点选择了金沙江和大渡河来说。

同样的一副工对，水是“拍”，桥是“横”，金沙江云崖暖，大渡河铁索寒，毛泽东笔下，一点都没有李白的那种畏难情绪。要知道，当年李氏到四川，要克服的仅是自然的险阻，而毛泽东与红军除了要克服远胜于“蜀道”之难的千山万水，更有敌人的围追堵截！可是毛泽东却以一暖、一寒轻松带过。对困难何等地蔑视！

最后两句达到情感的高峰，以一个“喜”字，一个“开颜”，诗人本人和红军那乐观奋发的形象跃然纸上，也奠定了全诗的基调：面对千山也好，万水也好，大雪也好，红军都是笑对，等到三军会师，到达陕北，更是笑逐颜开。这里的“喜”字，又不免让我们想起后来毛泽东在《七律·冬云》中写下的“梅花欢喜漫天雪”，这都是同样的人生态度。

1935年10月

昆仑

横空出世，莽昆仑，阅尽人间春色。飞起玉龙三百万，搅得周天寒彻。夏日消溶，江河横溢，人或为鱼鳖，千秋功罪，谁人曾与评说？
而今我谓昆仑：不要这高，不要这多雪。安得倚天抽宝剑，把汝裁为三截？一截遗欧，一截赠美，一截还东国。太平世界，环球同此凉热。

《念奴娇·昆仑》

莽莽苍苍的昆仑山，纵横高耸地出现在这世界上，他是那么历史悠久，他看尽了人间的春去春来。突然间，大雪纷飞，就像三百万条玉龙在欢腾，搅得整个宇宙都寒冷透彻。夏天，冰雪被太阳晒化，一时，长江、黄河水大涨，有人被淹死，千年万代的功过，谁来评说？

而今让我来说说这昆仑山：不要这么高，不要这么多雪。如何能背靠那蓝天抽出我的宝剑，把你裁断成为三截？一截送给欧洲，一截赠给美国，一截还给东方诸国。世界太平，全球都同样地凉或热。

1935年9月18日，毛泽东率领中央红军突破天险腊子口，越过岷山，进入甘南，10月19日到达陕北吴起镇，与陕北红军胜利会师，取得了长征的决定性胜利。

当张国焘指挥四方面军在百丈大挫之时，毛泽东以不多的兵力取得了直罗镇之役的大捷。

劳山、榆林桥战斗后，红军将国民党一个团围困于甘泉城，蒋介石电令东北军五十七军全部东进，解甘泉之围。该军代军长董英斌即集师、团长和师参谋长在太白镇开军事会议讨论进军路线。一〇九师师长牛元峰自恃武器精良，自请为前峰直奔直罗镇。会后，五十七军即以一〇九师、一一一师、一〇八师、一〇六师、一二〇师的行军序列全部东进；东路则有王以哲六十七军一一七师沿洛川、富县大道北上相接应。敌方企图为：首先构成葫芦河东西封锁线，之后北援甘泉、延安，构成洛河南北封锁线，东西对进，南进北堵，围歼红军于洛河以西、葫芦河以东。毛泽东对此了如指掌，拟定了一个大歼灭战计划，决于直罗镇布下口袋阵。他与周恩来、彭德怀亲自部署指挥此役。

直罗镇是个不到百户人家的小镇，三面环山，镇北有条小河流过，一条东西向大道穿过镇中央，镇东有座古老的破寨。

19日，毛泽东率一方面军司令部至张村驿西端川口子。这日，东北军一〇九师已进至黑水寺，军部率其他各师则抵张家湾附近。红军派出小分队至黑水寺“惹牛”“牵牛”。20日晨六七点，敌果被牵往直罗镇，先开入的是一〇九师的三个团和一一一师的一个团。后面的一〇六师至黑水寺就不敢前进了。午后，牛元峰在六架飞机掩护下进入该镇，他以六二六团、六二七团控南北两山制高点，以六二五团作预备队守直罗镇。又令配属其指挥之一——师六三二团归建。牛令参谋拟电向总部、军部报捷：已占直罗镇。其部下则于镇内大吃大喝，之后放心大睡。

21日，毛泽东发起直罗镇战役，他在北山坡吴家台北端高地几个破窑洞附近设指挥所，直接观察战况和指挥战局。彭、徐指挥十五军团和十三团；林、聂指挥一军团主力作战。21日拂晓前5时半部署完毕，拂晓发起战斗。

红一军团以二师一个团和四师两个团径取直罗镇；而以十三团配合十五军团从药埠头以北由南向北拦头突击，四师一个团插黑水寺断敌归路。十五军团以七十五师（缺一个团）和七十八师一个团从西南、正南、东南攻德南山和德东古寨，阻其东逃。黎明，两路红军杀将而来。牛元峰下令抵抗，哪里抵得住！10时许，红一军团将北山守军六二六团歼灭大部，击溃六二五团两营、残敌约一营；十五军团亦将镇南山守军六二七团大部歼灭。牛元峰向北山突围不成，其师直属队被歼；12时许，牛元峰仅以500余人撤至破寨固守待援。

下午2时，一军团歼灭固守镇东的北高地之敌一营，红四师主力及红一团又将黑水寺援敌击退。十五军七十八师向古寨进攻。古寨围墙战前被拆但地形险要，一时未攻下，遂依周恩来之议围而不攻。夜12时，牛元峰率众向西突围，红军让出一条路，猛追25里，将牛残部一个多营歼灭，红军迫近时，“牛元峰突然站住，从腰上把勃朗宁拿出交给副官说：‘你把我打死。’副官接过手枪照牛元峰右后脑打进一颗子弹，从前面打出，面颊炸碎而死”。

到26日，直罗镇之役全部结束，国民党对陕北苏区第三次“围剿”被打破。

直罗镇战役，全歼一〇九师和一〇六师一个团，毙伤敌师长以下1000余人，俘虏5300余人，获长短枪3500余支、轻机枪176挺、迫击炮8门、无线电台两架、子弹22万余发。

毛泽东后来评价此役：

长征一完结，新局面就开始。直罗镇一仗，中央红军同西北红军兄弟般的团结，粉碎了卖国贼蒋介石向着陕甘边区的“围剿”，给党中央把全国革命大本营放在西北的任务，举行了一次奠基礼。

党中央把全国革命大本营安放在西北，由此，引起了全国革命形势的重大变化。《念奴娇·昆仑》经历了一个较长的酝酿过程，其构思应起于“夏日登岷山远望”之时，其写成应在到达陕北之后。

毛泽东一生写过三首《念奴娇》。此词牌出于唐代，念奴，唐代天宝时著名歌者、美女，因以其名。又因苏轼用此调写了《赤壁怀古》，其中有“大江东去”“一尊还酹江月”，又名“大江东去”或“酹江月”。双调，一百字，仄韵，也有用平声韵的。

一般都是用此调写豪放，典型的古有苏轼，今则为毛泽东。他的三篇《念奴娇》，其中两篇是写山的，即昆仑山和井冈山，后者艺术性比前者差许多，无法相比，而另一首不是写山的，倒是气魄颇大，可与这首《昆仑》媲美。从内容看，都是写关涉中国和世界的大事，区别在《昆仑》借山来抒发理想，《鸟儿问答》则是借庄子的一则寓言来讽刺世界的反华势力。语言形式上，前者大雅，后者大“俗”，而都可称道。两词都是独创性极强，艺高胆大，超越古人。

开篇气象不凡！以“横空”状昆仑山之“出世”。横是纵横，平面上的动感，因昆仑山西起帕米尔高原东，横贯新、藏两区入青海，东西长达2500公里，为我国东西走向的最长山脉。而“空”

则是向上的，此山平均海拔6000米左右，主峰木孜塔格山7723米，还有7546米的慕士塔格山、7719米的公格尔山等。

“出世”，可解为出现在这个世界上，如果是讲伟人，则是言其出生，写山则是言其矗立在世界上。毛泽东接着用一个“莽”字概括山色，莽是莽莽苍苍，在这儿被动词化，“阅尽人间春色”，把昆仑当作人来写，当作历史老人来写，是言其把人世间的冷暖都看过了。或者，毛泽东也有自况之意，即他对世界上的事看得很多很多。

为何毛泽东要在1935年10月用《念奴娇》来写昆仑，原来，此年6月，他和红军翻越夹金山、梦笔山、长板山等雪山，历尽艰辛，这些山都属于岷山山脉，而岷山又属于昆仑，从广义的角度说，毛泽东是登了昆仑山，亲身感受到了此山的雄奇博大和险峻。毛泽东自注：

前人所谓“战罢玉龙三百万，败鳞残甲满天飞”，说的是飞雪。这里借用一句，说的是雪山。夏日登岷山远望，群山飞舞，一片皆白。老百姓说，当年孙行者过此，都是火焰山，就是他借了芭蕉扇灭了火，所以变白了。

毛泽东所说前人，是宋代胡仔、吴曾、洪迈、清袁枚均引用过的句子，字面略有出入，作“战退玉龙三百万，败鳞残甲满空飞”等，其中袁枚的引用完全与毛泽东的自注相同。

毛泽东由整体而具体到细部，即写昆仑山飞雪，用一个“搅”字道出此山给人世间带来的奇寒，“彻”字是言其程度。当年毛泽东与红军登岷山，并非去欣赏雪景山景，而是北上抗日，雪山更多的是作为一种险阻出现在毛泽东面前，它的高、险，都成为红军前进道路上极大的障碍，无数红军战士被掩埋在风雪中，所以毛泽东回想起来，既有对此山的敬，又有对此山的“怨”。这当然不是简单的“怨恨”。毛泽东又想到当夏天积雪融化时，造成的江河水涨，人民受灾，于是发问：“千秋功罪，谁人曾与评说？”

紧承上片，毛泽东提出了他对昆仑山的构想，他要把此山裁成三截，分别送给欧洲、美洲和亚洲。这是他的评说，总的目的就是不要这高，不要这多雪。他用什么武器？用的是“倚天之剑”。“安得倚天抽宝剑”，语出宋玉《大言赋》：“方地为车，圆天为盖。长剑耿介，倚天之外。”李白《大猎赋》：“于是擢倚天之剑。”又在《临江王节士歌》中有：“安得倚天剑，跨海斩长鲸。”毛泽东应是借李白的诗意，都是描绘力量、声威的巨大，倚天之剑也可指正义即禀承天的意旨；剑就是天赐的上方宝剑，表明毛泽东也还是要按自然规律办事。

我们千万不要片面地理解毛泽东不热爱祖国的河山，也不能机械地从科学方面解释江河水涨的原因（江南的暴雨通常是水灾的主因），毛泽东只不过在这里以调侃的笔触，在抒发自己的理想，即希望世界大同（这是毛泽东从青年持续到老年的最大理想），既指世界自然气候的“同此凉热”，更指社会的公正与和平。这才是毛泽东作此词的真正用意。

1935年10月

六盘山

天高云淡，望断南飞雁。
不到长城非好汉，屈指行程二万。
六盘山上高峰，红旗漫卷西风。
今日长缨在手，何时缚住苍龙？

《清平乐·六盘山》

天高高兮云淡淡，抬头望，大雁南飞，渐飞渐远，以至看不见。不到达长城，我们就不是好汉，扳着指头一算，从去年十月至今，红军已走了两万里。

六盘山啊六盘山，红旗在西风吹动下随意舒展。今天我们已手拿长绳，什么时候才能把那苍龙捆绑？

1935年10月初，毛泽东率红军已接近长征胜利的尾声，离开江西也近一年。10月2日，他领兵离开通渭，为避敌机，拂晓启程，分三路平行向西南公路的界石铺，当夜宿回族村庄，距陇西川20里。他与彭德怀致电林彪、聂荣臻及彭雪枫、李富春、叶剑英、邓发，通报宿营位置及3日行动部署，要求各纵队注意收容落伍者。

3日凌晨3时，毛泽东将所部分成三路齐头并进，一纵队为右路，迎击静宁之敌；二纵队为左路，迎击会宁之敌；三纵队为中路，以为策应。行军两个多小时，右纵与静宁来敌一个团交火，步机枪大作，但敌一触即溃。左纵队遇民团打冷枪，一经还击，亦哑然无声。中路未遇阻击，只有飞机两次袭扰。红军遂控制西兰公路数十里，中路已进占黑石铺，右路占界石铺以东公路沿线，左路进至界石铺以西20里之公益铺。又截获自西安运送军服、鞋袜的毛炳文部辎重汽车十余辆，获取一批物资。

毛泽东指挥红军截断西兰公路，很快为敌所知，4日下午，敌方进击公益铺红军左纵队，左纵即速撤至界石铺，毛泽东又改以一纵队为右路，二、三纵队为左路，连夜离开界石铺，以防两侧夹击。静宁敌紧含右路之尾，几日不舍，但双方未行决战。该日，行军八九十里，红军进至平凉、固原两县交界处。蒋介石此时惊悉此路红军竟是毛泽东亲自统领的红一、三军团旧部，忧郁暴躁，慨叹："六载含辛茹苦，未竟全功。"急令毛炳文在隆德，马鸿宾步骑与东北军在平（凉）固（原）大道严防堵截，紧追红军。10月5日，毛泽东率第一纵队主力抵单家集，途中，他亲自指挥，在静宁先圣庙击溃追兵一个营。6日，至张义铺，致电彭德怀、彭雪枫、李富春，指示从固原、镇泉之间向环县转进，选择适当时机、地点与追敌打一仗。

1935年10月7日，毛泽东麾师翻过著名的六盘山。该山是宁夏南部和甘肃东部一座大山，海拔2928米，山上长满青草，与其他黄土秃山对比鲜明。立于山头，毛泽东慷慨高歌而作《清平乐》。

六盘山，在宁夏南和甘肃东，南段称陇山，系南北走向，长约 240 公里，是陕北和陇中分界的高山，又是渭、泾两河的分水岭，最高峰称米缸山，因山高，上山之路盘旋曲折六次才达山顶。又有人说此山原有鹿出没，人们上山便循着鹿的足迹走，故称“鹿盘山”，渐渐传为“陆盘山”，最后成为“六盘山”。总之，这是一座极险峻的山，也是红军要翻越的最后一座大山。

这又是一幅壮美的行军图，画面上有高山，有蓝天，有淡淡的云，有南飞的大雁；忽然一阵北风起来，红旗招展。当然，画面的主角是顽强翻越六盘山的红军将士，包括毛泽东本人。

毛泽东站在最高峰上，在这秋高气爽的日子里，他极目向南边来时的道路望去，那大雁正离开这渐渐冷起来的北方，它们将要飞越千山万水，包括黄河、长江、汉水、洞庭或鄱阳湖，以至湘水，而止于衡阳，那已是毛泽东的故乡。大雁落脚的地方是去年长征红军出发的区域。所以毛泽东写南飞大雁，实际上在回顾长征，怀念红军的故里，以及还留在南方的红军。也许他也想起了他的弟弟，泽覃已永远安眠在瑞金城外那一片红色土地上了（此时他还不知道毛泽覃已经牺牲）。读到此，仿佛秋凉与大雁伴着毛泽东的诗歌，掠过了心灵的天空。

此句对古诗亦有借鉴。王维《寄荆州张丞相》诗：“目尽南飞雁，何由寄一言？”陈深的诗中也有：“年年望断雁南征。”

“不到长城非好汉”，这句话已成为名言，许多怀有雄心壮志的人，都以此自勉：不达目的决不罢休！甚至在北京八达岭长城，这句诗竟成为招引游客的一句广告，被印在各种各样的文化衫、纪念品上。真的，此诗唱出了中华好男儿的坚强意志与奋斗不已的恒心！

词的上片写远景并抒发心志，下片则写近景：高峰、红旗和西风。“红旗漫卷西风”，是倒装，实为西风漫卷红旗，即红旗被西风吹得一时打开，一时卷起。红色，是毛泽东偏爱的颜色，总要作为诗眼或亮点出现。如“看万山红遍”“红旗跃过汀江”“万木霜天红烂漫”“看红装素裹”等。直接用红旗作为意象的也不少，如“山下山下，风卷红旗如画”“风卷红旗过大关”“不周山下红旗乱”……大约红色是吉祥的颜色，是胜利的颜色，是热烈的颜色，是力量与生命的颜色。最后两句同上片一样，又是抒发心志，正如他曾发问过的“问苍茫大地，谁主沉浮？”，这里他又问：何时缚住苍龙？即什么时候才能取得革命的最后胜利。这是毛泽东的期待，在期待中他知道要走的路还很长。

长缨，即长绳子，有一个典故。据《汉书·终军传》介绍：汉武帝时，南越与汉和亲，20多岁的终军被派遣去劝说南越王来朝见，终军请求武帝给他一根长绳，说一定可以把南越王赵兴捆着带回来。后所谓“请缨”，也就出于此，意思是请求杀敌。毛泽东所写长缨，是指握有强大思想武器和战略战术的红军。这个意象在《蝶恋花·从汀州向长沙》中用过一次：“万丈长缨要把鲲鹏缚”，这两个“缚”字也是同一意义。只是一者是缚“鲲鹏”，一者是缚“苍龙”，都指强大的敌人，如蒋介石。毛泽东曾自注：苍龙，指蒋介石，不是日本人。因为当时全部精神要对付的是蒋不是日。古人把苍龙（又称仓龙）称太岁，认为它是凶神恶煞。元袁桷有诗云：“红羊赤马悲沧海，白虎苍龙俨大庭。”

全诗明白如话，却气魄非凡。

1935年10月

横刀立马

山高路远坑深，大军纵横驰奔。
谁敢横刀立马？惟我彭大将军。

《六言诗·给彭德怀同志》

山岭高，路迢遥，沟壑深，大军纵横驰骋。哪一个敢于立马横刀，面对强敌？只有我们的彭大将军。

1935年10月19日，由毛泽东兼任政委、彭德怀任司令的中国工农红军陕甘支队到达陕北根据地的吴起镇，与陕北红十五军团会师，胜利结束了二万五千里长征。毛泽东率中央红军去陕北，蒋介石急令东北军和“三马”驻兵堵截，受此令，东北军何柱国骑兵军第三师（师长郭希鹏）、第六师（师长白凤翔）、马鸿宾三十五师骑兵团（团长马培清）、毛炳文军第八师（师长陶峙岳）、二十四师（师长李英）紧追不舍，从陇东庆阳、连河湾，一直追至陕北，骑兵在前，步兵随后，杀奔吴起镇而来。

10月20日，毛泽东与彭德怀、聂荣臻等商议，决定将此“尾巴”割掉。其部署是：以三纵干部团阻击，掩护主力集结和展开，二纵为左翼，一纵为正面，突击吴起镇西北之骑兵。干部团团长为陈赓，政委为宋任穷，任阻击的为九连，该连有 48 人，装备 10 挺轻机枪，系土城之役所获，每挺有 300 发子弹、40 支马步枪，每支七八十发子弹，另有 24 支驳壳枪（金沙江之役所获）、20 余把大刀，每人还有两三颗手榴弹。

21 日晨，红军主力在镇西头道川、二道川两侧山岭、山沟（五里沟口）布毕，东北军白凤翔第九师和其副师长张得福率第三师正面推进，马鸿宾三十九师马培清团为侧翼，汹汹而至，红军伏兵杀出，枪弹齐发，立时将敌第十七团歼灭，敌后续三个骑兵团自相践踏，一时大乱，马培清令撤离战场，他对各营长说：“如上级追问，就以子弹用尽为借口，谁也不准走漏消息。”

此役，红军歼灭敌方一个骑兵团，击溃三团，并获大批物资，事后，据白凤翔谈，该部所有山炮、迫击炮、重机枪等重型武器都丢弃，另外还损失驮马、战马 800 余匹。

毛泽东得到捷报，挥毫写下此诗送给彭德怀。彭德怀看后，提笔将诗最后的一句“彭大将军”改成“英勇红军”，同时将原诗退还给毛泽东。彭德怀后来自述全诗为：“山高路险沟深，骑兵任你纵横。谁敢横刀勒马，惟我彭大将军。”又据张爱萍回忆：1947 年 8 月中旬，彭德怀指挥沙家店战役。一个黄昏就歼灭了胡宗南集团三大主力之一的整编第三十六师师部及两个旅，获得歼敌六千余人的战果，彻底粉碎了敌军企图将我军歼灭于陕北，或赶过黄河以东的狂妄计划，成为我西北野战军转入战略反攻的转折点。毛泽东得知这一胜利，当即又将这首诗写给彭德怀同志，后一句依然是“惟我彭大将军”。

毛泽东以诗赞誉的军中战将只有三位，即黄公略、彭德怀和罗荣桓。耐人寻味的是，三人都是毛泽东的湖南同乡（黄公略为湘乡县桂花乡人），黄如未过早牺牲，恐怕也是一位元帅。

此诗中塑造的将军形象，很容易使我们联想到《三国演义》中的张飞。事实上，彭德怀是极似张飞的一位英豪，他性情激烈，遇有不平即要仗义执言，甚至大骂出口。他的勇猛与威风，令国民党军、日本军和美军都闻风丧胆，真个有张飞立马长坂桥，喝退曹操三军，吓破敌胆的那种气概！他辅佐毛泽东定鼎江山，其功位居前列，其勇则可称首！他也是唯一一位敢于先斩后奏（如百团大战）并可直接与毛泽东论理的人。他是一位敢于面对一切，甚至敢犯龙颜之怒的真英雄！可惜的是他还缺少一点语言的艺术。

诗的首句，就像马致远《秋思》的句式："枯藤老树昏鸦"。这是一组电影"蒙太奇"，即跳跃性很大的镜头（省去了中间过渡的话语），是对环境的描写，毛泽东就是把他的大军和爱将放在这雄浑而险峻的环境之中的。那么，红军是何形象？毛泽东以"纵横驰奔"来描绘其勇猛神速。这位将军是何等英姿？那即是横枪立马，或又作横刀立马。我认为横枪可能更贴切，因为张飞是持一柄丈八蛇矛枪的，"横刀立马"则是关羽了。彭德怀与关云长还是不一样。此句明显的是毛泽东把少年时代就在脑中印象特深的张飞形象移到这里。"惟我"，系极言之，也就是"只有""唯一"之意，当然事实并非如此，可以横刀立马的大将，毛泽东手下还有许多，在这里是给彭德怀以最高评价。类似的话在赞黄公略和罗荣桓的诗中也有，"偏师借重黄公略""国有疑难可问谁？"都是这种写法。

雪

1936年2月

北国风光，千里冰封，万里雪飘。望长城内外，惟余莽莽；
大河上下，顿失滔滔。山舞银蛇，原驰蜡象，欲与天
公试比高。须晴日，看红装素裹，分外妖娆。
江山如此多娇，引无数英雄竞折腰。惜秦皇汉武，略
输文采；唐宗宋祖，稍逊风骚。一代天骄，成吉思汗，
只识弯弓射大雕。俱往矣，数风流人物，还看今朝。

《沁园春·雪》

北国，风光无限，冰，把千里的大地都封冻，雪，天上地下，飘飘扬扬。远望长城内外，只剩下白茫茫一片；黄河上游和下游，顿然失去了水的滔滔而凝固不动。山，像银蛇在飞舞，原野上，奔驰着蜡象，好像要与天来试着比一比高矮。最美丽的景色，要等到晴天，看万物都穿着红装，披着素色的纱巾，丰采格外地动人。

祖国江山如此多娇，引得无数英雄竞相弯腰膜拜。可惜的是秦始皇、汉武帝，略略地少了些文采，唐太宗、宋太祖，稍稍欠缺些风骚。一代天骄的成吉思汗，只懂得弯弓射杀那凶猛的大雕。一切的一切，都已成过去，要数一数风流人物，还要看今朝！

1936年1月中下旬，毛泽东开始了他督导之下的东征。1月17日，中共中央政治局召开东征前最后一次常委会，毛泽东作了关于目前行动方针与计划的报告，他说：

今年我们的基本任务是巩固和扩大苏区及打通苏联。我们要把国内战争与民族战争联系起来，扩大抗日力量及主力红军。二月至七月，我们的行动在山西。由山西到绥远的转机，要看日本对山西、绥远进攻的程度及我们力量如何而定。我们向南、向西、向西北，文章不好做。向东的军事基本方针是稳打稳扎政策，背靠苏区建立根据地，争得渡黄河来往的自由……山西的发展，对陕北有极大帮助，我们要下大决心到山西。

这段话集中反映了毛泽东1936年初的大战略眼光：他在今后一个长时期，直到抗战结束，都是取山西为他和红军的“生门”的。这也是他花时数月，处心积虑准备东征的原因所在。他确是下了大决心的，他提出：政治局随军行动，陕北则组织中央局。简直可说是“御驾亲征”了！

此次会议决定彭德怀、林育英到中央政治局工作；他为首，加上张闻天、彭德怀、林育英、何凯丰，领红军主力东渡黄河，而留周恩来、秦邦宪、邓发组成中央局，由周任书记，留守后方，此时王稼祥患病不能理事。

两天后，1月19日，毛泽东与周恩来、彭德怀签署东征令，全称是《西北革命军事委员会东进抗日及讨伐卖国贼阎锡山的命令》。这个命令直到2月12日才公布，因为他不能在过黄河之前将红军行动的秘密泄露。

1月中旬，林彪、聂荣臻已奉令率一军团先遣军至延长县临镇。

1月21日，毛泽东致电彭德怀、徐海东、程子华并林彪、聂荣臻，要求红七十五、八十一师及一方面军司令部应于道佐铺、麻子街、甘泉一带整理待命。关于渡黄河时间，因进路未侦察好，新兵月底方能到齐，与东北军的谈判数日才有结果，所以须推迟至下月初。他规定一切关于行动方针的文件，非待命令不得下达。

彭德怀此时对东征仍存顾虑，致电毛泽东提出渡黄河无把握，25日，毛泽东与张闻天复电彭：常委考虑过你的意见，认为向北是没有出路的。“只有取阎锡山为对手，基本的作战方针取急扎稳打，依据黄河发展并以调孙楚求得陕北残敌的肃清，跃进深入敌后野战急进，有大批分派撤退无隔断危险时才行之。同时保证第二批退回渡河船只。”

看得出，毛泽东对渡黄河还是考虑周全的。他电文中所提孙楚，时任国民党军晋绥军正大护路军司令，西北剿总“第三防军区司令兼陕北‘剿共’总指挥”，他正率晋绥军五个旅在黄河以西进剿陕北红区。是为毛泽东渡黄河之大患。但毛泽东没有放弃东征的意思，他决定亲征。该月下旬，他本人就已作好出发准备。

1月23日是除夕，这一年的农历十二月只有二十九天，毛泽东在瓦窑堡与贺子珍一起送旧迎新。过了春节，他便离开瓦窑堡。1月31日，他经延川到达县城，来到一方面军司令部。毛泽东的住处在街北头小山包下的一排窑洞。毛泽东见到了彭德怀，再度向彭当面解释东征的意义。毛泽东又主持召开西北革命军事委员会会议，他反复说明东征是为了在发展中求巩固，通过东征建立一块新根据地，与陕北相连接；同时，还可解决红军的给养，并扩大红军。他也对彭德怀的顾虑表示理解，在补充发言中说：“一定要保证黄河各渡口在我手中，使我进退有据。”

当日，毛泽东与彭德怀致电一军团参谋长左权，要求至迟在2月5日完成侦察任务，并每日与总部联络一次。

2月3日，毛泽东电告周恩来、秦邦宪、邓发：“河冰全解，我军决从上游过河，主要作战方向仍应在东边”，“请周速布置清涧封锁，免走漏消息。”

同日，毛泽东与彭德怀联名给林彪、聂荣臻、左权、徐海东、程子华并报周恩来的电报说：“我们率电台出发侦察，左即率侦察人员取黄河以西，延长、延川城以东之中间道路，隐蔽向老娃关以北之马灰坪跟进侦察。”

发此电后，毛泽东即向延长东北清涧方向出发了。他身边除电台人员外，只有秘书黄有凤、几个机要员和一个警卫班。刚过旧历年，天气还很冷。山背坡和山沟里还铺着一层积雪，寒风刺骨。毛泽东只穿一件青布棉大衣，一双旧棉鞋，拄根树棍走在队伍前面，很少骑马。走了30多里，在一个僻静的小山沟里休息。毛泽东把众人集合拢来，站在一块小坪上，他说：“同志们，我们这次行动，你们觉得奇怪吗？我们要在根据地内游览一番，看看陕北好地方，尝尝小米熬米汤。”他的话引得大家轻松地笑起来，冷清清的小山沟里，空气好像一下子温暖了许多。

毛泽东又说：“游山玩水，当然不是我们的事；我们这次出发，是为了一次重要的军事行动。什么样的行动呢？今天不讲，以后你们就会知道。今天我只向你们讲两件事：一是要注意保密，不要说我们是中央红军，也不要说我是主席；如果有人问我们到哪里去，就说是去做买卖。刚才毛泽民同志（当时根据地的贸易局局长）不是前面去了吗？他就是专门搞买卖的。要是老乡问我是什么人，就说我是你们的老板好了。”

大家都大笑起来。于是，这支百余人的“商队”，晓行夜宿，跋山涉水，一直向东北方向行军，越走越接近黄河。2月初，到达了离黄河不到半天路程的一个山村——清涧县的袁家沟，毛泽东暂时住下来。

2月8日，毛泽东亲到黄河边察看渡口情况，督促渡河准备。21时，他与彭德怀致电叶剑英、林彪、聂荣臻、徐海东、程子华，并转张闻天、周恩来、左权：“各部加紧训练，准备十二三号行动。”“请前委先来前方，注意隐蔽，走延水城（即延川县城）、双庙河、川口镇至袁家沟（地方干部、警卫连今后随剑英）。”23点，已近子夜，毛泽东仍未安歇，又致电叶剑英、杨立三：“将皮筏、水手于十一号集中剑英手中，立三和兵站组织准备在十三、十四号行动。”

这是毛泽东第一次这么近地与黄河——中华民族的母亲河紧紧相偎——他曾于1919年和1921年两次上北京，那时，他只是在飞驰的列车上看到这条伟大的河流，而现在他双足就踏在黄河的肩上。这位爱国的民族英雄兼浪漫派诗人，诗情勃发，壮怀激烈；恰逢一场瑞雪降临，《沁园春·雪》便是在2月7日诞生。

1945年8月28日，毛泽东从延安飞赴重庆与国民党谈判。谈判期间，毛泽东会见了柳亚子，柳亚子向毛泽东“索句”，毛泽东于10月初便将九年前创作的《沁园春·雪》录赠给他。并致信云：“初到陕北看见大雪时，填过一首词，似与先生诗格略近，录呈审正。”同年11月14日重庆《新民报晚刊》，首次刊出这首词的传抄稿。不多日，重庆《大公报》又把《新民报晚刊》刊登的毛泽东原作和重庆《新华日报》刊登的柳亚子和作合并发表，一时传遍山城，赞成者和反对者都大和特和，成为当时一件轰动全国的大事。

柳亚子的《沁园春》的小序是："次韵和毛主席咏雪之作，不能尽如意也。"柳亚子还有一则"附记"："余识润之，在1926年5月广州中国国民党第二届二中全会会议席上，时润之方任国民党中央宣传部长也。及1945年重晤渝州，握手惘然，不胜陵谷沧桑之感。余索润之写长征诗见惠，乃得其初到陕北看大雪《沁园春》一篇。展读之余，叹为中国有词以来第一作手，虽苏、辛犹未能抗手，况余子乎？效颦技痒，辄复成此，并写入纪念册上，附润之骥尾，润之倘不嫌唐突欤！1945年10月22日，亚子写于津南村庑下。"

这是毛泽东诗词中最早公开发表和广为人知的一首。1951年1月8日，上海《文汇报》副刊曾将作者书赠柳亚子的墨迹制版刊出。1957年1月，《诗刊》首次发表了经作者亲自审定的《沁园春·雪》。

《沁园春·雪》是毛泽东诗词创作的颠峰之作，也是公开发表的毛泽东的第一首诗词作品，从而在1945年下半年奠定了毛泽东杰出诗人的地位。

毛泽东一生只用《沁园春》写过两首词，第一首就是《长沙》，比较一下这两首词，我们似乎感觉它们是姊妹篇，虽然时间已跨越整整十年，空间则从湖南到陕北，从湘水到黄河，或者说从炎帝的文化之区回归到黄帝的发祥地，但两词的情调是一致的。当然，无论词艺本身，还是词中所反映的毛泽东的思想与经历，后者都已发生极大的飞跃。我们可以对比着来读这两首词。

回想当年，毛泽东在湘江上橘子洲头，看万山红遍，层林尽染，看鹰击长空，鱼翔浅底，他感叹万类霜天在"竞自由"，而他的理想还没有实现，祖国大地，不知谁能主宰沉浮。最着急的是，毛泽东虽已确立马克思主义信仰，却还没有确立取得革命胜利的道路，他在故乡的农民运动和种种实践活动，还受着党内外各种势力的阻挠，他还没有从自然王国走向“必然王国”和“自由王国”。所以他不免面对苍天，颇感惆怅。

到写《雪》时，毛泽东早已经过了秋收暴动、上井冈山、转战赣南闽西和反“围剿”，特别是刚刚完成亘古未有的二万五千里长征，他和中国共产党、红军，经过了最严酷的洗礼，变得坚不可摧，势不可当。

这是毛泽东第一次见识西北的冬天。北方的大雪，与南方不同，南方的雪是柔媚的，故乡的雪是小巧的（偶也有漫天的大雪），而北方的雪，是广袤的，它能把天与地融合，也许在北方最能感受到“天、地、人”合一的氛围。北方的雪持续时间极长，厚度也极大，北方的雪使人感觉是温暖的，是大气的，总之是令人欢欣鼓舞的。

看毛泽东的笔下：开首就点出是“北国”，在毛泽东眼里，北国最美好的风光就是这雪！“千里”“万里”，极写他所见这场雪的覆盖范围，冰封是大地，雪飘是天空，从地写到天，视野在扩展，而且更往远处延伸，至长城内外，整体是“莽莽”，即空旷无边，白茫茫一片，而本滔滔流淌在北方大地的黄河，因为冰冻（也因为冬季黄河水少）而失去那汹涌之貌。

作者落笔就是大视角，气象不凡。然后再具体写到山，用了极生动传神的两个比喻：银蛇，是指雪花旋飞，也是指山形绵延，又因披上银装而似在舞动，这是群山；而在原野上，还有一些较独立的山，感觉似银白如蜡的象在奔驰。这两个比喻把山写得活灵活现，给山注入了生命，使看山看雪的人也精神为之振奋！而黄土高原之高，像要与天比一比高矮。毛泽东在《十六字令》中曾写山“离天三尺三”，这里是“试比高”，是把山拟人化。

雪景，最动人的又是雪后。晴天，红日与白雪交相辉映，有些眩目，但见山、树与一切景物都穿着艳丽的红装，披着素色的纱巾，那妖艳妩媚，多么令人流连！毛泽东在这里用了多彩的画笔，勾画出一幅艳阳白雪图。当然，这是毛泽东的想象，他面前仍是雪花飘飘，也许是对他过雪山的情景的回忆，也许是他对故乡雪景的回忆。

上片写景，以粗笔写静景，以工笔写近景，以大笔写远景。洋溢着对祖国山河的热爱和对大自然的敬仰。

下片则由景及人，由现实到历史再到现实。雄伟的雪中大山，妖娆的雪后晴空，激发了毛泽东强烈的建功立业之心，这是人与自然情感的碰撞，必然溅出光彩照人的火花。

毛泽东不由自主地感叹：江山如此多娇，曾让无数英雄竞相弯腰膜拜。这当然不是藏人的那种叩长头，而是心灵的膜拜。这些英雄，也有各种类别，有的仅仅是为了实现自己作为男子汉的价值，有的是为了一己之私，有的是为了权欲利益。毛泽东列举了几位历史英雄：秦始皇，他灭了六国，建立了中国第一个统一的封建王朝，还有汉武帝，他们都曾被人们称为了不起的伟大人物，但毛泽东认为他们可惜是武功有余而文采不足，这可能是说这两位皇帝，都不注重用更开明的一些办法治国（秦始皇曾焚书坑儒，而汉武帝则罢黜百家，独尊儒术），他们都不够开明。毛泽东在这里并没有要求他们也能写诗写文章，如果那样，就太苛刻。

那么，还有一代天骄的成吉思汗又如何？大略也差不多，他只懂得弯弓射杀那凶猛的大雕。天骄，语出《汉书·匈奴传》：“南有大汉，北有强胡。胡者，天之骄子。”意为上天所骄纵的人物，代指北方游牧民族及其统治者，也常指超过一般的人物即为上天看重的人物。弯弓射大雕，李白《塞下曲》有：“弯弓辞汉月，插羽破天骄。”《北齐书》载有匈奴人斛律光射雕的故事，说他看见一只大鸟在云上飞，斛律光引弓而射，正中其颈。这只鸟大得像车轮旋转而下，落到地面，才知道是一只大雕。毛泽东连这样武功高强的人都“看不起”，他这里的意思，我想是指蒙古人统一中国后，经济文化反而落后前朝，因为他们是草原上的游牧民族，没有掌握先进的生产工具与技术，只懂得用那原始的工具（弓）和保持那原始的生活方式（射大雕），相反，对拥有先进文化与技术的汉族人却采取高压政策。

毛泽东在 1958 年曾自注说：

雪，反封建主义，批判二千年封建主义的一个反动侧面。文采、风骚、大雕。只能如是，须知这是写诗啊！难道可以谩骂这一些人们吗？别的解释是错的。末三句，是指无产阶级。

词中提到的几个历史人物，毛泽东在赞其“武功”同时，都叹其“文治”不足。那么，真正的风流人物即英雄好汉或称文武兼备的领导者在哪里呢？那就是在当今。风流人物，语出宋苏轼《念奴娇·赤壁怀古》：“大江东去，浪淘尽，千古风流人物。”指文武兼备的英雄人物。

毛泽东当然不会狂妄地自称自己是这样的“风流人物”，虽然他的确是这样的风流人物。按毛泽东的历史观：群众是创造历史的真正英雄，因此，毛泽东所指应是当代人民大众，当然也包括作为人民大众领导者的中国共产党和她的领袖。同时，这中间也包含了毛泽东的宏大理想，虽然这个时候，他和他的军队，力量还相当有限，甚至还处在生死存亡的关头，他不得不亲率东征，以拓展生存空间，而且中华民族正面临着日本的侵略、蚕食，但毛泽东在与自然的心灵对话中，默祈着他要建立超越古人的宏伟大业，即率领全中国人民，重振华夏雄风，再创历史辉煌！这就是此词的深刻含义！

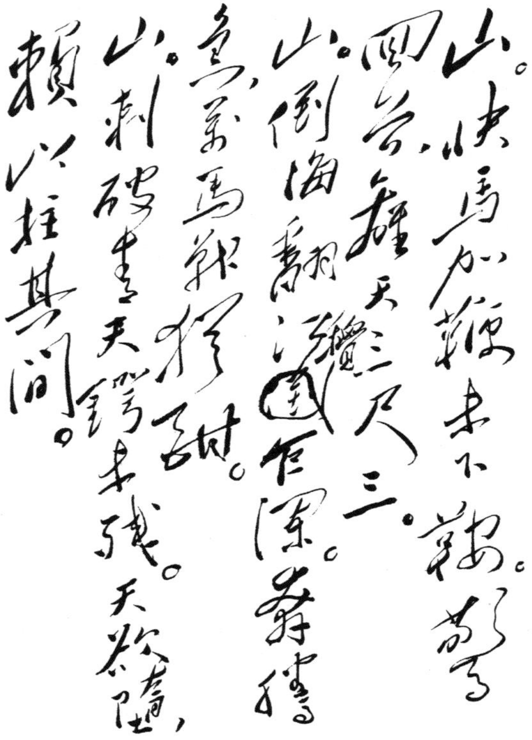

|《十六字令三首》

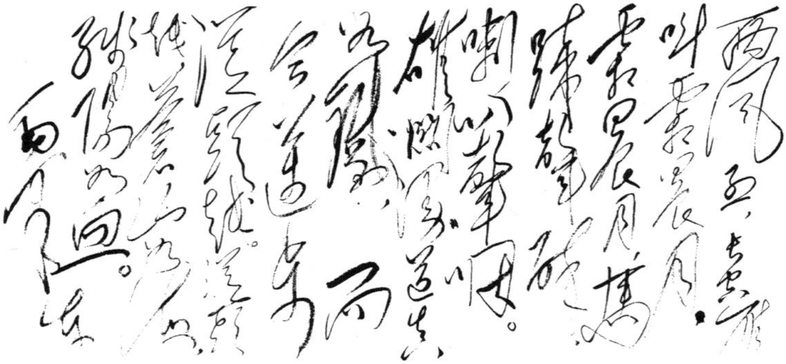

|《忆秦娥·娄山关》

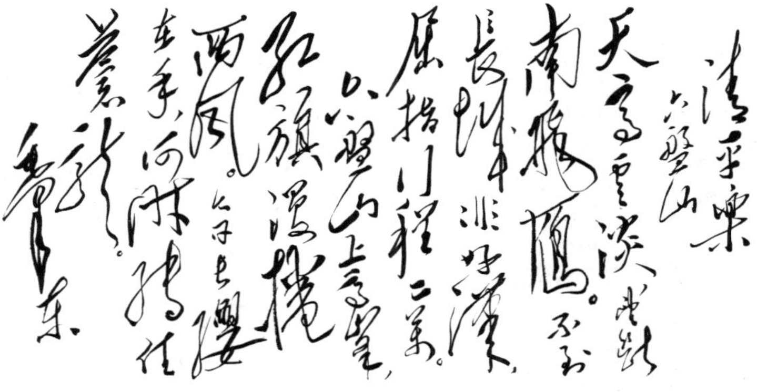

|《清平乐·六盘山》

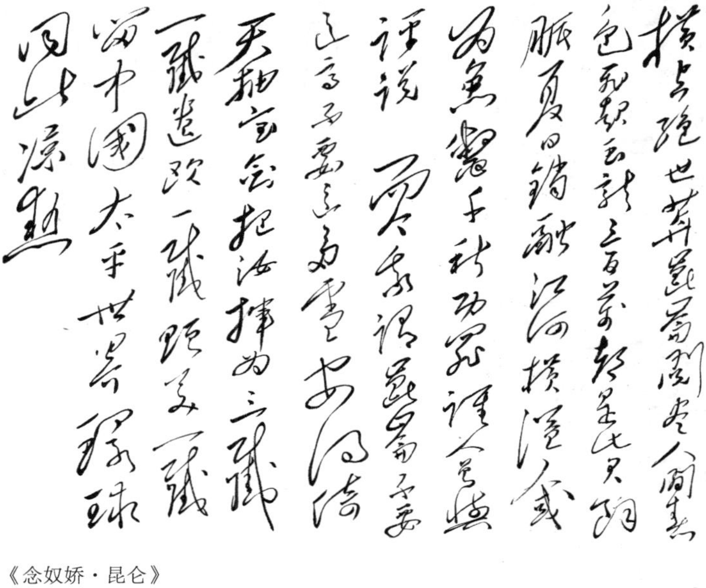

|《念奴娇·昆仑》

《七律·长征》-1

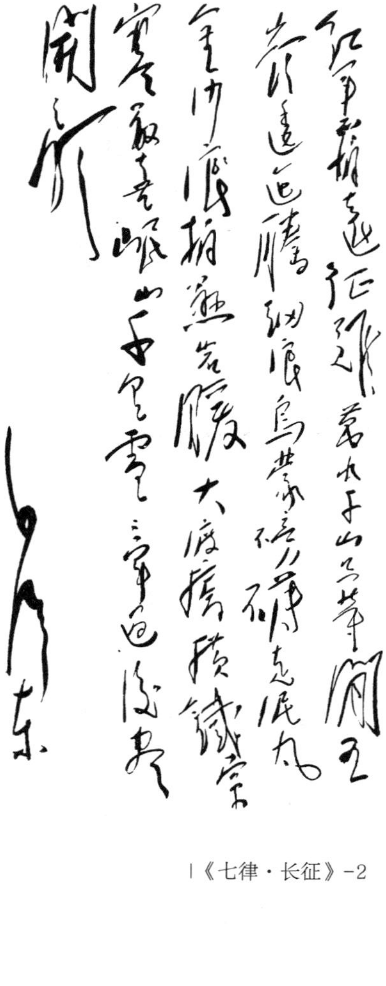

《七律·长征》-2

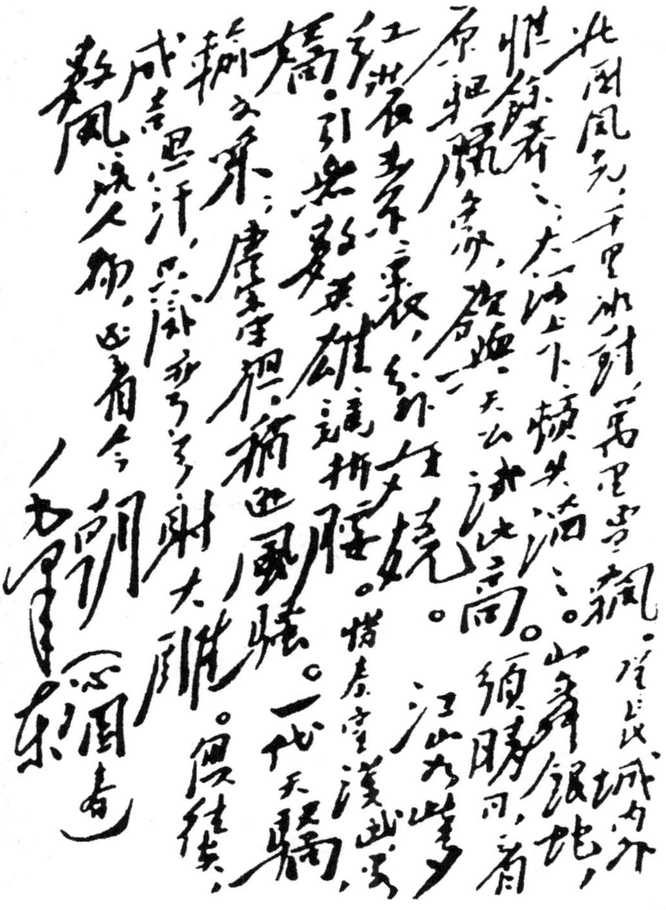
北国风光，千里冰封，万里雪飘。望长城内外，惟余莽莽；大河上下，顿失滔滔。山舞银蛇，原驰蜡象，欲与天公试比高。须晴日，看红装素裹，分外妖娆。江山如此多娇，引无数英雄竞折腰。惜秦皇汉武，略输文采；唐宗宋祖，稍逊风骚。一代天骄，成吉思汗，只识弯弓射大雕。俱往矣，数风流人物，还看今朝。

毛泽东（沁园春）

|《沁园春·雪》-1

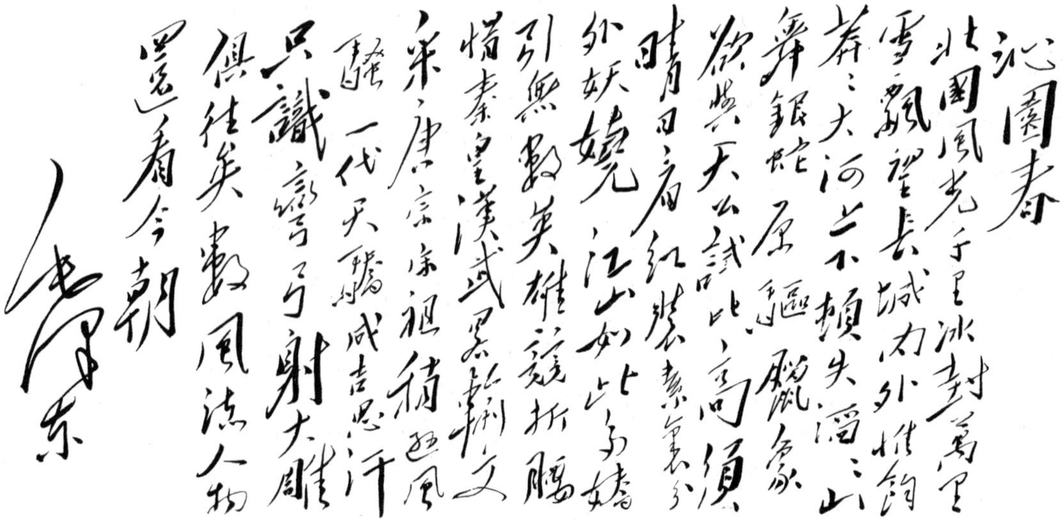

《沁园春·雪》-2

第四章

西北风景线

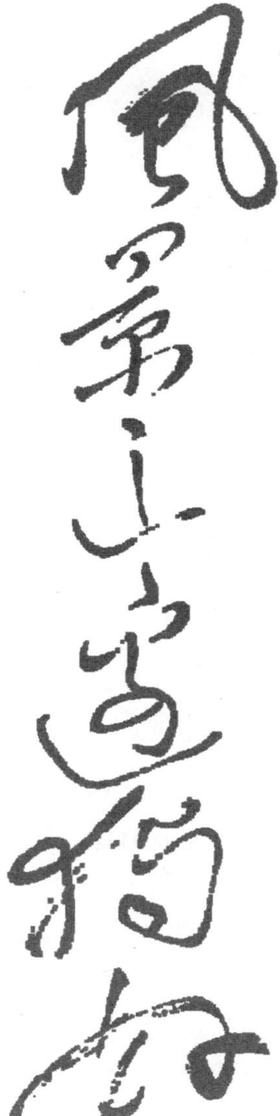

保安人物

1936年12月

壁上红旗飘落照，西风漫卷孤城。保安人物一时新。洞中开宴会，招待出牢人。纤笔一枝谁与似？三千毛瑟精兵。阵图开向陇山东。昨天文小姐，今日武将军。

《临江仙·赠丁玲》

壁垒上，红旗飘飘，映照着灿烂的夕阳，秋风已经强劲地向这塞上孤城卷来。在窑洞里，我们开一个宴会，招待刚刚从敌人的牢房里出来的人。

你握着一支小小的毛笔，可与什么相比？抵得上三千名扛毛瑟枪的精锐士兵。你将跟着大部队开向陇山的东面。昨天你还是一位文质彬彬的小姐，今天却成了就要出征的将军！

丁玲，原名蒋冰之，1904年生于湖南福安（现临澧），据说她是在陕北起家造反的李自成的后裔（李兵败后隐居福安改姓蒋）。她从小富有反叛性格，1922年刚刚18岁就闯荡上海，进了陈独秀等办的平民女校，当年秋天又到南京，次年入上海大学，随后到北平，1924年与著名左联作家胡也频结婚。这时她发表了《莎菲女士的日记》《水》等小说，成为知名作家。1933年，她被秘密逮捕，经宋庆龄、何香凝、鲁迅等救援出狱，乃经上海、北平、西安，于1936年11月到保安。中共中央宣传部在一间大窑洞开会欢迎她。毛泽东、周恩来、张闻天、博古等出席欢迎会。会后，毛泽东会见了丁玲。

毛泽东问她：你打算做什么呀？

丁玲答：当红军！

毛泽东说：好呀！还赶得上，可能还有最后的一仗，跟杨尚昆他们上前方去吧。

丁玲立刻换上军装，策马扬鞭，看上去仿佛花木兰，英姿飒爽，毛泽东眼前发亮。

丁玲到了陕西的陇山，随聂荣臻、左权的一军团行动，她写下一篇《记左权同志话山城堡之战》，毛泽东读到这篇散文，他眼前又浮现出丁玲的勇武形象，遂提笔作此词。

12月30日，丁玲在庆阳收到毛泽东用电报发来的词作。1937年初，丁玲回到延安，毛泽东又手书该词送她。1939年陕甘宁边区河防一度紧张，丁玲为了妥善保存毛泽东的珍贵墨迹，特地托人把它和其它文稿带往重庆，委托胡风保存。后来，胡风被打成“反革命”，抄家、坐牢，这份珍贵的墨迹，大家都以为散失了。出人意外，经过二十余年的劫难，胡风平反后，他的夫人梅志在清理发还的物品中，竟在一只皮箧的里层发现了它。梅志马上通知丁玲，把遗失四十多年的毛泽东的这份珍贵墨迹，送回到它的主人手中。

毛泽东的诗词，是他感情世界和战斗生涯的真实记录。从秋收暴动开始的军旅诗，随着他的足迹由南而北，其描绘的景物也由翠绿的高山、浩浩的江流转向古风甚重的大漠、窑洞，从炎帝的白鹿原而至黄帝的故里，他正在进行着伟大的文化的回归，华夏的重新崛起。

这首词轻灵活泼，洋溢着战士情怀。

毛泽东既是一位令敌胆寒的英豪，对朋友、同志、亲人又不吝赞扬。早年即有诗对学友易昌陶、罗章龙（纵宇一郎）的赞语，后又有对黄公略、彭德怀的赞语。这里，毛泽东对刚从国统区来的进步作家丁玲，又专门作词一首，以示褒奖。

诗人先在我们面前展示了一幅塞上风光图。长城内外的大西北，是苍凉而雄浑的，又是磅礴而大气的：壁上、红旗、落照，西风与孤城，多么粗犷而质朴，特别是那旗的红色，与落日的红色，交融在一起，真是一种雄壮的美！

大西北是荒凉的，但这里曾经是中华民族的发祥地。中华始祖黄帝，即葬于此。许多强盛的王朝，如周、秦，都在这里奠定他们的基业。毛泽东也将在此大有作为。

这里人烟是稀少的，经济是落后的，自然是原始的，这儿有一座孤零零的城，就是保安——毛泽东与红军到达陕北后来到的最大的一座县城。正是红军给这儿带来了勃勃生气，而今天一位文小姐的到来，又增添了新的气象。

在这样的背景之下，在古老的窑洞中，毛泽东与红军诸将领开了一个宴会。丁玲能够离开那繁华的大都市，就是看到了在这苍茫的大西北，孕育着民族的希望与未来。也可以说是毛泽东的个人领袖魅力，把她吸引到了这里。

词的上片是叙事，即写在保安开宴会欢迎一个新加入的同志，其中洋溢着毛泽东的由衷高兴。下片则是对丁玲的赞扬，虽有“过奖”之处，却也非常真实动人。毛泽东用对比的手法，把持纤笔的文小姐与掌握三千毛瑟精兵的将军作了对比，时间上则是“昨天”与“今日”，空间上则是国统区与根据地，性质上则是文与武。一位英姿飒爽的文武巾帼跃然纸上。

读此词，我们能感受到毛泽东受古代边塞诗词影响颇深。他为我们构建的意象，也似曾相识。如落照句，唐卢纶诗云：川原缭绕浮云外，宫阙参差落照间。“孤城”显然来自唐诗：黄河远上白云间，一片孤城万仞山。

总之，这首词既是轻灵活脱的，又是浑厚质朴，耐读耐看的。

雄立东方

1937年3月

中华民国二十六年四月五日，苏维埃政府主席毛泽东、人民抗日红军总司令朱德，敬派代表林祖涵，以鲜花时果之仪致祭于我中华民族始祖轩辕黄帝之陵，而致词曰：

赫赫始祖，吾华肇造；
胄衍祀绵，岳峨河浩。
聪明睿知，光被遐荒；
建此伟业，雄立东方。

世变沧桑，中更蹉跌；
越数千年，强邻蔑德。
琉台不守，三韩为墟；
辽海燕冀，汉奸何多！
以地事敌，敌欲岂足；
人执笞绳，我为奴辱。

懿维我祖，命世之英；
涿鹿奋战，区宇以宁。
岂其苗裔，不武如斯；

泱泱大国，让其沦胥？
东等不才，剑屦俱备；
万里崎岖，为国效命。
频年苦斗，备历险夷。
匈奴未灭，何以家为？
各党各界，团结坚固；
不论军民，不分贫富。
民族阵线，救国良方；
四万万众，坚决抵抗。
民主共和，改革内政；
亿兆一心，战则必胜。

还我河山，卫我国权；
此物此志，永矢勿谖。
经武整军，昭告列祖；
实鉴临之，皇天后土。
尚飨！

《祭黄帝陵》

光明显赫的始祖，是您，创造我悠久的中华；是您，让民族绵延不息。群山为之巍峨，黄河为之浩荡。您聪明睿智，光辉开化边远的荒凉；您建立伟业，让我中华雄立东方。

世界沧海桑田，中间经历无数艰难；跨越几千年之后，有近邻强盗无视公德，侵入我家门。琉球台湾，没能守住，朝鲜也成废墟；辽宁、渤海、燕山、河北，汉奸太多！以地盘奉献给敌人，敌人难道会满足？他们拿着鞭子，把我们当作奴隶污辱。

回想我德隆望尊的始祖，他是全世界的英豪，通过与炎帝联手，在涿鹿与蚩尤一战，天下从此而安宁。难道我们不是炎、黄的后裔，不能效法祖先的勇武？泱泱中华大国，难道要任其沦陷？

我毛泽东等无才，但已把武器和戎装准备；经过万里长征，打算为国献出生命！这么多年来，从南方到北方，经历无数危险度过千重难关，但如果不把侵略者消灭，我们哪里还有家可回？各党各界，要坚固地团结；不分是军还是民，不管是富还是贫。

民族战线，是救国的好办法；四万万民众，坚决起来抵抗。实行民主共和，改革国家内政；万众一心，起来战斗，必然胜利。把我们的河山恢复，把我国的主权保卫；这一志向，永远都不要改变。整编军队，前线上见。当此之时，虔诚禀告列祖列宗，敬请亲临护佑。以上誓言，天地作证！

请享用我们敬献的祭品！

卢沟桥事变爆发前三个月，毛泽东居凤凰山。他有时登上那树木不多，高而突兀的黄土山岭，眺望着东方那与太平洋相接的苍空，俯视广大的华北平原。

毛泽东这时也在深入研究辩证法，并将他的研究成果在抗日军政大学公布，后来结集成《实践论》和《矛盾论》。这样，他成为中共党内头号理论家。他对理论的探讨无论对他本人还是中共全党和全军都有重大指导意义。

中共和红军此时也达到空前的统一。张国焘已失去与毛泽东抗衡的能量，天下各路英雄归于毛泽东麾下，共谋复兴华夏大业，其中许多人成为开国元勋和建国栋梁。毛泽东的高明之处在不设山头，不立诸侯，不论亲疏，不搞先后，而以共同的事业维系他们的团结，不是像曾国藩、蒋介石那样以儒家的忠孝观念建立个人崇拜。即将爆发的全面抗战需要这样的大团结。

周恩来从遵义会议以来，就渐成为一名“贤相”。他过去的地位曾高于毛泽东，但他已情愿作毛泽东的辅佐。1937 年 3 月下旬，他从西安飞抵上海，由已在那儿的潘汉年陪同到杭州，开始了毛泽东最盼望的与蒋介石的直接谈判，续上已中断十年的国共合作。30 日，周返西安，4 月初回到延安，将此行向毛泽东详告。

毛泽东对与蒋谈判的分寸是：在红军和苏区保证中共的绝对领导，在两党关系上保证我党独立性，这两个原则不能让步。

不过，周与蒋第一次未谈出什么结果。4 月 7 日、10 日毛泽东出席政治局会议，讨论国民大会选举法、组织法和青年工作。12 日他来到杨家岭中央大礼堂，在西北青年救国代表大会第一次大会开幕式上发表演说。20 日和 24 日，毛泽东出席两次政治局会议，讨论《御侮救亡，复兴中国的民族统一纲领草案》和即将召开的全国党代会秦邦宪将作的组织问题报告大纲。26 日，周恩来重到西安，继续已停顿二十多天的谈判。

这年的清明节，意义与往年可不相同。这是传统的祭祖扫墓的日子，而这时，在中华民族的共同始祖黄帝安眠的地方，几个月前，刚刚来了一位最优秀的裔孙，他就是毛泽东。此日，毛泽东专门派了林伯渠到黄帝陵前，表达他和中国共产党人血战到底，誓死捍卫国土的决心。林伯渠恭敬地向黄帝的在天之灵，默念了毛泽东起草的祭文。

毛泽东一生，仅写过两篇祭文，也是两首四言长诗。如果说他在他大量的诗篇中，吸收了《诗经》中“风”（民歌）和“雅”（文人诗）的写法，那么，在他为数不多的四言诗中，则学习了“颂”的写法，这两篇祭文就是典型。

两篇祭文，一篇是祭生他育他的慈母，一是祭我中华民族的鼻祖，用语上的典雅和形式上的规整和感情上的诚挚、深重，都是同一的。不过，由于写作的时代之不同，其意义特别是落脚点也有很大不同。

作《祭母文》时，毛泽东还处在探索救国救民真理的阶段，那个时候，虽发生过袁世凯卖国之耻（毛泽东曾写下“五月七日，民国奇耻；何以报仇，在我学子”的四言诗），但国耻还没有发展到全国性的灾难（其时琉球群岛、台湾和东北的部分权益被日本攫去）。作《祭母文》的前几年，毛泽东预言过二十年内中日必有一战，而这场战争，真的在毛泽东写《祭黄帝陵》的时候，已是一触即发（此前在东北和上海已经发生战争）。

《祭母文》全诗是表达对母亲去世的沉痛心情和无尽怀念，最后也写到了要继承母亲遗志，要完成母亲未竟的理想，但具体的目标与方法，都不明确，而是一个大概。《祭黄帝陵》则已是十分明确,那就是要借助黄帝给我们留下的文化遗产和精神动力，团结全国各党各派和人民，共同抗日，驱除外寇。这是全诗的落脚点。

从句数看，直接歌颂黄帝功德和表达敬意的只有十二句（如果是和平时期肯定大不一样），而记述当时中国被日本侵凌和激励人们团结抗战的句子达四十四句。可见毛泽东作此祭文的目的并非一般地祭祀，而是以抗击外敌为主题。因为在大敌当前的时候，最需要的是民族的向心力，这个向心力可以从我们同是炎黄子孙这上面得到。故毛泽东专派林伯渠前往祭祀黄帝，并亲书祭文。

这首四言诗，从结构上也可分三大块，即歌颂黄帝、激励抗战和结语。

下面对正文略加赏析。诗的开头，即以“赫赫”颂黄帝的广大，广大是指其威力与对后世的影响而言。始祖，即鼻祖，开山祖。吾华，我中华，肇，肇始，肇造即开创。三四句是说黄帝子孙向天下南北的繁衍生息。睿知即睿智，知与智相通；光被遐荒，是指黄帝的文化之光照耀到了最边远荒凉的地方；被，即披，覆盖的意思。黄帝建立了此等大业，才使中华民族雄赳赳地站立在世界的东方。

接着，诗人笔锋急转，从数千年的沧海桑田和不平坦的岁月（蹉跌），落到现在强盗似的邻邦——日本的侵略。蔑德，是指无视世界公德、人道。琉、台，琉球群岛与台湾的简称，本都是中国领土，三韩，当指朝鲜，为墟，指其被日本占领；毛泽东写到华北等地事敌的汉奸，对他们表示极大的义愤。

“懿维我祖”，是上下的过渡，同时因为全诗是祭黄帝，所以也是点题和串联的句子。这里回顾了当年黄帝在华北经涿鹿之战后统一天下，并质问：难道他的后裔不能继承尚武精神，却让泱泱大国沦为他人的奴隶？

再具体写到作者自己，说我毛泽东等已做好一切准备，随时奔赴抗日的最前线，而除了要有不怕牺牲的精神，更要掌握统一战线的法宝，这才是制胜的关键。统一战线的核心，也就是“团结”和万众一心。毛泽东也谈到要民主要改革内政，这是对国民党方面的要求。

他又引用岳飞的名句“还我河山”直接入诗，使我们想到那一个充满耻辱的时代，从而激励起中华儿女的斗志。

最后，诗人的笔回复到祭祀黄帝这上面来，说把这一切明明白白地禀告列祖列宗，并请“皇天后土”“鉴临”。

将军采薇

1943年3月

外侮需人御，将军赋采薇。
师称机械化，勇夺虎罴威。
浴血东瓜守，驱倭棠吉归。
沙场竟殒命，壮志也无违。

《五律·挽戴安澜将军》

外族的欺侮需要有人去抵抗，戴安澜将军高歌《采薇》一曲，走上那抗日血战的沙场。您的军队因机械化而被称赞，您的战士更以勇猛顽强能打掉老虎熊罴的威风而闻名。为了守卫缅甸的东瓜，您率部浴血死战，歼敌数千，又在棠吉与日军遭遇，之后撤退回国。您在激战中身负重伤，竟在沙场英勇牺牲，终于实现了您报效祖国的壮志。

戴安澜（1904—1942），号海鸥，安徽无为人。黄埔军校毕业，曾参加北伐，1939年任中国国民革命军第五军第二〇〇师师长、陆军少将。1941年12月，太平洋战争爆发，1942年2月，日本侵略军为切断盟国援华物资通道——滇缅公路，以泰国、越南为基地向当时是英国殖民地的缅甸大举进攻，国民政府应英国政府请求派遣了远征军三个军约10万人赴缅甸参战。3月中旬至4月，先后在同古、仁安羌、腊戍与日军激战。月底，因失利而总退却，一部撤至印度，一部撤回国内。戴安澜率部奋勇搏杀，撤退中遭日军伏击而负重伤，5月26日牺牲，年38岁。1943年4月1日，将军追悼会在广西全州举行，毛泽东送了这首挽诗，诗前面还有“海鸥将军千古”。周恩来也送了挽联：

黄埔之英，民族之雄。

朱德送挽联：

将略冠军门，日寇几回遭重创；

英魂羁缅境，国人无处不哀思。

这是一首挽诗，也是一首颂歌。我们前面已赏析过毛泽东的《挽易昌陶》和《祭母文》，比较一下即看到它们的相同与相异。相同之处在于同是表达哀挽之意，诀别之情，但显然，悼亡友与祭母亲和颂抗日将军是有较大差异的。同学重在友情，母亲重在亲情，将军重在对其爱国精神的敬重。对他们的死，毛泽东同样是悲伤的，却有所侧重，程度也有差异。对亡友的悲痛，更多的是一种惋惜，对母亲的悲痛则是一种伤痛，对将军的悲痛是一种激励与赞扬。因此第三首挽诗比起前二者显得更加理智和镇静，当然，并非没有哀伤，只因毕竟与同学、母亲相比，彼此并不认识，只是对其事迹有所了解，所以毛泽东更多的是为将军的英雄壮举唱赞歌。

毛泽东经历过的生离死别已太多，他的年龄也近五十岁，表达沉痛的方式也就不同于他的年轻时代。从语言形式看，年轻时他是用的五古和四言祭文形式，篇幅均较长，而此诗与新中国成立后写的一首悼罗荣桓的诗都是用的律诗，篇幅要短得多。

诗的一开头就从“外侮”写起。自从鸦片战争以来，我中华备受帝国主义列强的侵略，奇耻大辱伴随中国有整整一百年，而最近二十年，日本独占中国的野心表现为侵华的行动。毛泽东从少小立志到青年时萌发洗雪国耻的理想，至抗战中，始得真正实行，他说的“需人御”，就是如此。接着他用《诗经》中的《采薇》来类比戴安澜将军义无反顾地走上保卫国家的战场。《采薇》见于《小雅》，可能是出征将士所作，写的是西周懿王时派兵到北方抵抗外族入侵时，将士艰苦的战斗与强烈的思乡之情。

第三、四句，直接描写戴将军的威武雄壮，写到其武器的精良，更称道其士气高昂特别是其赛过老虎、熊罴的威风，这正是面对凶狠残暴到极点的日寇所必需的。因此才有下面要写的在东瓜歼灭数千敌人的战绩。

毛诗中有两处用过“虎、熊、罴”这一意象，除此诗外，在1962年12月26日即诗人69岁生日时所作《七律·冬云》中，他写道：

独有英雄驱虎豹，更无豪杰怕熊罴。

这两处的意思是同一的，都是赞颂英雄豪杰的威风胜过猛兽。第五、六句提到两处地名：东瓜和棠吉，都是中国军队戴安澜部曾浴血战斗过的地方，而且将军就是在棠吉负的重伤，并在回国途中牺牲的。中英联军在缅甸境内的作战，被誉为第二次世界大战中的一段佳话，为中国赢得世界声誉。戴将军就是其中的功臣。

诗的最后，毛泽东非常痛惜地感叹将军在沙场的“殒命”，同时他也告慰将军的在天之灵：您的报国之志已经实现。言外之意我们将前赴后继，直到取得抗战的最后胜利。

与毛泽东的其他许多诗歌相比，此诗显得相当沉着，感情藏得较深,大约因毛泽东认识到这个时候更需要的是化悲痛为力量。

另外，此诗还有一定的认识意义，那就是毛泽东抛弃成见，肯定了部分国民党将领在抗日中的英勇表现。这也是更客观公正的，当然与这个时候国共合作的大局也是相一致的。

秋风度河上

1947年

中秋步运河上，闻西北野战军收复蟠龙作。

秋风度河上，大野入苍穹。
佳令随人至，明月傍云生。
故里鸿音绝，妻儿信未通。
满宇频翘望，凯歌奏边城。

《五律·喜闻捷报》

在送爽的金色秋风里，我们经过一条河流，看那苍茫的大原野，上与天齐，天地融为一体；美好的中秋时节，伴着喜庆的人们来到，那一轮明月边，生出淡淡的云彩；许久没有收听到家乡的消息了，妻与儿女们也没有写信，我不禁有些想念他们；频频地抬头仰望那天空，眺望那曾经生活、战斗过的热土，胜利的歌声时时唱响在这边塞上的小城。

1947年3月，毛泽东离开延安，辗转一个星期后才安顿下来，决定“在陕北不走”，3月27日他将此意告彭德怀，部署对敌办法，又电告贺龙、李井泉：

中央率数百人在陕北不动，这里人民、地势均好，甚为安全。目前主要敌人是胡宗南，只要打破此敌，即可改变局面，而打破此敌是可能的。

青化砭之战后，彭德怀将主力集结于青化砭西北，胡宗南以主力三个旅从延安经拐峁北攻，一路向延长、延川、清涧，一路向瓦窑堡、永坪、蟠龙，均扑空。彭判明胡不敢决战，而只图将彭部赶至黄河以东。

毛泽东留陕北主意已定，29日至清涧北石咀驿附近之枣林沟，于此主持中央会议。31日，毛泽东与任弼时率中央机关离此经田庆至子洲县邱家坪。刘少奇、朱德则往晋绥（去临县与董必武、叶剑英汇合，经五台往太行）。

面对蒋的攻势，毛泽东以逸待劳，3月28日，他下令给陈赓、谢富治等，部署晋南之战。毛泽东的豫北和晋南攻势，其意在围魏救赵，即逼进攻陕甘宁之敌回援，以解陕北之围。4月间，他仍在陕北“打圈子”，2日至子洲县高家塔，3日至子长县涧峪岔，4日至石家湾，5日抵靖边县青阳岔。

蒋介石攻陕甘宁，确为狠招，可谓直捣核心，而毛泽东自有办法。他的基本对策是以主力在外线出击，自领中央机关和小部人马利用陕北贫瘠而复杂的地形（他本人熟悉且习惯这种地形）与对手周旋，称作“蘑菇战术”。而他的对手对这种战法极为不适，肥的被拖瘦，瘦的被拖垮，垮的被拖死，这时，毛泽东即向彭德怀诸将发令攻击。

在陕北的黄土高原上，时刻能听到那粗犷的信天游。毛泽东的身上本就流淌着这块黄土地先民的热血，他豪放地声言：

过去的二十年是中国人民伟大斗争的二十年。这个斗争快要

结束了，这就是蒋介石反动统治的灭亡。因为蒋介石要灭亡中国人民，因此中国人民必然团结起来灭亡蒋介石。

胡宗南攻击陕甘宁，其意在置毛泽东于死地，未料反被毛泽东拖死在陕北的山梁。毛泽东又令陈赓、谢富治适时展开于晋南，使胡主力不得不南下集结，不敢再北进，这又被毛泽东捕捉到战机。彭德怀这时以主力伏于瓦窑堡南 5 里至羊马河大道两侧，以小部置于羊马河南（羊马河距瓦窑堡 15 里）；12 日，青化砭、蟠龙敌九个旅北进，彭以一纵队将其主力引往瓦市西南；14 日，8 时，留守瓦窑堡之胡军一三五旅沿瓦、蟠大道南撤，9 时，进入羊马河北高地，被彭德怀包围，至16时，此旅四千七百余人被全歼。俘其代旅长。敌主力与此军仅数里之隔，也毫无办法。

从 1947 年 3 月至 8 月，西北野战军在青化砭、羊马河、蟠龙等地组织七次战役，粉碎了蒋介石对边区的重点进攻。

蟠龙在延安城东北 70 多里，为蒋军占据后，被当作重要的物资补给基地。8 月，西北野战军取得沙家店之战的胜利，收复青化砭、蟠龙。

就在这时，毛泽东写下这首“边塞诗”，按内容推测时令，应比《张冠道中》略早，因《张冠道中》已出现严重的霜冻，或已是秋冬，而此诗所写明显的是中秋，天气虽有凉意，却还未到特别寒冷。

此诗一个“喜”字概括情绪的基调。喜的缘由，直接的当然是得到西北野战军收复蟠龙的捷报，又加之中秋节来到，解放区的人们喜气洋洋，歌声阵阵，这也感染了毛泽东，所谓“先天下之忧而忧后天下之乐而乐”，人民已乐起来，毛泽东自然也与民同乐。

有人据风格和小序中的“运河”推测此诗非毛泽东作。至于“运河”，只要是人工河就是，不一定是京杭运河那样的大运河。在陕北葭县、米脂一带就有不少人工开凿的渠道，大略也称得上运河。在此不作多论。

另，河，自古专指黄河，毛泽东转战陕北，一直在黄河边，毛泽东此诗中的河即应当就是指黄河，而小序上的“步运河”，可能并非讲毛泽东在运河上走，而是指在黄河边行军，所以，“步运河上”就是“步行河上”。

虽然风格的确与毛泽东主要的诗词不同，但也还是保持毛诗善于也喜欢情景交融的特点，如果硬要据风格推定非毛作，那他在新中国成立后50年代写的《五律·看山》《七绝·莫干山》《七绝·五云山》，也不是毛泽东所作了！

其实，同样是行军，中年时期在陕北的行军与青年时期在赣、闽的行军大不相同。在毛泽东笔下，无论景物或诗风当然也不会相同了。

“秋风”“河上”“大野”“苍穹”“明月”“云”，都是有北方特色的自然之景，毛泽东借以叙述他的行程之时空变化，也就是行军的环境，其特点是大气的、粗犷的，也是富于美感的，毛泽东仿佛给我们绘出一幅秋高边塞图，有些像马致远的笔致。头四句纯写景，景中透露着毛泽东的沉着，甚至有几分安闲，因为是在大捷之后，军情不紧，所以他才有心去欣赏北方边地的中秋美景，也许多少让毛泽东遗憾的是，他的妻儿不在身边，中秋是中国的团圆日，毛泽东却没有与亲人在一起赏月吃月饼。这不免引起毛泽东的思念，他思念或还不止尚在陕北的妻儿，还有岸英、岸青。当然，毛泽东没有过于沉湎到思念中去，他的思念带着淡淡的温馨，他的心灵更为解放区的一派喜气所感染，因为他听到了阵阵胜利的歌声。

整首诗是高兴的，平和的，从容的，喜，但不是狂喜，更长的路还在后面；思念也不是不可排解的相思（如早年他写的《虞美人·枕上》），而是一种沉着的思念，是在得闲时的感觉。用词方面，“度”“入”“至”“傍”“生”“望”，都是相当贴切与传神的。其中用“度”而不用“渡”，说明毛泽东不一定过了河，只是在河边，这与毛泽东此时还没有过黄河相一致。

1947年

征马嘶北风

朝雾弥琼宇，征马嘶北风。
露湿尘难染，霜笼鸦不惊。
戎衣犹铁甲，须眉等银冰。
踟躇张冠道，恍若塞上行。

《五律·张冠道中》

早晨的大雾弥漫了白茫茫的宇宙，行军的战马在北风中嘶叫。露水打湿了衣服，因而没有灰尘沾上来，秋霜笼罩，乌鸦不飞，军装被冻住成了铁甲，胡须眉毛也结了冰碴。在张冠道上来回打圈，恍惚间是走在边塞上。

北方的霜下得早，九、十月间就颇有些冷了。到1947年8月，毛泽东率中央机关已摆脱转战的最艰难的时期，20日，在梁家岔与西北野战军主力会合，从此，他能更从容地指挥全国战争。9月1日，他即为中共中央起草《解放战争第二年的战略方针》的党内指示，指出：我军第二年的基本任务是举行全国性的反攻，即以主力打到外线去，将战争引向国民党区域。10月，他起草《中国人民解放军宣言》，第一次提出“打倒蒋介石，解放全中国”的口号。

这时他甚至有时间提笔给两个儿子岸英、岸青写信（9月12日、10月8日）。11月14日，毛泽东率中央机关进驻米脂县杨家沟。一直住到次年的3月21日，随后东渡黄河。

这首五律，当是写于到杨家沟之前。

毛泽东极少写五律，且此诗与此前此后他的诗篇大异其趣，故多有人认为非毛泽东所作，其实，我们并不能因风格的不同而认定此诗的真伪。诗人，自然有他大致的风格，但在不同时期也可有不同的风格，这是与他的经历密切相关的。

如果回想一下延安十年，毛泽东几乎没有什么诗歌问世，而这一时期却是他的思想与理论成果全面丰收的时期。思想成熟了，诗就少了，正是诗人的特点和人生的规律。毛泽东的青年时代，才情勃发，但思想并不成熟，诗却颇多，新中国成立后十年，毛泽东正在探索社会主义建设道路，诗歌，特别是浪漫主义的诗歌也写了许多。当然，还有一种情况，就是在斗争生活特别丰富与多变的时候，毛泽东的诗情也旺盛（如红军时期）。

延安时期，毛泽东生活相对安定，所处的地域变化也不大，他多半在作理论的深思与大战的筹划，他的诗情基本处于潜伏状态，他自己在写给儿子的信中就说过一点诗兴也没有，即使他偶写一点，也显得稳重有余而灵动不足，如《祭黄帝陵》和《挽戴安澜将军》。其实，刚刚离开延安，转战陕北途中写的这首五律就是这一风格，要知道毛泽东这时54

岁，已非十年前那个易动情的年龄，所以写来也就不同于以往那样英气勃发，感情似火，于是，这种沉稳风格的诗倒使人认为不是他所作了。

这首诗实为毛泽东告别那稳定的生活的重新初试笔，或者说，是重新到来的转战生涯，激发他的诗情。自然，他要重新找回那久违的诗歌感觉，回到他的主流风格，也还得有一个过渡。如此看来，此诗不能当作他的代表作。

虽然这样说，这首五律也还是值得一读的。首先在它向我们展示的征战场面，此时毛泽东的诗笔，与古代王昌龄、岑参等人的边塞诗相近。又可称作史诗，是对转战陕北经历的真实而生动的记录。从时空上看，是秋冬，是早晨，是张冠道，是塞上。因此，其中的一景一物，都带上这特定时空的特征，显得有些凝重、肃杀与壮烈。

诗人笔下的景，或称意象有：朝雾、琼宇、征马、北风、露、尘、霜、鸦。由物及人，人的特征是着军装如铁甲（因晨露凝固成冰披在全身），连胡须、眉毛上也是冰碴，而行军动作是“踟蹰”（路滑且有追兵，毛泽东对敌采取蘑菇战术）。

毛泽东历来善于作宏观概述又往往细致入微，景、物、人常常交融笔下。此诗就是这样向我们描绘的一幅冬日行军阵图。我们不妨拿他 1930 年 2 月所写《减字木兰花·广昌路上》两相对照着去读。同样是写冬日行军，在那里是雪中行军，这里是冰里行军，那里是南方行军，这里是北方塞上行军，那里是大张旗鼓向吉安，这里是小股人马牵着胡宗南军来回打圈。相对来说，前者豪气（也是一种不确定的情况）冲天，后者却是镇定而沉着（却是稳操胜算，但也有危险）。

毛泽东喜欢写“霜”，霜或在毛泽东是有所象征的，如“今朝霜重东门路”“万类霜天竞自由”“寥廓江天万里霜”“万木霜天红烂漫”“长空雁叫霜晨月”等，他在这首诗中所写之霜更近曹丕的“草木摇落露为霜”。

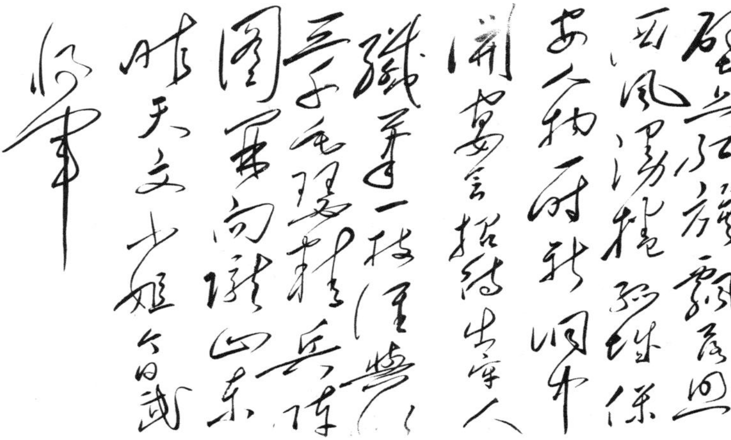
壁上红旗飘落照，西风漫卷孤城。保安人物一时新。洞中开宴会，招待出牢人。纤笔一枝谁与似？三千毛瑟精兵。阵图开向陇山东。昨天文小姐，今日武将军。

|《临江仙·赠丁玲》

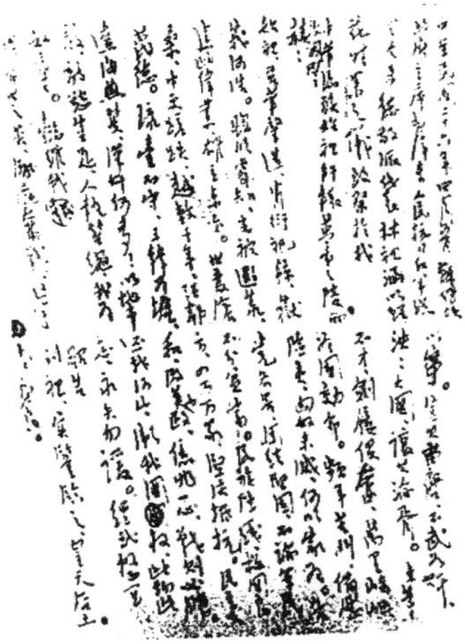

|《祭黄帝陵》

第五章

开国风景线

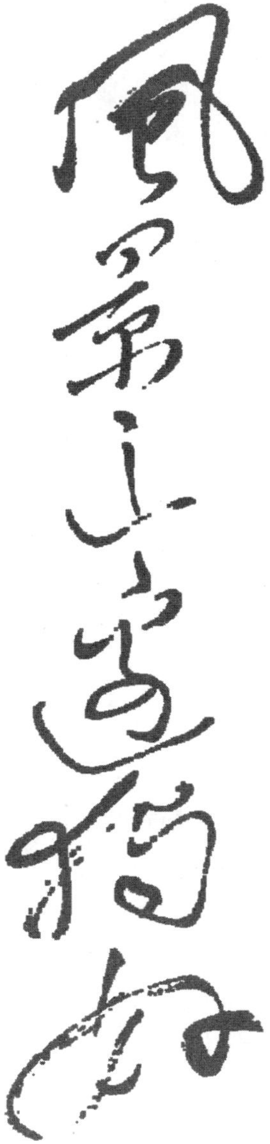

百万雄师过大江

1949年4月

钟山风雨起苍黄，百万雄师过大江。
虎踞龙盘今胜昔，天翻地覆慨而慷。
宜将剩勇追穷寇，不可沽名学霸王。
天若有情天亦老，人间正道是沧桑。

《七律·人民解放军占领南京》

南京紫金山风雨突起，中国人民解放军百万雄兵渡过长江。这一个虎踞龙盘的地方，今天的变化胜过以往任何时候，真是天翻地覆，令人振奋。

应该一鼓作气，追歼那陷入穷途末路的敌寇，不要去猎取虚名而学项羽，重蹈那个西楚霸王的覆辙。老天如果有情也会因为社会的黑暗而伤心衰老，人世间的规律，总是要沧海成桑田，不断地变化、发展。

1949年3月23日，毛泽东率中共中央机关离开西柏坡向北平进发，25日到达这座他阔别30年的千年古都，当日在西苑机场阅兵之后，毛泽东住进香山双清别墅。

毛泽东在香山即着手谈判与最后定鼎江山。这是胜者与败者的谈判，自古胜者为王，国民党失去一切筹码，蒋介石“引退”溪口，仍在遥控，他之所以允许李宗仁屈辱求和，实为缓兵之计，而毛泽东开出的条件无异于让他自动投降，所以最后还得兵戎相见。以毛泽东的风格，是容不得对“蛇”的仁慈的。

1949 年 3 月 26 日，亦即毛泽东到北平次日，中共中央通知南京政府：

（一）谈判开始时间：四月一日。

（二）谈判地点：北平

（三）派周恩来、林伯渠、林彪、叶剑英、李维汉为代表，周为首席代表。以毛泽东 1 月 14 日对时局的声明及八项条件为谈判基础。

真是今非昔比！当年重庆谈判，毛泽东屈身前往，而现在他则发号施令，蒋自然没有毛泽东当年的豪气，敢于来北平与毛见面。毛泽东也没有把这次谈判看得很重，他的注意力集中在渡江。他预计 4 月 10 日左右结束谈判，15 日即发起渡江，而林彪大军则于 11 日出动，争取 5 月 31 日抵南阳、信阳、固始之线及以南，6 月 30 日前至沿江北岸，相机攻占汉口、汉阳，7 月上旬渡江。这是西线的计划，而东线则直下南京、上海，以东线为先。

3 月 31 日毛泽东宴请四野师以上干部时说：

我们三路大军浩浩荡荡就要南下江南了，声势大得很，气魄大得很。同志们，下江南去，我们一定要赢得全国的胜利！

1910 年秋，不满 17 岁的毛泽东怀抱救国救民之志出乡关，三十九年之后，梦想就要成真！他的大军即将下江南，并解放他的故乡，他真是兴奋难抑！

南北的谈判这时也开始了。毛泽东极想让宁、沪、汉等地免受兵火，所以是认真对待此事的。4 月 1 日，张治中、邵力子、黄绍竑、刘斐等抵北平，与周恩来等谈判。与白崇禧的私人代表和南京的政府代表的谈判同时进行，而对渡江的部署也在加紧。4 月 1 日，邓小平为京沪杭战役起草的实施纲要上报中央军委，3 日，毛泽东复电同意。

其时，毛泽东令陈赓于 4 月 5 日由湖北麻城出发，经浠水、广济、黄梅，向宿松、望江前进，限 4 月 15 日到达。其意在以陈兵团直下武汉攻入故乡湖南。他要刘仲容到南京后，叫李宗仁速告白崇禧，将上述各地及安庆守军火速撤退，愈快愈好，至迟不得超过 4 月 10 日，否则将被歼灭。

毛泽东对与白氏合作是抱有希望的，4 月 5 日，他亲自为军委总参谋部作战部部长李涛复白氏电，详述愿与其和平接洽之意，语气非常诚恳，其意在西线以和平方式打开缺口，而李、白诸人此时也确表示愿和，李甚至愿出面交涉太原问题，毛泽东对此欢迎，5 日专电彭德怀，告知此情，让其派人入城，“求得于十五日前谈妥”。

李、白桂系军队此时自安庆至宜昌在千里长江防线上摆开，毛泽东力争不战而过江，故与李、白接洽。4 月 7 日，李来电表示“政府谋和之诚意”“决心”。4 月 8 日上午，毛、周在香山与张治中长谈，又邀张一起吃中餐，张知毛通宵未眠而辞归。

李确是有诚意的，但最终还得听幕后老蒋的，毛泽东深知，却不放弃一点希望。他通知渡江推迟至 22 日，并将战斗渡江改作和平准备，攻太原也顺推至同一天。他说：“我们和南京代表团的谈判已进行了十一天，颇有进展。如南京方面同意，可能于十五日或十六日签字，但破裂的可能仍然存在。”毛泽东要求13日起结束非正式谈判，进入正式谈判，17日必须决定问题，18日以后，不论谈判成败，解放军都要渡江。周恩来据此于13日晨将《国内和平协定草案》交张治中。张读后，原则上接受，但表示南京李、何、白、顾等能否接受无把握。14日，毛泽东把谈判情况电各总前委和二、三野，令：

为着准备渡江的直接行动，为着给南京一个打击，促使他们接受我们的条件起见，请你们准备于卯哿（四月二十日）攻占从安庆至南通一线除安庆及两浦（浦口、浦镇）两点以外的一切你们所需要攻占的北岸（不是南岸）敌人据点及江心洲（包括扬中县）。

15日，他又去电重申此令。当晚，周恩来在中南海与张治中第二次正式会谈，周告知20日为签字期限，张派黄绍竑、屈武于16日回南京请示。

毛泽东在等候南京答复的几天里，致电前线诸将准备大举渡江，时间是22日或25日，17日总前委复电：

我们一致认为二十日开始渡江作战，到二十二日全部投入夺取南岸的总行动，有把握胜利完成。

毛泽东18日复电同意20日开始攻击，22日总攻，“一气打到底”。20日，南京政府拒绝签字。当晚，中国人民解放军以三野第七、九兵团为中央突击集团，首先在安徽枞阳至裕溪口段突破长江防线，21日，二、三两大野战军在西起江西九江东北之湖口，东至江苏江阴500多公里之战线强渡长江成功。21日，毛泽东、朱德发布《向全国进军的命令》：

奋勇前进，坚决、彻底、干净、全部地歼灭中国境内一切敢于抵抗的国民党反动派，解放全国人民，保卫中国领土主权的独立与完整。

22日子时，毛泽东致电庆祝三野七、九兵团渡江胜利，并为新华社撰写《我三十万大军胜利南渡长江》和《人民解放军百万大军横渡长江》。23日，南京被占领。毛泽东在千里之外的香山双清别墅得捷报，喜而作这首《七律》。

此诗为毛泽东诗兴沉寂多年后再试笔的又一名篇。整个解放战争甚至全面抗战期间，他都没有写过称得上宏篇的诗作。转战陕北时写的几首，只能算作小诗，况且也不同于他的主流风格。这一首则是他主流风格的延续，上可与《沁园春·雪》相接。

它是一首战争史诗，记载的是人民解放军渡江南下，占领南京的史实。钟山即紫金山，在南京东，东西长约7公里，南北宽约3公里，主峰海拔448米，山势险峻，因为山中多紫页岩层，远望如浮金耀紫，故名。风雨，此处非指自然的风雨，而是指社会的风雨，即社会制度的更迭变化，苍黄即“仓皇”，是指快而为国民党措手不及。解放战争发展之迅速，甚至是毛泽东本人也没有料得到的。百万，是写实，也写出解放军的巨大声威，雄师，雄壮威武的军队，也可谐“雄狮”的音，都是写威风八面。这两句描写解放军渡江的声势，其中第二句与第一句又有有机的联系（正是雄师过大江才带来突然变化的钟山风雨）。

第三、四句是对比着写，南京昔日被称为虎踞龙盘之地，但是过去已是“金陵王气黯然收”，现在解放军在此，才真正称得上“虎踞龙盘”，所以是“今胜昔”；“今胜昔”，又是因为“天翻地覆”，这是巨大的变化，此情此景，自然是令毛泽东感到慷慨激昂，精神振奋的。“慨而慷”语出曹操《短歌行》：“慨当以慷，忧思难忘。”

《太平御览·州郡部》引《吴录》：“刘备曾使诸葛亮至京，因睹秣陵山阜，叹曰，‘钟山龙盘，石头虎踞，此帝王之宅。’”而实际上在南京建都的王朝，没有一个强盛而能持久的，大约因此地其实并无险可守，它处在长江三角洲上，三面是平原，东面临近大海，进不可攻退不可守，加以此处享乐之风甚烈（因近苏、杭），帝王在此往往不思进取。近一百年，帝国主义在这里长驱直入，抗战爆发后，日军从上海来，占领南京，而现在解放军取南京，没有经过什么战斗。这真是历史的教训。

毛泽东牢记着西楚霸王项羽的故事。当年，项氏若对刘邦不手下留情，而是奋勇最后一击，他绝不会落得个反被势力远不如他的刘邦击败，死无葬身之地的下场。据《史记·项羽本纪》载，项羽（前232—前202），与刘邦同时起兵反秦，在巨鹿之战中摧毁秦军主力，秦亡后听信项伯之言，为取一个“义”的名声，在鸿门宴上放过刘邦，后自立为西楚霸王，封刘邦为汉王，楚汉战争中，与刘订和约，以鸿沟为界，刚罢兵东归，刘却失信越沟追击，项氏全军覆没，在乌江自刎。

毛泽东因此叮嘱他的诸将与军队，要继续发扬大无畏的英雄气概，乘胜追击，直到最后胜利。也就是将革命进行到底的意思。因为得了南京，并不意味着得天下，还有半个中国在国民党手里。

最后两句是毛泽东的哲理发挥，他认为，沧海桑田，即变化、运动，是人类与自然发展的必然规律，而这规律中的规律又是优胜劣汰，即落后、腐朽的社会必然要被进步的新社会所代替。人间正道，指社会发展的正常规律，《礼记·中庸》：“中者天下之正道，庸者天下之正理。”

毛泽东曾在《采桑子·重阳》中说过：“人生易老天难老，岁岁重阳，今又重阳，战地黄花分外香。”都是把天当作人来写，或者说隐含了毛泽东接受的天人合一的思想。此语出自唐代李贺《金铜仙人辞汉歌》，诗云：“衰兰送客咸阳道，天若有情天亦老。”意为天如果有情，看到金铜仙人这样离别汉宫，也会忧伤而衰老。毛泽东借用的意思则是，老天如果有情，看到这被国民党统治下的黑暗，也会因痛苦而衰老，人民起来推翻反动统治，也就是顺应天意。

1949年4月29日

落花时节

饮茶粤海未能忘，索句渝州叶正黄。
三十一年还旧国，落花时节读华章。
牢骚太盛防肠断，风物长宜放眼量。
莫道昆明池水浅，观鱼胜过富春江。

《七律·和柳亚子先生》

不能忘记，在广东与你在一起喝茶的情景，在树叶转黄的时候，我们又曾在重庆相会，那时你向我索要诗句。从1918年首次到北京，三十一年后我又回到这里，落花的时节，我读到你美丽的词章。

不要把牢骚发得太厉害，以免把肠子弄断，应该把事情看得远一些，把眼界放开一些。不要说昆明湖水太浅，在这儿看鱼，得到的美感，会超过富春江。

完成南京的占领后毛泽东真是长舒一口气，也吐出闷在心中半个多世纪的恶气（他自己和国人均如此）。但全国胜利，尚待时日。毛泽东很想像解放南京一样解放上海，故令粟裕、张震缓进，至4月底，又得苏州，已近沪上，他即令停止，使昆山、太仓、嘉兴暂留而于常熟集重兵，防敌经海上逃走。他的想法是不能太匆忙，而须在政治、军事上做好准备，以便“主动地有秩序地接收上海”。

既要接管又不能让敌逃走，这是毛泽东的思路。他获知上海守军27日从海上运走一万人（28日停运），即令粟、张以一个军从常熟进占浏河，威胁吴淞。

除接收上海这个近期目标，尚有西北、青岛和华南、西南，其中以华南为渡江后的主攻方向。西北，毛泽东是召在太原的彭德怀来中央商谈借助张治中和平解决；青岛，毛泽东同意山东军区作威胁性攻击，使国民党军早退（但避免与美军作战）。

华南为白崇禧军控制，白氏曾于渡江战役前派人至北平接洽缓兵，那时毛泽东对和平解决武汉等地抱很大希望，但白氏只说不做，毛泽东遂确定“无和桂系进行妥协之必要……我们的基本方针是消灭桂系及其他任何反动派”。

毛泽东未让刚刚渡江的部队再劳顿，而以林彪四野为突击华南主力，但该部还要一个多月才能至汉口附近，已到汉口外围的是萧劲光、陈伯钧部，毛泽东要其“迅即准备接收汉口、汉阳两城，以免敌人退走，仓促接收，毫无准备”。

毛泽东麾师势如破竹。在北平，这日得闲与柳亚子等泛舟昆明湖，即作此诗。

1949年2月，在香港的柳亚子和其他民主党派与无党派民主人士接到中共中央的邀请，赴北平参加全国政治协商会议。柳亚子于28日动身，经东北，转胶东，3月18日到达北京。此时，他是中国国民党革命委员会中央委员会常务委员兼秘书长。25日，毛泽东抵达北平，亲赴西苑机场迎接。当晚在颐和园益寿堂宴请柳亚子等，柳非常高兴，即席赋诗三首并录呈毛泽东，其一云："二十三年三握手，陵夷谷换到今兹。珠江粤海惊初见，巴县渝州别一时。延水鏖兵吾有泪，燕都定鼎汝休辞。推翻历史三千载，自铸雄奇瑰丽词。"28日夜，他又写了《感事呈毛主席》委婉地表达他内心的苦闷和退隐之意。

毛、柳相见，毛泽东论及谢灵运的《登池上楼》、薛道衡的《昔昔盐》、苏轼的《题惠崇春江晓景》，并把其中"池塘生春草""空梁落燕泥""竹外桃花三两枝，春江水暖鸭先知"题赠柳氏，作题记云：

一九四九年五月五日柳先生惠临敝舍，曾相与论及上述诸语，因书以为纪念。

这真是一位一手持宝典，一手持利剑的王者！

其实毛泽东很关心柳亚子，派邓小平妥善地安排柳的生活，让他在4月20日迁入颐和园居住。毛泽东派人把这首诗送往颐和园益寿堂柳亚子住所。柳亚子游园归来，读罢这首和诗，心中非常感激。他在《次韵奉和毛主席惠诗》中，用"昆明湖水清如许，未必严光忆富江"两句诗，表示接受毛泽东的劝说。5月1日下午，毛泽东携女儿李讷等到颐和园拜访，与柳亚子散步长廊，泛舟湖上。5月5日，即孙中山就任非常大总统纪念日，毛泽东又如约偕柳亚子去香山谒孙中山衣冠冢，并合影留念。还接柳亚子夫妇到自己寓所，共进午餐。朱德总司令和毛泽东的秘书田家英作陪。毛泽东的真诚相待，使柳亚子深受感动。新中国成立后，柳亚子留在北京担任了中央人民政府委员、全国人大常委等职。

毛、柳初会在广东，再会在重庆，三会在北京，从此居住在同一座城市。在广东，自然还谈不上唱和，因为他们还不很熟悉，毛泽东那时也没有诗名，也大约少有那个闲心。至于在重庆，毛泽东诗歌的兴趣已“藏匿”许久，只是一曲旧作《沁园春·雪》，令柳亚子大开眼界,让国统区的人们认识了另一个领域的毛泽东。柳也就有了与毛唱和的意愿。

柳曾写过不少诗给毛泽东，而得到毛泽东以诗回应的，这是首次。柳诗名《感事呈毛主席》，云：

开天辟地君真健，说项依刘我大难。
夺席谈经非五鹿，无车弹铗怨冯驩。
头颅早悔平生贱，肝胆宁忘一寸丹！
安得南征驰捷报，分湖便是子陵滩。

柳诗满篇用典，无非都是发自己未得重用的牢骚。柳在毛未知前程的时候，给予极大理解与同情，殊为难得，但是，在毛泽东忙于新中国成立的时候，如此牢骚满腹，却是有些不合时宜。故毛泽东不客气地给以批评。不过，在批评之前，还是追述了与柳的两次交往，以示不忘旧。他形象地以“饮茶粤海”说第一次相会，到底他们有没有单独饮过茶，像成都人那样，好友见面，即到茶馆一聚，则不可知，我想大约是没有的，因为那时他们并无深交；那就是在国民党中央会上坐在一起喝茶了。而在重庆，他们的交往又进了一层，其时毛泽东的地位如日之升，柳亚子更看到这位巨人的美好前景。最重要的是，柳向毛索诗，毛书以《沁园春》，不意一石击起千重浪，毛泽东诗名与政治方面的名声，如惊雷滚过苍穹。应该说，诗人毛泽东真正为人们认识，是从此时开始的，柳亚子在这件事上的功劳不小。

或许正因与毛泽东有这样的交情，柳才敢发牢骚，毛也才会批评（他对党外人士是很少这样严厉批评的）。

头四句都是对往事的追忆与对柳的夸奖，特别“华章”一句应让柳格外舒服。这四句中，毛泽东多用象征手法，如用“叶正黄”代指秋天，用“落花时节”代指春末。后四句则是对柳的批评和劝慰。“牢骚”句言之颇重，“肠断”，系极言之，毛泽东在《贺新郎·别友》中曾说“汽笛一声肠已断”，那是离愁别恨所致，而此处“肠断”，则是牢骚所致。这都是严重的比喻。五六句对偶极工，一从反面批评，一从正面劝告，总的是要柳心胸开阔些，是直说。最后两句又用形象，以昆明湖代称北京，水浅是指柳亚子嫌“塘太小”，而他这条“鱼”大，就是批评柳不满意目前的位置。最后一句，还是就“昆明湖”来说的，毛泽东告诉他，北京的前景看好，风光要超过别的地方，也许其中包含要柳别着急，慢慢来的意思，只是没有明说要给柳一个什么位子。客观地看，柳也许并非伸手要官做，而是他很想在晚年还能有所作为，为新中国贡献最后一份力量。他的牢骚，有他的合理性。

一唱雄鸡天下白

1950年10月

1950年国庆观剧，柳亚子先生即席赋浣溪沙，因步其韵奉和。

长夜难明赤县天，百年魔怪舞翩跹，人民五亿不团圆。
一唱雄鸡天下白，万方乐奏有于阗，诗人兴会更无前。

《浣溪沙·和柳亚子先生》

漫长的黑夜真难熬到天明，在那一个旧的世道里，妖魔鬼怪已跳跃作恶整整一百年，使得五亿人民不能够团圆。

雄鸡一声鸣唱，迎来东方的大亮，四面八方都奏起欢快的乐曲，就连边远的新疆也是这样，诗人们的雅兴更是超过从前。

中华人民共和国成立后的第一个国庆节，即1950年10月1日，蒙古、满、回、藏、彝、维吾尔、壮等四十二个兄弟民族的几百位代表和各族文工团，聚集在北京。10月3日晚，来自内蒙古、西北、西南、华东、东北及华北等七个地区的158名少数民族代表和西南各民族文工团、新疆文工团、吉林省延边朝鲜族文工团、内蒙古文工团的200多位团员，又来到中南海怀仁堂，喜气洋洋地向毛泽东等党和国家领导人献旗、献礼，给领袖们穿戴上本民族美丽的衣服、帽子，表达他们的喜悦和对党、对领袖的爱戴。各少数民族文工团还纷纷登台演出。藏族的旋子舞、哈萨克族的圆月舞、大凉山彝族的舞蹈、蒙古族的献花舞、朝鲜族的洗衣舞，无不精彩纷呈。台上欢歌笑语，台下掌声阵阵，赞叹连连。

毛泽东也兴致勃勃地观看演出，他对坐在前排的柳亚子说："这样的盛况，亚子先生为什么不填词以志盛呢？我来和。"于是，柳亚子即席赋《浣溪沙》，"用纪大团结之盛况"，呈献毛泽东。次日，毛泽东"因步其韵奉和"，用毛笔在宣纸上写出了《浣溪沙·和柳亚子先生》送柳。亚子先生又和一首以呈：

落魄书生戴二天，每吟佳句舞翩跹，愿花长好月长圆。

平等自由成合作，匈奴南诏更于阗，骅骝开道着鞭前。

柳亚子把毛泽东的和词装裱起来，配上镜框，挂在客厅里，给他的家增色不少。

此词现有两幅手书。"万方"句"乐奏"原为"奏乐"。1958年12月21日，毛泽东在文物出版社当年9月印的大字本《毛主席诗词十九首》的书眉上批：这里误置为"奏乐"，应改。

毛泽东与柳亚子一共有三首唱和的诗词，这在毛泽东的诗歌交往中是较少见的。1949年的一首七律，毛泽东帮助柳消除满腹牢骚，到写这篇词时，便完全是一派喜洋洋。柳云：

10月3日之夕于怀仁堂观西南各民族文工团、新疆文工团、吉林省延边文工团、内蒙古文工团联合歌舞晚会，毛主席命填是片，用纪大团结之盛况云尔！

火树银花不夜天，弟兄姊妹舞翩跹。歌声响彻月儿圆。

不是一人能领导，那容百族共骈阗？良宵盛会喜空前。

柳亚子是满心地欢喜和称颂。毛泽东何以应答？他用同样的韵脚，用了同一词牌。他的唱和比柳的原词，意境大大上了一个层次。他没有反过来表扬柳亚子（那首七律却有这种表扬），而是以新旧对照的手法歌颂新的天地。

长夜，长长的黑夜，比喻旧社会、旧世道，其范围是整个“赤县天”即中国，时间则持续一百年，毛泽东并没有讲几千年，而是从影响现代最深刻的一百年讲起，也就是从 1840 年鸦片战争讲起，因为这是中国几千年最黑暗的时代，中华民族从来没有像最近这一百年一样，经历如此多的远自欧洲、美洲，近自东洋而来的帝国主义列强的疯狂侵略掠夺，以致几乎陷入灭顶之灾！毛泽东用一“难明”（即难以熬到光明到来）来概括这段历史，又用“魔怪”来代指列强（也包括国内的反动统治者），而“舞翩跹”，则是列强侵华或国内强盗的丑态、凶态，毛泽东在这里用反语，因为本来“舞翩跹”是一个美好的词语，柳亚子的原词就是褒意。国内外强盗“舞翩跹”的结果是五亿人民不能团圆。这都是写新中国成立以前，即中国人民在黑暗中摸索的时候。

下片则是正面对新中国成立的欢呼。雄鸡一声唱，天下为之一亮，接下来是阳光普照。语出唐代李贺《致酒行》“我有迷魂招不得，雄鸡一声天下白。少年心事当拿云，谁念幽寒坐呜呃。”语虽出此，意义大不同，远比李贺的原意开阔博大，是毛泽东对一个新的历史转折的形象概括。按中国民间传说，雄鸡一唱，鬼魅藏形，就是因为雄鸡的唱声预示光明就要来，而且，那啼鸣本身也是充满阳刚之气的，自古以雄鸡为吉祥，又常以雄鸡血驱邪。就连新中国的版图也被称作雄鸡高唱，这与版图形状像雄鸡有关，大约也与毛泽东此词对雄鸡的赞咏有关。毛泽东自己曾在挽易昌陶一诗中用过同一典故，说“鸣鸡一声唱，汗漫东皋上”，在那儿，情调也与此大异其趣。

接着就是毛泽东描绘的雄鸡一唱后，天下欢腾，万方奏乐的情景。这是春天的到来，这是人民幸福的开篇，大江南北，长城内外，都迎来光明灿烂的蓝天！毛泽东同样写到奏乐，跳舞，他却不只如柳亚子原词一样就事论事，而是由面前的热闹欢乐景象联想开去，由京城而塞外。当然，最后他还是把笔触引回到诗人们在一起高兴地会面的眼前。

战旗妍

1950 年 11 月

颜斶齐王各命前，多年矛盾廓无边，而今一扫新纪元。
最喜诗人高唱至，正和前线捷音联，妙香山上战旗妍。

《浣溪沙·和柳亚子先生》

战国时候，颜斶和齐王彼此都要对方走到前面来，各不相让，这对矛盾大得广阔无边，直到如今，才一扫旧事而开创新的纪元。

我最喜欢诗人们高声唱着他们创作的歌词来到这里，这动听的乐音正与前线传来的捷报汇合在一起，朝鲜的妙香山上，红旗多么鲜艳灿烂。

1950 年是个多事之秋。毛泽东本计划在这年要解放台湾的，不料 6 月 25 日朝鲜内战爆发。27 日，美国派出海、空军公然武装干涉朝鲜内政，并命令第七舰队向中国领土台湾沿海游弋，武装占领台湾。28 日，周恩来总理受权发表声明，强烈谴责美国政府侵略朝鲜、中国台湾及干涉亚洲事务。9 月，美国纠集 15 国军队，打着联合国的旗号，侵入朝鲜北部，严重威胁我国东北的安全。

面对美国的疯狂气焰，毛泽东下令组成中国人民志愿军，出兵朝鲜，抗美援朝，保家卫国。包括毛泽东的长子毛岸英在内的中国人民志愿军，雄赳赳气昂昂跨过鸭绿江，10 月 19 日，开赴朝鲜前线。联合国军总司令麦克阿瑟还在美国总统面前保证，“在感恩节前，南北朝鲜各地的正式抵抗都将告终”，而彭德怀司令员指挥中国人民志愿军从 10 月 25 日至 12 月 24 日，接连发起第一、二次战役，歼敌 5 万余人，并收复平壤，把美军赶回到三八线附近，从而扭转战局。

10 月 4 日晚和 5 日晚，柳亚子在中南海怀仁堂观看中央戏剧学院舞蹈团演出的《和平鸽》。这出歌舞剧由著名艺术家欧阳予倩编剧，著名舞蹈家戴爱莲导演并饰主角，柳亚子大为赞赏演员精湛的演技、优美的舞姿和热爱和平、反对战争的内容，便写出《浣溪沙》。11 月，毛泽东读到此词，恰逢志愿军抗美援朝取得第一次战役胜利的捷报传来，他也挥毫写下《浣溪沙·和柳亚子先生》。

此为毛泽东和柳亚子的第三首，相比之下，艺术水平不及前两首。主要是因为用了一个生僻的典故，如果不作详细注解，一般人都看不懂。当然，这个典故也还是颇能说明问题的。颜斶为战国时齐国人，他隐居不仕，他的理想是“晚食以当肉，安步以当车，无罪以当贵，清静贞正以自虞”，就是说把吃普通食物当作吃肉，把走路当作坐车，把不犯罪（守法）当作富贵，以清清静静、坚贞正直来自我娱乐。这不失为他的一种明哲保身的人生态度，但与几千年来中国人积极入世的主流态度是不相符合的，可能是他不满齐王，不愿同流合污的缘故。正因为他不图升官发财，不贪功名利禄，无私则无畏，甚至在齐王要他走上前来时他也敢于不听命，反要齐王走过来！

这个典故用意确实艰深，那么毛泽东引用它是为的说明什么？通常的解释是赞扬柳亚子虽身怀大才，却不与蒋介石合作，而且从1926年持续到1949年，直到蒋垮台，这是要有非凡的勇气与坚定守正的品质和长远的洞察力的。毛泽东对此铭记在心，因为在毛泽东还不怎么得志，还看不到最终谁胜谁败之时，柳能背离蒋而支持毛，诚然不易！这是此词头两句的意思。

或许，毛泽东还有另一层深意，那就是鼓励柳仍然保持过去的那种节操，有官则做，无官也安闲，因为前次柳已向毛发过一通牢骚（委婉地借古代的故事要求安排适当的职位）。

当然，柳在此时似已无牢骚。毛泽东所和的柳之原词是：

白鸽连翩奋舞前。工农大众力无边。推翻原子更金圆。

战贩集团仇美帝。和平堡垒拥苏联。天安门上万红妍。

柳词实在是没有多少诗意可言，过于直白。看来，唱和得多了，就流于形式。故毛泽东此后便没有再和柳。

毛词上片最后一句，是说中华人民共和国的成立，开创新历史纪元，也就结束了柳、蒋的长期矛盾对峙。

下片一个“喜”字概括毛泽东写此词时的心情。这“喜”，是双喜，一喜新中国建立一周年，祖国欣欣向荣，二喜朝鲜前线传来捷报，所以他才有此雅兴在这里与诗人们相会唱和。最后一句倒是用了一个颇佳的意象“战旗妍”。毛泽东在这里又一次写到红旗。并第一次在诗中提到异国的一座山峰——朝鲜西北部海拔1900多米的著名的妙香山，此前他只咏赞过祖国的群山。

这首词被一些诗评家称为一首出色的政治抒情诗，笔者认为此说有道理，但我不赞成这种较直接地议论和用生僻典故的方法，诗歌毕竟是一种高级的语言艺术，要用形象说话。当然我们不必对毛泽东每一首诗词都要求是一流水准，毕竟这不过是唱和，并非行云流水似的自然天成，而诗评家也大可不必把本来较一般的诗说得过高。

大雨落幽燕

1954 年夏

大雨落幽燕，白浪滔天，秦皇岛外打鱼船。一片汪洋都不见，知向谁边？

往事越千年，魏武挥鞭，东临碣石有遗篇。萧瑟秋风今又是，换了人间。

《浪淘沙·北戴河》

大雨，倾泻在古幽州和燕山下，雪白的波浪汹涌，与天相连，秦皇岛外的海面，却还有忙碌的打渔船。汪洋一片，别的什么都看不见，那些船要驶向哪边？

怀想千年的往事：那魏武帝曹操曾策马挥鞭，向东走近这碣石山，在这儿留下壮丽的诗篇。现在又是当年他来时那样的萧瑟秋天，可人世间完全是另外的一种景观。

北戴河，在河北省秦皇岛市西南 15 公里，北依莲蓬山，南濒渤海。岩石遍布，树木众多，为著名的避暑胜地和海滨浴场。风景区范围西自戴河口，东至鸽子窝。汉武帝、唐太宗均到过这里，清光绪二十四年（1898 年）辟为避暑地，而秦皇岛，则因传说秦始皇求仙曾到此而名（汉武帝、魏武帝、北魏文帝、北齐文宣帝、唐太宗均到过此地），它是河北省东端突出于渤海中，三面环海的一个半岛。这一带古属幽州和战国燕国之地，故毛泽东以幽燕代称。

1954 年 7 月 23 日，毛泽东致信正在北戴河过暑假的的李敏、李讷，说北戴河、秦皇岛、山海关一带是曹操到过的地方，他的碣石诗有名，可以读一读。不久，毛泽东也来到北戴河。这天，早晨 4 点多，他带着卫士至海边联峰山上观日出，看大海。卫士回忆："他前走几步，迎风望海，呼吸有声，胸膛随着大海的节奏一起一伏。当太阳完全升起时，我们仿佛听见主席在吟诗。当时没有听懂，如今推测起来，似应为曹操的《观沧海》。"另据毛泽东的保健医生徐涛回忆，有些天，毛泽东在海岸沙滩漫步，嘴里总是念念有词地背诵《观沧海》。

毛泽东晚上工作疲劳时，也出门观海，低声吟诵。他还找来地图，查证出：曹操"建安十二年五月出兵乌桓，九月班师经碣石写出《观沧海》。"观海吟曹操诗，毛泽东心潮澎湃，创作了这首词。

李银桥回忆：

一九五四年夏季的一天，北戴河海滨狂风大作，洪波百丈，银山万叠。您来到海岸上，极目幽燕，缅怀魏武，兴致倍增，要下海游泳。我劝道："风大浪大，不要去游泳吧！"您豪迈地说："风浪越大越好，可以锻炼人的意志。"就在那白浪滔天，一片汪洋中，您畅游了一个多小时，上了岸来，还精神抖擞，不知疲劳。就在这次游泳中，您的心中孕育着《北戴河》这首光辉的词章。

此为毛泽东一首写景兼咏史的豪迈之作。基本用的白描手法。画面上，以黑白为主调：大雨、大浪、海水都呈白色，船员是黑色，两相衬托，对比鲜明而极和谐；水本无色，因在剧烈运动，从天而泻的是白色，由海面向天翻滚的也呈白色。同样写白色，大雨的色，毛泽东没有明说，我们可以想见；只有浪才直接用了个“白”字，而波涛则用的是“汪洋”。为体味毛词，我专门到过北戴河，那大海在静止不动或微动时，是醉人的蓝，而一旦被风推起，或成潮汐，撞向岸边礁石，则变成白色；加以此时下雨，海天相连，更是汪洋一片白。

船在这黑白间，不仅仅是颜色的对比，更是彼此的搏斗。试想，雨在下，浪在涌，波在滚，而船是何等状态？一下子被甩上浪尖，一会儿又看不见，被海水吞没。当然毛泽东写的并非空船，而是有打渔人驾着的船。他们技术之高明不用说，最重要的是有着不怕大风大浪的勇气与力量！我们不由想到古人的诗句：

江上往来人，但爱鲈鱼美。

君看一叶舟，出没风波里。

毛泽东此词的意思主要并非赞叹“鱼”的得来不易，但同样描绘风波的险，而落脚点却在下片。

毛泽东就像当年曹孟德一样，来到这渤海边的碣石山，他轻轻吟着魏武帝的《观沧海》：

东临碣石，以观沧海。

水何澹澹，山岛竦峙。

树木丛生，百草丰茂。

秋风萧瑟，洪波涌起。

日月之行，若出其中；

星汉灿烂，若出其里。

幸甚至哉，歌以咏志。

他的思绪飞越千年，他真真切切地体会到曹公当时的情绪来由与去向：那是一种与天地相融而产生的情绪，那是一种建功立业，志得意满而不打算止步，还要向上攀登的情绪。它是沉郁博大的，它是奋发向上的，同时它又是深含哲思的。不仅仅是对自然的慨叹，更是对整个人生与自然、宇宙的顿悟。

如果要拿古人与毛泽东相比，曹操是最有可比性的。两人都那么博大精深，都那么才华横溢，都那么文武兼备。一手持利剑，一手持宝典。可以叱风云，可以吟狂诗！策马挥鞭时，雷霆后退；静卧书房里，鬼魅潜形。

这是古今诗人心灵的沟通，这是两位哲人的千古对话。然而，毕竟古今不同，曹公的功业，仅在中原，而毛泽东统一整个中国大陆！他率领几亿人民走上社会主义的康庄大道。社会正在发生着剧变，持续几千年的封建制度轰然瓦解。秋风年复一年，而世道变矣！

春江浩荡

1955年10月

春江浩荡暂徘徊，又踏层峰望眼开。
风起绿洲吹浪去，雨从青野上山来。
尊前谈笑人依旧，域外鸡虫事可哀。
莫叹韶华容易逝，卅年仍到赫曦台。

《七律·和周世钊同志》

春天的江水浩浩荡荡，我先在水中游泳，又登上层层的山峰，眼界一下子大大开阔。风从绿洲而起吹动浪花，雨自青青的田野一直落到山上。我们这些老友在一起，举着酒杯谈笑风生，国外某地却为了鸡虫之类的小事争权夺利，真是值得悲哀。不要感叹美好的年华容易消逝，离开三十年后我们又来到了赫曦台。

1955年6月，毛泽东回湖南长沙视察。长沙是他的第二故乡，这是他新中国成立后第一次回湖南，因而唤起他的回忆与豪情。6月20日，他在城南郊猴子石要下去游泳，其时正近端阳涨大水，周世钊说："现在湘江水涨，水又广又深，游泳也许不便。"毛泽东笑道："你不要说外行话。庄子不是说过：'水之积也不厚，则其负大舟也无力？'水越深，浮力越大，游起来当然要便利些。"遂从容下水。之后，在岳麓山下的牌楼口登岸。周世钊陪同他，登上岳麓山，游览了留有他青年时代足迹的爱晚亭、白鹤泉、云麓宫、望湘亭等处。他在云麓宫看壁间悬挂的诗词对联，问"西南云气来衡岳，日夜江声下洞庭"联语和"一雨悬江白，孤城隔岸青"的诗句如何不见了？有人告诉他岳麓山经日军战火摧残，还没有来得及完全修复。

周世钊写下《七律·从毛主席登岳麓山至云麓宫》。诗云："滚滚江声走白沙，飘飘旗影卷红霞。直登云麓三千丈，来看长沙百万家。故国几年空兕虎，东风遍地绿桑麻。南巡已见升平乐，何用书生颂物华。"他将此诗和其他几首诗词寄给毛泽东。10月4日，毛泽东复信，回赠《七律·和周世钊同志》，说："读大作各首甚有兴趣，奉和一律，尚祈指正。"

湖湘景物与湖湘文化多次成为毛泽东诗词中的意象，其中湘江简直可称毛泽东的一个难解的情结，最早也写得最细致生动的是《沁园春·长沙》，那篇词中也涉及游泳和同游的学友，时过三十年，毛泽东又与旧时学友之一的周世钊在湘江边聚会，周世钊已不能像年轻时一样到中流击水，毛泽东却还似旧时豪情，他竟在水势大涨时下去畅游，还轻描淡写地说是"暂徘徊"。

春江，毛泽东于1955年6月到湖南，20日（农历五月初一）下到江中游泳，这年5月6日即立夏，故本应是"夏江"，湘江涨得最厉害的时候是五月初五端阳节，称"端阳水"，按湖南的习惯，这时常常仍被称为春天。另外，毛泽东写春江，也是因为当时他感受到的是浓浓的春意，这既指大自然，也指新中国成立后带来的“春意”。“徘徊”本是陆地上的动作，毛泽东在此是写他从容地游泳，正如写此诗的次年所作的《水调歌头·游泳》中的“胜似闲庭信步”。“暂”是说这次游泳时间并不久，全诗也主要不是写游泳，毕竟还有周世钊等在岸，且又下起雨来，第二句就写到毛泽东离开湘江登上“层峰”，即爬岳麓山。

在水中，他视野受到阻碍（不是后来写的那样“极目楚天舒”），而上得山来，就站得高看得远。接着就写他在山上的所见：一是风，从橘子洲吹到江面，引起阵阵波浪；一是雨，从青色的田野一直落到山上，这是一场喜雨，毛泽东是带着喜悦的心情去描写的。这“喜”从何来？自然是建立新中国和打败美国的喜悦还在影响他的情绪，而最近则迎来全国合作化的高潮，所以他感到高兴。这四句都透露着毛泽东的这种喜悦。

第五句更直接点出一个“笑”字，这是一个自然而生的会心的笑。笑是承上而来，又因见到在湖南一师时最好的朋友，彼此一起谈论年轻时的往事，特别是他们当年的救国匡时之志，此时已经实现，所以两人不由举杯互相祝贺（尊即酒尊，亦即酒杯），开怀大笑。第六句忽然生出一个“哀”字，这当然已非毛泽东当年在一师时挽易昌陶的那种悲哀，而是带有可怜之意，可怜的对象是那些为一些鸡虫小事争执的人们。言外之意，也是告诫不要沉湎于一些鸡毛蒜皮的小事，而要去做大事，管大事。

“莫叹韶华容易逝”或是对周世钊而言，也许周刚刚与毛感叹过韶华易逝，所以要他莫叹，这是对老友的勉励。毛泽东的意思是，只要脚踏实地干出成绩，又何必在乎人生的老去，他表示三十年后还可到这儿来聚会（一解为从过去在此聚会到现在已三十年）。

此诗中有两个较难解的地方。一是“域外”句，域外指国外，也可指较远处；鸡虫，典出杜甫在公元 766 年冬写的一首七律《缚鸡行》：

小奴缚鸡向市卖，鸡被缚急相喧争。

家中厌鸡食虫蚁，不知鸡卖还遭烹。

鸡虫于人何厚薄，吾叱奴人解其缚。

鸡虫得失无了时，注目寒江倚山阁。

该诗是写主人讨厌鸡专门吃虫，为可怜虫子，准备把鸡卖掉，可是一想到鸡被卖又要被煮着吃掉，又可怜起鸡来，所以又把鸡放掉。这真是大可不必而又无聊的“可怜”，实在没有什么意义，杜甫为何要采写入诗，当然是出于讽刺。毛泽东借此比喻无谓的争执或没意义的小事。

赫曦台，是岳麓山上一个著名古迹，过去毛泽东与学友常在此聚会，今又在此聚会。此台名取自屈原《离骚》“陟升皇之赫戏兮，忽临睨夫旧乡”（东乡的太阳照得一片光明啊，我忽然向下看见了故乡），赫戏即赫曦，谓显赫光明，此台因而是一个吉祥的台。在此聚会，自然使人高兴。

北高峰

1955 年夏秋

三上北高峰，杭州一望空。
飞凤亭边树，桃花岭上风。
热来寻扇子，冷去对美人。
一片飘飖下，欢迎有晚鹰。

《五律·看山》

多次攀登这杭州西湖边的北高峰，今天又登上极顶。飞凤亭边，树木郁郁葱葱，桃花岭上，清风徐徐。天热了，这儿有一把硕大的扇子（峰），感到凉爽了，你面前又出现一位美人（峰）。忽而看见一片叶子从高空飘飘降下，却原来是一只雄鹰，在暮色中对我们表示欢迎。

1955 年，毛泽东领导新中国取得骄人的成绩。周恩来于 4 月 18 日至 24 日率中华人民共和国代表团出席在印度尼西亚万隆举行的亚非会议，史称万隆会议。周恩来宣布：“为了和缓台湾地区的紧张局势，中国政府愿意同美国政府坐下来谈判。”“但是任何谈判都丝毫不能影响中国人民行使自己的主权。”他代表中国提出和平共处五项外交原则，这成为国与国之间处理外交事务的基本准则，影响及于当今。7月，毛泽东作《关于农业合作化问题》的报告，把全国农村的社会主义合作化运动推向高潮，他还主持编辑《怎样办农业生产合作社》一书，10月，印发中共七届六中全会参阅，12月，他又重新编辑此书，调整篇目，并重写序言，定名为《中国农村的社会主义高潮》，次年元月正式出版。在编辑过程中，毛泽东心情舒畅。10月11日，他在七届六中全会上说：“我用十一天工夫，看了一百二十几篇报告，包括改文章写按语在内，我就‘周游列国’，比孔夫子走得宽，云南、新疆一概‘走’到了。”

正是怀着这种充实、愉快的心情，毛泽东在夏秋之交来到杭州，视察之余游览诸山。

1993年12月30日，孙东升在《光明日报》上载文《毛泽东在杭州登山赋诗——读新发表的毛泽东〈诗四首〉》，说：

1955年夏秋之交，毛泽东来到杭州工作、休养，当时他62岁，已是花甲老人了，医生根据他的年龄和身体状况，提出要他多安排一些游泳、爬山、跳舞等活动，以增加运动量，达到健身的目的。游泳是毛泽东一生的爱好，在杭州时，游钱塘江便成了他主要的户外活动。除此之外，他还多次登临西湖附近名山，一览西湖美景，并留下数首即兴之作。

林克回忆：“毛泽东在杭州休息时，游兴很高，接连攀登了南高峰、北高峰、玉皇山、莫干山等处。在攀登过程中，他常要停下来略作歇息，这时往往坐下来学习英语。在多次攀登北高峰之后，他曾诵诗一首……”

这是一首纯粹的闲适诗，即没有“言志”的诗，这与毛诗言志的主流风格大异其趣，却又是一首颇能给人美感的诗。同样的写山，在《十六字令》中是那样的峭拔险峻，而且也大有寓意，而这儿却是如此的惬意悠闲！当然，杭州的山，本不是给人们去征服的，而是给人们去欣赏的，所以有那么一串串动人的名字：扇子、美人、桃花岭……同样写鹰，《沁园春·长沙》中，是那样的雄壮有力，而这里却如此的善解人意，它会展开双翅迎接诗人！

毛泽东一生多次到杭州，据统计，他共到这个天堂般的地方达四十多次，住过八百多个日日夜夜。

也许，新中国成立初，他到杭州，还怀有一种战胜者的心态，因为他的对手蒋介石故乡就在浙江，蒋一生也迷恋这个美丽的地方，杭州如今真正成为人民的杭州！更多的当然是一种劳顿后的休憩，不过，毛泽东到这儿来得如此之勤，却又非同寻常。

无论哪样的日理万机，到这儿的人们大约都免不了完全放松，因为这里确实太美！

自古写杭州的诗文浩如烟海，无非都是赞誉其美丽，毛泽东独辟蹊径，写他登北高峰的感受。其实，北高峰并不是很特别（笔者曾登过此峰），它甚至还没有毛泽东故乡韶峰那样险峻或者长沙岳麓山那样有名气，毛泽东却多次登临，这当然完全是为的锻炼与休息，也就使毛泽东的保健医生感到高兴。

大约毛泽东每次上此山，心情都不错，在他笔下，杭州风光尽收眼底。所谓“空”，并非什么都没有，恰恰相反，是什么都到眼中的意思，当然，这个“空”也含有“空灵”之意，是写诗，也有所指。实者，在山顶上，天是那么高旷，碧空如洗，心中似乎变得纤尘不染！有所指者，北高峰脚下就是著名的灵隐寺，在这山上似乎更能体味佛学中的空灵意味。关于这一点，是笔者的发挥，不足多论。毕竟此诗是纯的闲适。

以下，毛泽东以他惯用的跳跃式（电影中被称为蒙太奇）句子，推出一组佳景：飞凤亭、树；桃花岭，风；扇子山，热；美人峰，冷。虽无特别深意，这一景一物，也无非是寄托作者的喜爱之情的。

最后两句状雄鹰，也是用的闲笔。的确，鹰，你可以看到它飞得极高而又时常独立危崖的勇武和捕捉猎物时的威猛，也可看到它在完成它的某一次大行动后，自由地无拘无束地在空中滑翔的悠闲（鹰是善于滑翔的高手）。我们想一想诗人自己，他就具有鹰的双种“人格”特征，他此时在杭州，登北高峰，就处于这样一种状态……

峰峦入莽苍

1955年夏秋

翻身复进七人房，回首峰峦入莽苍。
四十八盘才走过，风驰又已过钱塘。

《七绝·莫干山》

一转身，我走进能坐七个人的小车，依依不舍地回头看去，见一座座山峦，融入莽莽苍苍之中。刚刚走过曲折盘桓的莫干山，像风一样飞快地奔驶，一下子又到了钱塘江畔。

莫干山位于浙江德清县西北处，为天目山的分支。相传春秋末期，吴国干将莫邪夫妇，为吴王阖闾所召，在此铸剑，故名。山周长百里，主峰塔山海拔719米，多修竹、清泉，云雾缭绕，为浙北避暑胜地。孙东升文说："1955年毛泽东来杭州时，经常乘车攀登此山。"作者手稿第一、二句有的作"翻身跃入（或复入）七人房，回首烟云是上苍"。林克回忆，在攀登莫干山时，他口诵《看山》诗一首：翻身跃入七人房……

此为 1955 年毛泽东在浙江写的闲适组诗（三首）之一。纯粹写景，与古代山水诗相近，只是他的交通工具是汽车，而不是马或船。毛泽东深通诗歌创作规律，懂得诗要形象说话，而在现代，新旧交替，许多新的名词出现，如果要用旧的诗歌形式，最好避免用新名词，否则会不伦不类，比如，若将汽车直接写入，则是：“翻身复又进汽车”。既生硬又无味，毛泽东却用“七人房”，于形象中含有诙谐。这是他的创造！

第二句是写实，生动而贴切，也是老的意境，随着车愈行愈快，群山急速向后退去，而渐渐只剩轮廓，乃至不能见，故说“入莽苍”。这里讲的山，是毛泽东回首所见的山，也就是刚刚游过的莫干山，因为毛泽东曾经走进去，所以有了感情，才会频频回首，至于没有去过的山，就无这份感情了。

接着，毛泽东便更具体一些描绘此山，用“四十八盘”形容山路之弯曲，也就是写山之险峻，这与杭州的北高峰大不相同，只是作者这次写山不是静静地细细观赏，而是在动态中观赏，所以是粗线条的。

最后一句记行程，用“风驰”写车行之快。

总的看来，此诗反映的是毛泽东的一种舒坦、开阔、明朗的心境。陈晋说：“仿佛一道透明素丽的光，在空中划过时甩下一弯疾速的弧线，留下闲适中的畅快和愉悦，那是他难得的瞬间感受。”

五云山

1955 年夏秋

五云山上五云飞，远接群峰近拂堤。
若问杭州何处好，此中听得野莺啼。

《七绝·五云山》

五云山上五彩云飘飞，远的地方与群山相接，近的却像轻轻抚摸着柳堤。如果要问杭州什么地方最美妙，那就是这里，你听，野生的黄鹂鸟在动听地歌唱。

孙东升文说：“此诗写于 1955 年，当与《五律·看山》写于同时。”

此诗非常接近古代咏西湖或写景诗句的写法。与同一时期在杭州写的前两首诗相比，此诗更无特殊意味可言，是纯的写景。五云山在西湖一侧，近钱塘江，相传曾有五彩云绕山不去，故名。头句即言此。这是传说，毛泽东却把它当实景写，这当然是寄托作者的想象，仿佛此山间真有五色云，这便成一个仙境。试比较一下《七律·答友人》中的“九嶷山上白云飞，帝子乘风下翠微”，同样是写云绕山而不散，但那里的云是单一的白色，因为娥皇、女英的故事毕竟是凄凉的，只是那首诗后面也用了多种颜色：“红霞万朵百重衣。”

第二句更细致地写五云山，一是远景，接群峰，是浙东山脉的一部分，这就有了整体美；二是近景，与西湖融为一体——近拂堤，一个“拂”字，写出山水相依的温柔，这是此诗中用得最好的一个动词。

第三、四句妙在一问一答，却“答非所问”。问杭州何处好却说听野莺啼。大约，好的地方太多了，毛泽东却唯独喜欢听野莺啼。于是他从无声的景物写到有声的动物。这虽是一首写景小诗，却从多角度写得摇曳生姿。

楚天舒

1956年6月

才饮长沙水，又食武昌鱼。万里长江横渡，
极目楚天舒。不管风吹浪打，胜似闲庭信步，
今日得宽余。子在川上曰：逝者如斯夫！
风樯动，龟蛇静，起宏图。一桥飞架南北，
天堑变通途。更立西江石壁，截断巫山云雨，
高峡出平湖。神女应无恙，当惊世界殊。

《水调歌头·游泳》

刚刚喝过长沙的水，现在又吃到武昌的鱼。下到万里的长江中劈波斩浪，躺在水面，放眼看，楚地的天空格外开阔。哪里去管他风吹浪打，就像在家里的庭院悠闲地随意散步，今天我得到了最大的舒适与畅快。不由想起孔子在长江边讲过的名言：逝去的时光就如这滚滚长江水！

风鼓动着白帆，龟山和蛇山都静静地立着，宏伟的蓝图已在规划。一座大桥飞架，把南北沟通，天然的险阻顿时成为通途。还要在西边江上建一堵石壁，把那巫山的云和雨截断，高高的三峡，将出现一个平坦的湖泊。那神女应该还好吧！她也会惊叹当

今世界与从前大不相同。

1956年5月，毛泽东南巡，住在广州的一个小岛上。他喜欢长江，把长江比作“天然的最好的游泳池。”他要去长江游泳，此前他在不少江河湖海中游泳过，就是还未去过长江。5月30日，他从广州飞到长沙，当天上午畅游湘江，算是准备活动。5月31日，飞到武昌。这回他三次游长江。6月1日，晴空万里，中午时分，毛泽东从武昌岸边长江大桥8号桥墩附近下水，游到汉口湛家矶江面登船，历时两小时零四分，全程近14公里。6月3日，下午2时许，毛泽东再次畅游长江。为了考察建设中的武汉长江大桥，他从汉阳鹦鹉洲附近下水，穿过桥墩，游到武昌八大家江面上船，共回游14公里，历时两小时。6月4日，他执意不游东湖，第三次畅游长江，仍从汉阳回游到武昌。

就在畅游长江期间，毛泽东豪情激荡，写下《水调歌头·游泳》。同年12月，他高兴地把这首词分别抄赠周世钊和黄炎培，并谦虚地说：“录陈审正。”

毛泽东一生酷爱游泳，从小时候家门前小池塘的“洗冷水澡”，到湘江的“中流击水，浪遏飞舟”，再到“大雨落幽燕，白浪滔天”的北戴河，中国的大江大河大海都留下了他矫健的身影。

此词既“闲”又不“闲”。闲者，他的心情是舒适的，没有任何压力，在水面上得到充分的放松。事实上，游泳是毛泽东最喜欢也最有效的休闲方式，他像自由自在的长鲸，又似水中蛟龙，在那里，什么都可以想，什么都可以不想，尽情地享受水的温柔，水的柔情，与水融为一体。他甚至能摆出各种各样的姿态，包括坐凳子、立正、稍息和睡觉。这当然只有游泳高手才能做到，更只有不怕死，不怕风浪的人才能做到。相比之下，在江上的游泳比在大海上的游泳又更悠闲。在大海，更多的是一种搏击、抗争，而江上，特别是风浪不大时，休闲的味道更足。

同时，在长江水里的毛泽东又是不“闲”的。他的手脚要动，自不必说，更主要的是，他的思绪飞到了很远，到了几千年之外，他想到了孔子和孔子的关于时光如流水的名言，他又飞到了百里千里之外的三峡，他在勾画“出平湖”的蓝图——那是中国人做了许久许久的梦，要把长江截断，解决发电问题，解决中下游水灾问题。他还想到了神女峰的传说，推想神女也会感叹当世的剧变。他在水里哪里有“闲”。这是“闲”与“不闲”的辩证法。闲中有不闲，不闲中有闲。而不闲又需要闲来调节，闲中又能使思想得到极大的开阔、拓展。这不仅是养生的法则，更是生活的法则。

水调歌头，为词牌名，水调本为一曲子，歌头是曲子的开头部分。首句如实道来，离开长沙，来到武汉。其中长沙水，作者自注“民谣：常德德山山有德，长沙沙水水无沙。所谓长沙水，地在长沙城东，有一个有名的‘白沙井’”。“武昌鱼”，指古武昌樊口的鳊鱼。三国时有民谣：“宁饮建业水，不食武昌鱼。”很显然，毛泽东化用了这句民谣。诗人在搏浪时，心情是愉悦的。“极目楚天舒”， 舒，有舒心、开阔的意思，把诗人的心情形容得恰到好处。楚天，武昌一带在春秋战国时属楚国的范围，所以把这一带的天空叫楚天。放眼望去，视野开阔，心情舒坦。

“不管风吹浪打，胜似闲庭信步，今日得宽余”，这一句既是写实，又是比喻。作者在长江搏浪时，是那么从容不迫和洒脱自在。那份征服自然的快感和惬意，溢于言表。早在青少年时期，毛泽东就曾写下“与天奋斗，其乐无穷！与地奋斗，其乐无穷！

与人奋斗，其乐无穷！”的豪言壮语。“今日得宽余”，抒发了作者与风浪搏斗的豪情和斗志。“子在川上曰：逝者如斯夫！”作者为何在此处要借用孔子的话？难道是感叹时间过得太快？不，当然不是。作者是想通过这句话赞美今日中国的变化，并以此激励人民争分夺秒地建设自己的国家。另外，把它作为上片的结束语，起承上启下的过渡作用。

下片描写改造长江的宏伟蓝图。第一句中“风樯”指挂帆顺风行驶的船只；“龟蛇”指武昌的蛇山与汉阳的龟山。这句采用“兴”的写法。何谓“兴”？毛泽东在致陈毅的信中曾引用朱熹的阐述“兴者，先言他物以引起所咏之词也”，此句为宏伟的蓝图铺垫。“一桥飞架南北，天堑变通途”，这里的“一桥”即当时正在修建的武汉大桥，“飞”字用得绝妙，化静为动，桥变得灵气飞动，当然，桥的背后是人，也体现了建设速度的快。“天堑”指天然的险阻，古人把长江视为“天堑”。当武汉长江大桥建成后，天险便没有了，成为畅通无阻的大道。

“更立西江石壁，截断巫山云雨，高峡出平湖。”诗人继续拓展，层层递进，构想了对三峡工程的计划。末句“神女应无恙，当惊世界殊”，“无恙”为健康无病的意思。此处作者借用神女的惊叹来反映变化的翻天覆地。

上片主要实写与万里长江的较量，即游泳时的感受，抒发与自然搏斗的豪情，下片则由大江东去，日夜奔流，联想到社会主义建设事业和世界的变化。

杨柳

1957年5月11日

> 我失骄杨君失柳，杨柳轻飏直上重霄九。
> 问讯吴刚何所有，吴刚捧出桂花酒。
> 寂寞嫦娥舒广袖，万里长空且为忠魂舞。
> 忽报人间曾伏虎，泪飞顿作倾盆雨。
>
> 《蝶恋花·答李淑一》

我失去了引以为骄傲的杨开慧，你失去了你的丈夫柳直荀，两位烈士的忠魂，轻轻地上扬，直飞到九霄云天。他们问月亮上的吴刚有什么招待，吴刚捧出了桂花酒。

寂寞千年的嫦娥舒展她的霓裳长袖，在万里蓝空上翩翩起舞。忽然从人间传报：已捉住了为害百姓的“老虎”，他们听见这个消息，喜悦的泪水长流，顿时化成倾盆大雨。

李淑一与杨开慧是读中学时的同学和好友，她对毛、杨从恋爱到结婚这段浪漫史相当熟悉，她的丈夫柳直荀则是毛泽东的战友。李淑一与毛泽东在20世纪20年代就很熟识，后来失去联系。

1950 年 1 月 17 日，她给毛泽东寄去一封信，把杨开慧牺牲的情景及自己的近况告诉他。4 月 18 日，毛泽东回信，深情地说："直荀牺牲，抚孤成立，艰苦备尝，极为佩慰。"勉励李淑一在工作之余学习马列著作，又问候柳直荀的父亲柳午亭先生和李淑一的父亲李肖聃先生。

柳直荀（1898—1932），湖南长沙人，1924 年加入中国共产党，1926 年任湖南省政府委员、湖南省农民协会秘书长，1930 年到湘赣西工作，曾任红军二军团、三军政治部主任，1932 年 9 月在湖北洪湖战役中牺牲。

1957 年 1 月，《诗刊》创刊号首次发表毛泽东诗词十八首，李淑一读后想起毛泽东曾写过一首《虞美人》赠杨开慧，2 月 7 日，她写信给毛泽东。李淑一谈及自己阅读毛泽东诗词的感想外，还附上她 1933 年写的悼念丈夫柳直荀的词《菩萨蛮·惊梦》，说："1933 年夏，道路传言直荀牺牲，我结想成梦，大哭而醒，和泪填《菩萨蛮》一首。"其词如下：

兰闺索寞翻身早，夜来触动离愁了。底事太难堪，惊侬晓梦残！征人何处觅？六载无消息。醒忆别伊时，满衫清泪滋。

她请毛泽东把过去书赠杨开慧的《虞美人》词抄赠给她。5 月 11 日，毛泽东复信李淑一：

大作读毕，感慨系之。开慧所述那一首不好，不要写了罢。有《游仙》一首为赠。

毛泽东又拜托李淑一："到板仓代我看一看开慧的墓。此外，你如去看直荀的墓的时候，请为我代致悼意。"信中所说的《游仙》一首，就是《蝶恋花》一词。李淑一当时正在长沙市第十中学执教，在此实习的湖南师院中文系三年级的学生读到了这首词，立即写信给毛泽东，请求在他们的刊物上发表。这年11月底，毛泽东复信：

来信收到，迟复为歉！《蝶恋花》一词，可以在你们的刊物上发表。《游仙》改《赠李淑一》。祝你们好！

1958年1月1日，《湖南师院》院刊最先发表了这首词，这是毛泽东诗词中，唯一首先在地方刊物上发表的词。之后《人民日报》《诗刊》等报刊也纷纷转载。

一次，毛泽东的次子毛岸青和儿媳邵华请父亲书赠此词，毛泽东挥毫写下，但把第一句写为“我失杨花君失柳”，邵华唯恐有误，提醒：“不是‘骄杨’吗？”毛泽东深思着，说：“称杨花也很贴切。”

毛泽东之所以把杨开慧比作骄杨，不只是因为其中含有夫人的姓氏，更是赞美她在革命的惊涛骇浪中坚贞不屈的精神。“骄”字可理解为矫健、傲然，同时也蕴含了引以为荣的意思。

1963年，当章士钊先生问毛泽东诗中“骄杨”作何解释时，毛泽东答道：“女子为革命丧其元（首），焉得不骄？”

“杨柳轻飏直上重霄九”，纷纷扬扬的杨花、柳絮在风的呼唤中，直上云霄。实际上暗寓烈士的忠魂在随风飞上天去。中国传统文化中，烈士、英雄、好人死后是要上天堂的，他们的灵魂永远不死，而恶人、坏人则要下地狱。这里就是讲杨、柳两位为人民而死的人，他们的灵魂在飘飘升上天去。

“重霄九”指九重天，我国古代神话中常说天有九重，这里指天的最高处。句中“杨柳”为双关语，看似写景，其实指杨开慧与柳直荀两位烈士。所以这句可理解为：他们的灵魂飞上天的最高处。作者非常巧妙地把烈士的名字与杨柳重叠在一起，喻意中不乏美感，同时也是两个寄托了诗人美好心愿的意象。

“问讯吴刚何所有，吴刚捧出桂花酒”，吴刚是神话中的人物，唐代段成式《酉阳杂俎》中有一段神话故事，说吴刚修仙时犯了过失，被罚在月宫砍五百丈的桂树，树随砍随合，他只好不停地砍下去。“桂花酒”又称“桂酒”，是仙人的一种饮料。当两人升上天后，来到月宫打听，月宫中的吴刚热情洋溢地接待了这两位英雄，并捧出桂花酒盛情款待。连月宫中的仙人都如此敬重，可见其崇高的地位。作者在此处引入神话意境，为的是表达他和千千万万中国人民对革命先烈的深深敬意和无限怀念。

下片“寂寞嫦娥舒广袖，万里长空且为忠魂舞”，再次引入神话人物嫦娥，浓郁的浪漫主义诗风迎面扑来。传说嫦娥是月亮里的女仙，因为偷吃了不死之药而飞入月中。所以毛泽东选用“寂寞”二字来作嫦娥的定语，流露出嫦娥在孤寂生活中的悔意。极其寂寞的嫦娥见到两位烈士，喜出望外，她展开宽大的长袖，在广袤无垠的天空中翩翩起舞，她之所以会如此热情，是因为英烈的精神感染了她。作者在此处展开丰富的联想，使全词更加生动、耐读。

“忽报人间曾伏虎，泪飞顿作倾盆雨”，当两位烈士听到中国大地已经把害人的虎捉拿，革命取得了胜利，他们落下了激动而幸福的眼泪。是的，他们的血没有白流，他们终于看到了中国初升的太阳，他们的精神与日月同辉，与山河同在！毛泽东通过想象两位烈士的喜极至泣，来劝慰李淑一，同时也是自我安慰。

有人说：丰富的想象是创新的翅膀。运用新颖而奇特的想象，正是本词的一大亮点。

春风

1958年7月1日

读六月三十日《人民日报》，余江县消灭了血吸虫。浮想联翩，夜不能寐。微风拂煦，旭日临窗。遥望南天，欣然命笔。

其一

绿水青山枉自多，华佗无奈小虫何！
千村薜苈人遗矢，万户萧疏鬼唱歌。
坐地日行八万里，巡天遥看一千河。
牛郎欲问瘟神事，一样悲欢逐逝波。

其二

春风杨柳万千条，六亿神州尽舜尧。
红雨随心翻作浪，青山着意化为桥。
天连五岭银锄落，地动三河铁臂摇。
借问瘟君欲何往，纸船明烛照天烧。

《七律二首·送瘟神》

这多么碧绿的水、青青的山，徒然存在没有什么用处！即算是华佗那样的神医再世，也对这小小的病虫无可奈何！无数的村庄生满杂草，人们胀着个大肚子忍受不了腹泻的折磨，无数的户头空空，只有鬼在唱歌。坐在这地球上，每天我们在宇宙间航行八万里，在天上巡游，远远地看到万千的银河。自古以来如此，没有变化，牛郎如果要问关于血吸虫这个瘟神的事情，他也一样会悲伤，但也只能听任这个顽症去追逐那流逝的水波。

春风吹来了，杨柳荡起千万根柔丝，六亿人民欢腾了，神州大地到处是尧舜时代那样美好的气象。桃花雨按着人们的心思翻腾起浪，青山也善解人意地变成了桥梁。蓝天与五岭相连，银光闪闪的锄头落下去，大地震动了，黄河、淮河、长江间工程机械的铁臂在摇动。请问瘟君要到哪里去？我点起通明的蜡烛烧掉纸船，送你上天宫！

血吸虫，寄生在人体或家畜静脉系统的一种病虫，虫卵随粪便排出，入水后孵化为毛蚴，进入钉螺体内发育为尾蚴。在血吸虫疫区，人们在有钉螺的水中劳动，尾蚴钻入皮肤，引起血吸虫病，使人丧失劳动力，重者危及生命。

此病自古就是严重危害我国人民身体健康的一个瘟疫，但从未得到认真防治。在南方 12 个省、市的 350 个县流行，患者达 1000 多万人。重疫区为江西省余江县。余江县蓝田坂方圆 50 里受血吸虫的危害，在近五十年内，有 3000 多人因患血吸虫病致废，有 20 多个村庄完全毁灭，有 14000 多亩田变成了荒野，剩下的人也大多挺着大肚子，面黄肌瘦，能吃而不能劳动（据 1958 年 6 月 30 日《人民日报》特写）。他们形容自己的劳动情况是：

一个锄头两斤铁，拿到手里就想歇；

下田扶根棍，不到田头便想困。

形容农田的产量是：

蓝田坂的禾，亩田割一箩。

高兴两人抬，不高兴一人驮。

新中国成立后，党和政府十分重视血吸虫病的防治，派出大批医生到疫区免费为患者治疗。毛泽东向全国人民发出“一定要消灭血吸虫病”的号召。他视察疫区，指示“卫生部要把消灭血吸虫病作为当前的防治任务”。1956 年 2 月 27 日，又在最高国务会议上指示：“全党动员，全民动员，消灭血吸虫病。”

中共中央成立了防治血吸虫病的九人领导小组，防治工作取得显著成效。仅 1958 年的头五个月，全国就治疗了 91 万病人，灭钉螺十五亿平方米，江西余江县彻底消灭了血吸虫病。1958 年 6 月 30 日《人民日报》刊载了《第一面红旗——记江西余江县根本消灭血吸虫病的经过》的通讯，同时还发表《反复斗争，消灭血吸虫病》的社论。这时，毛泽东正在杭州，他读后浮想联翩，夜不能寐，写下这两首诗。

毛泽东用诗笔给我们浓墨重彩勾划出两幅互为对照的画面，一新一旧，一悲一欢。这虽是两首七律，实为一个整体，就像一帧双面绣品，又像一部电影的两个镜头。

绿水青山，本是无限美好的，毛泽东笔下曾有过那么多对山水的动人描绘。然而，在这里，在第一首诗中，却看不到美感，相反，山水是白白地存在没有什么用处，为什么？只因为有一个“瘟神”在作怪，面对血吸虫病，华佗那样的神医也无可奈何。这又是为什么？对照一下第二首诗，我们知道，在只为少数人服务的旧时代，是不可能根治这种“瘟神”的，只有新制度建立后，才能消灭一切牛鬼蛇神。此诗中没有明说这层意思，需要读者细心体会。

那么，在旧制度下，为血吸虫肆虐的疫区是一番何等景象？那是千家万户，到处杂草丛生，人烟萧条，只有鬼在唱歌，少数幸存的人也在挺着大肚子拉屎，这是何等地凄凉，使我们不由想起曹操的诗：

白骨露于野，千里无鸡鸣。

遗屎，这个最难堪的字眼，毛泽东实在不想说，却又是血吸虫病区人们最典型的表现，所以毛泽东不能不说，便把“屎”通假为“矢”。

到第五、六句，诗人忽然宕开去，不仔细想，真有点摸不着头脑：怎么一下子写到宇宙中去了？血吸虫与“坐地日行八万里，巡天遥看一千河”有何干系？这就是诗，有跳跃性，不直说，用象征、暗寓，不然何称高手（用词上有一个小瑕，就是同一诗中用了两个“千”字，这是毛诗中多有的现象）！这两句揭示地球和宇宙运行的规律，也在告诉人们，在社会制度不改变的情况下，血吸虫病就像宇宙运行一样，将不会有什么改变，或者说它将随着地球运行而永远持续下去。艺术上，这两句诗极有魅力：对偶工整，特别是给我们描绘出一幅壮美的宇宙巡行图，如果离开这首诗，它是可以单独成警句的，这不是我们人类几千年来遨游太空的梦想吧！（2003 年 10 月，杨利伟代表中国人民第一次乘坐神舟五号宇宙飞船实现了这一梦想 。）当然在血吸虫病都无法治疗的时代，那是根本不可能的。

最后两句，回到“瘟神”这件事上来：如果牛郎要过问，他也会悲伤。这是全诗的总括，也是对那个不顾民生疾苦的世道的鞭挞。从艺术表现上说，是把悲剧推到了最高潮。

第二首描绘的是一幅崭新的画面：春风吹，预示着美好、温暖的季节来到，你看那杨柳荡漾着柔软的身姿！这是何等地让人沉醉！这是西湖美景？这是江南美景？不，这是全中国的美景。解放区的天是明亮的天，新中国的天是人民当家作主的天！传说远古尧舜时代，是一个最圣明的时代，人民生活安康，韶乐声声。那么，现在就是这样一个时代，六亿人民就生活在这个时代里。毛泽东当然不是自诩明主，而是讴歌共产党领导的这个新时代。的确，没有共产党，就没有新中国，没有毛泽东，我们还会在黑暗中摸索更长久。

紧接着是毛泽东为我们描绘的欢乐而美丽的景象：红雨和青山，都随着人们的心意转移，大自然对人类“曲意奉承”，正是高山也要低头，河水也要让路，人民在推翻三座政治上的大山之压迫后，开始吹响向大自然进军的号角。红雨和青山句，表面上是写春天桃花盛开，花落随水漂流，群山返青，一片葱郁，这是江南最常见也最动人的春景，也是毛泽东青少年时代常常感受到的故乡自然之景。但此处，毛泽东是借自然的变化来暗示社会的变化，即以自然的春天指代社会的春天的到来。而我们从第五六句又可以看出，毛泽东并不认为中国人民的命运仅仅掌握在某一个圣明的领导者手里，而是掌握在他们自己手里，只有充分解放他们的自由，他们自己才会掌握自己的命运，这就是毛泽东的历史观，而这两句向我们描绘的就是20世纪50年代末中国人民战天斗地，掀起社会主义建设新局面的动人场景。“天连”“地动”是纵写空间，“五岭”“三河”，是横写平面，“银锄”“铁臂”，把平面与空间联接起来，都是说的改造大自然，其力度大，范围广。

一直到这里，毛泽东似乎都游离这组诗要咏叹的主题：送瘟神。其实不然。表面没有再写瘟神，实际就是在写“送”，送当然不只是能简单地解决医术问题,更是一个综合的社会系统工程。毛泽东抓住了问题的实质，以此来写诗，也就既形象又深刻！

最后他终于落笔于此：在这样正气升，景象新，人们迸发无穷力量的情况下，你血吸虫还有立足之地吗？那只有赶快滚蛋。毛泽东当然没有这么骂，相反他还风趣而“恭敬地”地称其为“瘟君”，要用“隆重”的仪式（其实是过去人们常用而无效的方式）送它上天去。

最后两句极见毛泽东的艺术才情，一是善于用幽默与讽刺（黑色幽默），二是灵活地把过去驱邪点明烛烧纸船的迷信仪式化而为诗，造成一个蕴藏欢乐与戏谑的诗景（这个情景在过去却是悲怆与无可奈何的），可谓反其意而用之。

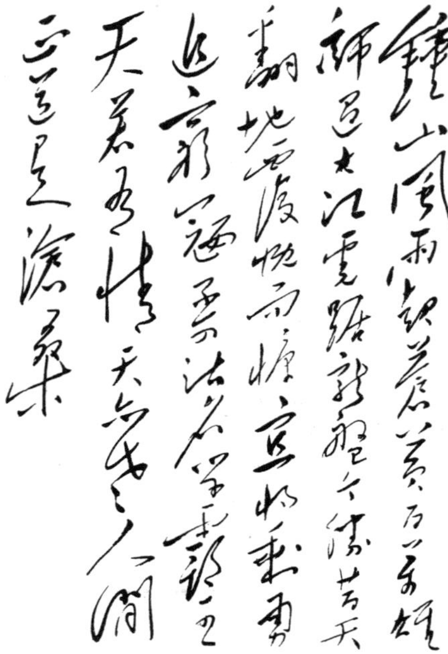
钟山风雨起苍黄，百万雄师过大江。
虎踞龙盘今胜昔，天翻地覆慨而慷。
宜将剩勇追穷寇，不可沽名学霸王。
天若有情天亦老，人间正道是沧桑。

| 《七律・人民解放军占领南京》

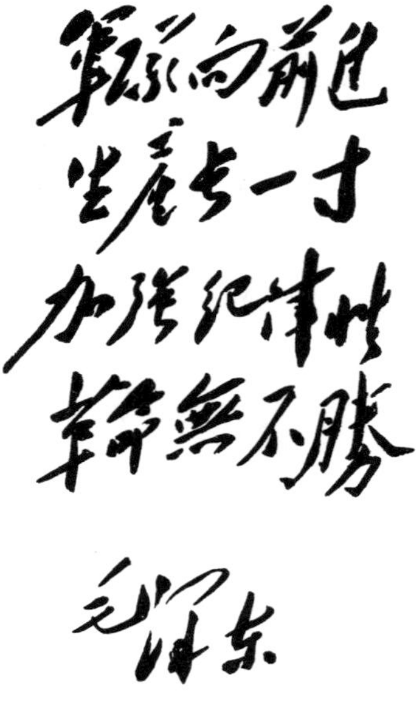
军队向前进
生产长一寸
加强纪律性
革命无不胜
毛泽东

| 1948 年 11 月在西柏坡题写手迹

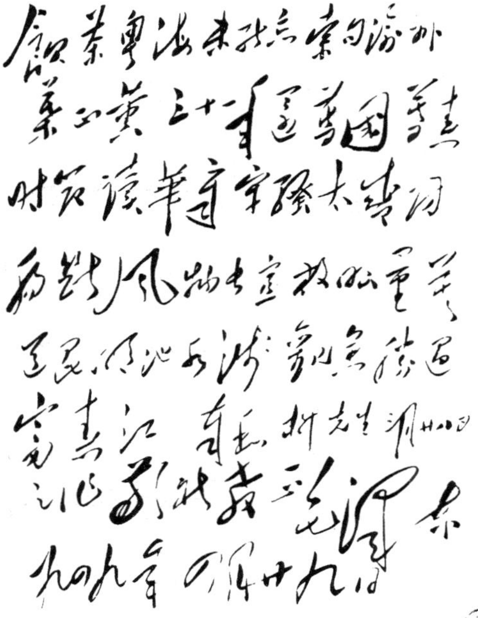

《七律·和柳亚子先生》

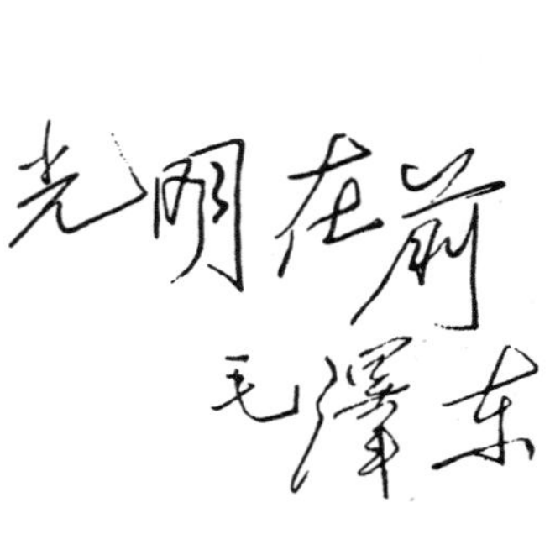

毛泽东在转战陕北途中的题词

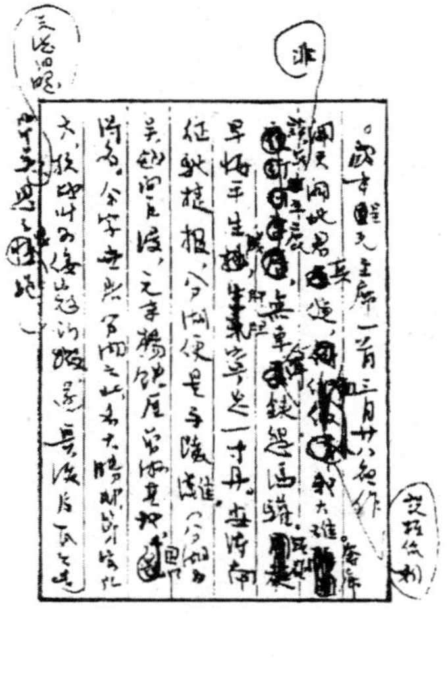

柳亚子手迹

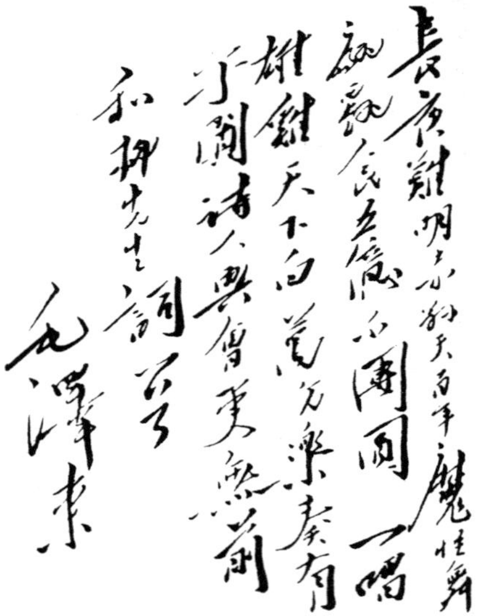

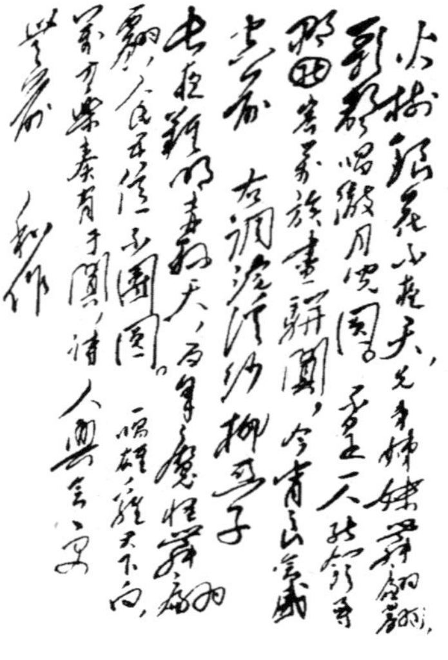

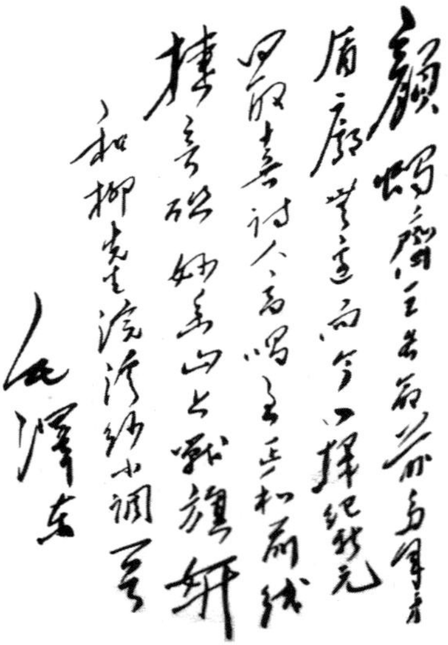

|《浣溪沙·和柳亚子先生》“一唱雄鸡天下白”-1（左上）

|《浣溪沙·和柳亚子先生》“一唱雄鸡天下白”-2（左下）

|《浣溪沙·和柳亚子先生》“战旗妍”（右下）

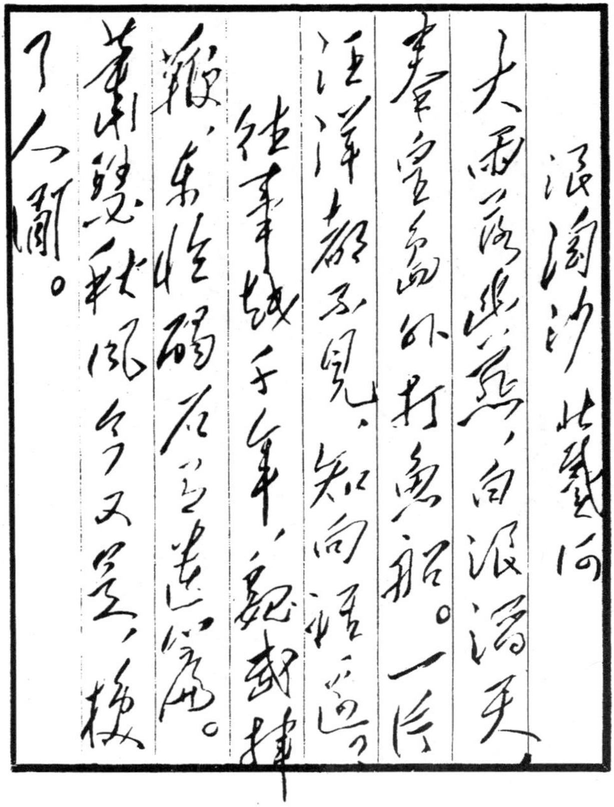

浪淘沙 北戴河

大雨落幽燕，白浪滔天，秦皇岛外打鱼船。一片汪洋都不见，知向谁边？往事越千年，魏武挥鞭，东临碣石有遗篇。萧瑟秋风今又是，换了人间。

|《浪淘沙·北戴河》

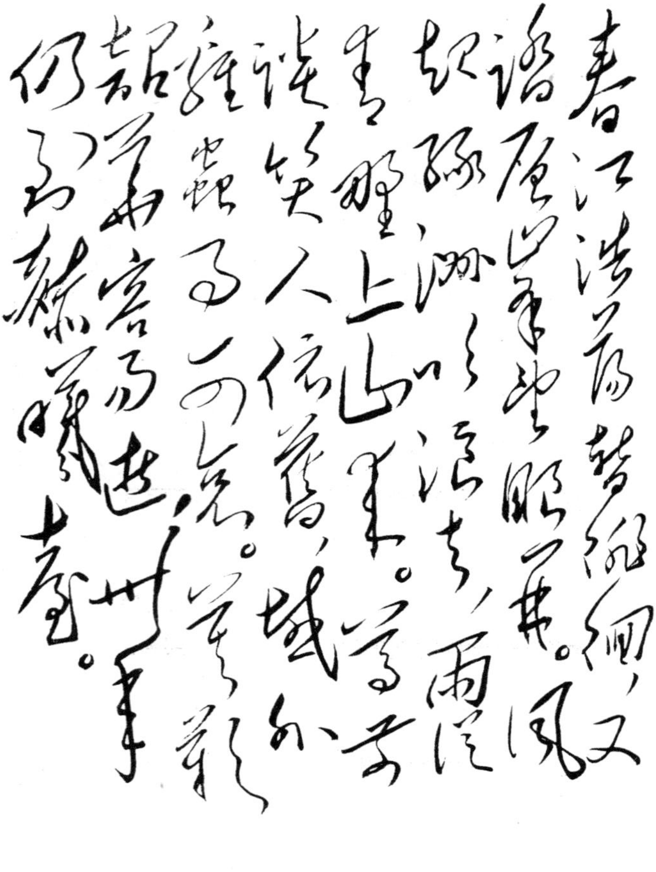

｜《七律·和周世钊同志》

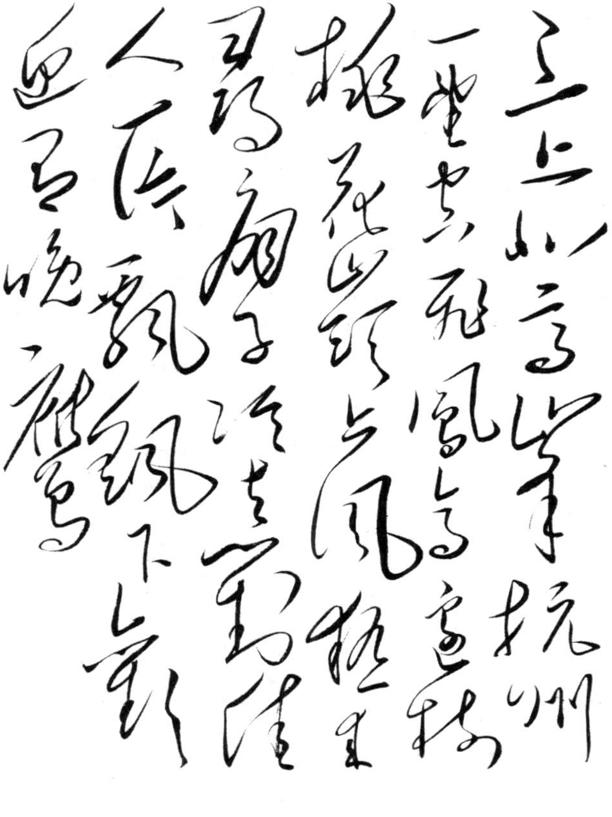

|《五律·看山》

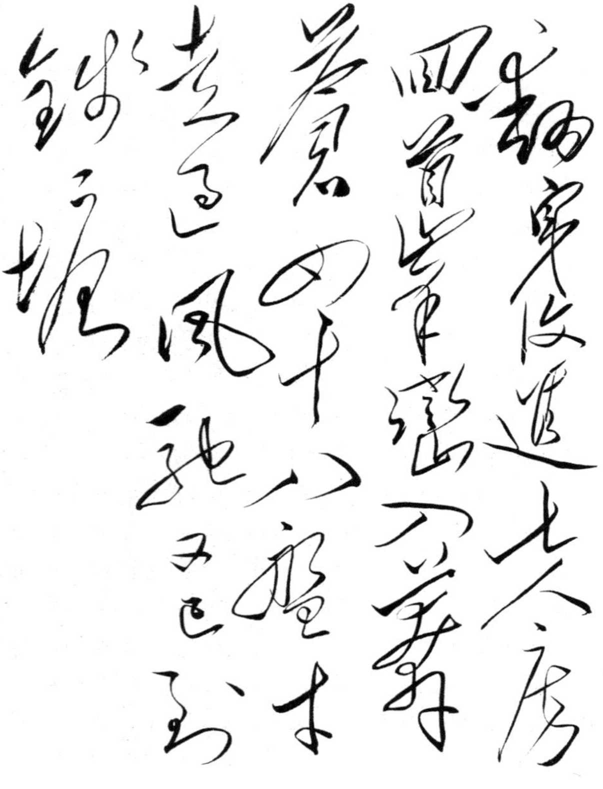

|《七绝·莫干山》

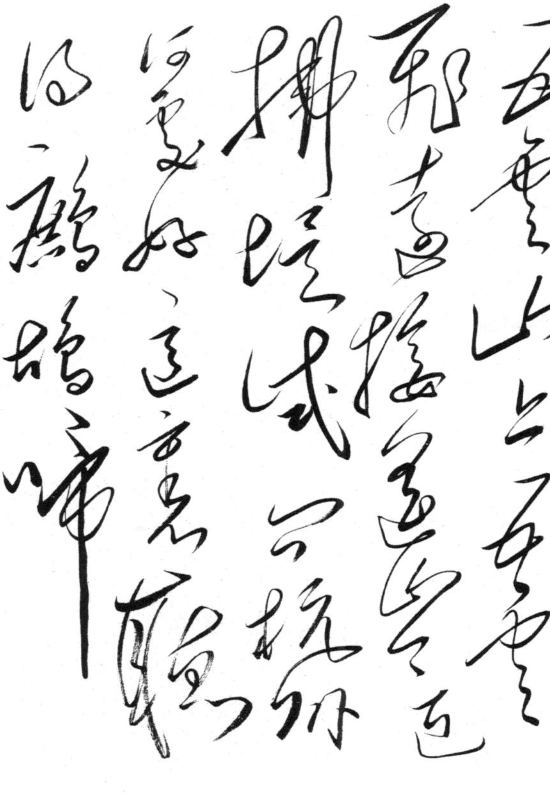

|《七绝·五云山》

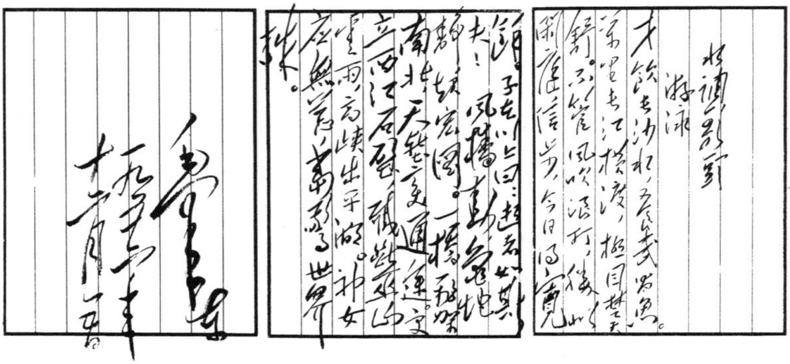

《水调歌头·游泳》

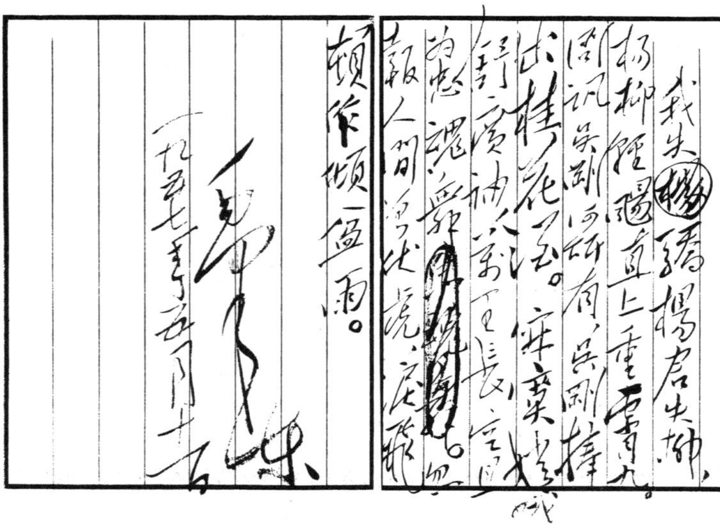

《蝶恋花·答李淑一》

第六章

不老风景线

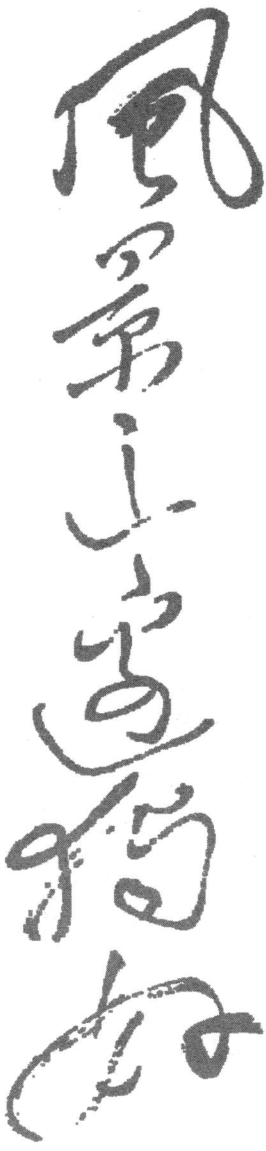

悲

1958年12月21日

人类今娴上太空，但悲不见五洲同。
愚公尽扫餮蚊日，公祭毋忘告马翁。

《七绝·仿陆放翁》

人类现在已经能够上太空遨游了，可是我悲哀的是世界还没有实现大同。等到我们发扬愚公精神，扫尽一切害人虫的那天，在公祭的时候，不要忘记把这件喜事告诉马克思。

此诗最早见张贻久《毛泽东评点圈阅的中国古典诗词》（中国工人出版社1992年5月版）。1958年12月21日，毛泽东为文物出版社出版大字本《毛主席诗词十九首》上为自己的部分诗词作批注，在题记中说：

鲁迅一九二七年在广州，修改他的《古小说钩沉》，后记中说道："于时云海沉沉，星月澄照，餮蚊遥叹，予在广州。"从那时到今天，三十一年，大陆上的蚊虫灭了差不多了。当然革命尚未成功，同志仍须努力。港台一带，饕蚊尚多，西方世界，饕蚊成阵。安得全世界各民族千百万愚公，用他们自己的移山办法，把蚊阵一扫而空，岂不伟哉！

其中所说《古小说钩沉》应为《〈唐宋传奇集〉序例》，“饕”字系“饔”字之误，“逞啖”为“遥叹”之误。鲁迅原文是：

时大夜弥天，璧月澄照，饔蚊遥叹，余在广州。

这是改陆游的诗，原诗为：

死去元知万事空，但悲不见九州同。

王师北定中原日，家祭毋忘告乃翁。

比较一下所改，还相当高明，也有毛泽东自己的创造。面对不能上前线抗击外敌侵略，而宋朝江山眼看一天天被蚕食，怀有强烈的爱国主义志向的陆游不禁悲从心起，加之他已老矣，便把儿子叫到面前，等于是交待后事，读之令人泣下。

毛泽东改过之后，内容是感叹天下没有大同，吃人血的蚊子还太多。原作与改作都有一个“同”字，意义却有所不一样。陆游在“九州同”，是讲天下（全中国或者南北方）统一，这在当时是一个无法实现的梦想！所以陆游悲从心起。毛泽东的“五洲同”，却是指世界太平同一，不再有帝国主义和一切害人虫，即他从年轻时就产生的世界大同理想，远的可以说就是共产主义理想的实现。

毛泽东改作中也有一个“悲”字，他的悲，程度应比陆游轻。因为陆氏所处时代是一个山河破碎的时代，而毛泽东已带领中国共产党和中国人民解放军统一了中国大陆，在那方面已是由悲至喜，他所悲的，是世界，整个人类，战争、贫穷还在折磨着人民。

如果没有国际主义精神，毛泽东也就没有什么“悲”的了。在一般人看来，他的悲似乎是多余的。

那么，为什么人类上了太空，他还要悲呢？这正是他悲哀的地方，科技与生产力的发展并不能消灭战争与贫穷，有时反而造成更严重的战争与贫穷，因为科技常常首先被用于弱肉强食。这个真理，到毛泽东去世后四十多年（写此诗后六十多年），不但没有过时，反而更加明显。这应当是悲哀的更深层的原因。

最后两句，借愚公的事，来说明要“扫除一切害人虫”。为何借重“愚公”？因为愚公有一种不达目的决不罢休和挖山不止的精神，而这正是要实现“五洲同”，要“尽扫饕蚊”所需要的一种精神。同时也说明，要“尽扫饕蚊”，也不是一件轻而易举的事，甚至需要子子孙孙不停地努力！方可见成效。到五洲同和扫尽饕蚊的时候，就不要把这件喜事忘记告诉马克思。“乃翁”换成“马翁”，又是毛泽东的活用。

1958年

长天大云

千载长天起大云，中唐俊伟有刘蕡。
孤鸿铩羽悲鸣镝，万马齐喑叫一声。

《七绝·刘蕡》

千年万代的无垠太空，涌起了翻滚的乌云，在那强盛的唐朝中期，出了个俊伟的男人，他名叫刘蕡。

他就像一只独飞苍天的大雁，他的羽翅已被剪断，又传来射向他的箭的声音，真是让人悲伤。在那个敢怒不敢言的年代，他却发出了他愤怒的吼声。

刘蕡，唐代文士，字去华（？—842）。昌平县人，敬宗李湛宝历元年（公元825年）进士。他与朋友交往的时候，喜欢谈霸王的大谋略，说到当时的事情，慷慨激昂，有要把世事澄清的志向。文宗李昂太和二年（828年），对贤良人士进行策试，参加的一百多人，他们应对的大多是常规的事务，只有他切中时弊，指出那些权贵、宦官将危及国家。《旧唐书》《新唐书》都载有刘蕡的对策全文：

臣诚不佞，有匡国致君之术，无位而不得行，有犯颜敢谏之心，无路而不得进。但怀愤郁抑思，有时而一发耳。常欲与庶人议于道，商旅谤于市，得通上听，一悟主心，虽被妖言之罪，无所悔焉。

这是策论的开头，真是忠心昭于日月，胆量齐于苍天！

臣以为陛下宜先忧者，宫闱将变，社稷将危，天下将倾，海内将乱。此四者，国家已然之兆，故臣谓圣虑宜先及之。

……

毛泽东读到此，批曰：

超特奇。

阅卷的三位考官评刘蕡："叹服嗟悒，以为汉之晁、董，无以过之，言论激切，士林感动。"当时录取22人，考官不敢把刘蕡留下，一时舆论喧然，都鸣不平。遵守道德的正直之人，争相传诵刘蕡的文章，以致有相对而流泪的。直到后来，令狐楚、牛僧儒才任用刘蕡为从事，待如师友，而宦官们却深深地嫉恨刘蕡，故意给他诬谄了罪名，把他贬为柳州司户参军。

以上就是毛泽东咏赞的历史人物和史实。

毛泽东晚年喜欢读史，也喜欢以诗阐发他对历史的回顾与思索。而他写的几首咏史的七律，所讴歌的都是历史上的悲剧英雄，如屈原、贾谊、刘蕡。我想，大约他也已涌起壮志未酬之慨，因此不无悲凉。他的时日不多，这是不可逆转的人生规律，于是而借古人抒发自己的这种情绪，虽然这层意思隐藏很深，但我们还是多少能感觉到。毛泽东似乎又像他早年一样，在心灵深处产生了一些惆怅。

此诗是为古人的悲歌一曲。刘蕡本是一位博学而敢于直言的大才，可是得不到重用，只做得个小官，且一贬再贬最后在孤寂悲凉中死去。本来，他在中国历史上并不是一个大人物，因未重用，才华未施，所建功业有限，但他的事迹实在令人扼腕痛惜！

刘蕡其人其事，意义不在他对历史做出的贡献有多大，而在这件事反映的历史状况和统治者的不圣明、官场的黑暗，而这在几千年的封建社会中又是有着普遍性的，甚至在毛泽东时代也存在这种情况。所以毛泽东对这个现象多次咏叹和打抱不平，可悲的是，毛泽东晚年也失去察人之明。

“千载长天”言亘古不变的宇宙和周而复始的自然与社会规律。一开篇，毛泽东就起势颇大，从宏观着眼。起大云，谓天下形势风云际会，也是说唐中期已在酝酿大的变动，官场变得复杂纷繁，黑暗丛生，而在这种情况下，刘蕡横空出世。刘蕡其实只是一个小人物，为何毛泽东要如此以大笔描写，并赞其为“俊伟”？盖因他不顾身家性命，敢于直言的精神是极其崇高伟大的，所以毛泽东在这里把他当作一个大人物来讴歌。

第三、四句感叹刘蕡的悲剧命运：他在这茫茫人海中，显得形影孤单，特别是他主张翦除宦官的呼声更引起权贵的忌恨，加上皇上又察人不明，被小人包围，结果他不但受到排挤而且遭受打击，身心俱损。一个“悲”字概括了当时刘蕡的心态，也是毛泽东读到这段历史时的心态。“鸣镝”即啸叫着疾飞的利箭，毛泽东后在《满江红·和郭沫若同志》中又用过这个词：“正西风落叶下长安，飞鸣镝。”两处意思相近，都是一种与战争或争斗相关的悲壮景象。毛泽东接连营造了“孤鸿”“铩羽”“鸣镝”

这三个凄美而壮烈的意象，勾勒出刘蕡的命运；最后一句，毛泽东显然直接化用清代思想家兼诗人龚自珍的名句：“万马齐喑究可哀。”龚是感叹清代人才遭受摧残，与唐代刘蕡等不被重用相似，唐代尚称盛世，却也有这种情况，这也是毛泽东悲叹不已的原因。

中唐系唐朝由盛入衰的转折点，此前有敢于直谏而能为太宗所容的魏征，可惜刘蕡就没有这样的好运。尽管如此，他还是要在这一片吹牛拍马之声中唱起反调，他这样做的底气就是对国家前途命运的深深忧虑和由此产生的忠肝义胆（他根本不将自己的功名利禄甚至生命放在话下）。所以毛泽东在这里写的万马齐喑并非什么声音都没有，而是指正义的声音被淤塞。

此诗最可欣赏处，在毛泽东根据史书塑造出一位勇士刘蕡的形象，并运用七绝构建了磅礴气势。

1959 年

西海

西海如今出圣人，涂脂抹粉上豪门。
一辆汽车几间屋，三头黄犊半盘银。
举世劳民同主子，万年宇宙绝纷争。
列宁火焰成灰烬，人类从此入大同。
《七律 · 赫鲁晓夫访美》

反苏忆昔闹群蛙，喜看今日大反华。
恶煞腐心兴鼓吹，凶神张口吐烟霞。
神州岂止千重恶，赤县原藏万种邪。
遍寻全球侵略者，惟余此处一孤家。
《七律 · 读报有感其一》

托洛茨基返故居，不战不和欲何如。
青云飘下能言鸟，黑海翻腾愤怒鱼。
爱丽舍宫唇发黑，戴维营里面施朱。
新闻岁岁寻常出，独有今年出得殊。
《七律 · 读报有感其二》

西边如今出了个圣人，涂脂抹粉到富豪家拜访。他看到那个“天堂”般的地方，每户人家都拥有一辆汽车和几间房屋，又有资本家送给他三头牛和半盘古银币，他感到美国人真是又富足又大方。整个世界的劳动者，归于一个人的统治之下，万年以来的宇宙从此也将再没有纷争。列宁烧起的火焰成了灰烬，人类从此进入大同。

回忆过去像蛙群一样吵闹着反苏反共，高兴地看到今天又在大唱反华论调。凶神恶煞心地腐烂，张开口大吹大擂，吐出阵阵有毒烟雾。神州大地万千的罪恶，隐藏着无数的邪气。那些所谓和平的人士，声言整个地球上的侵略者就只剩下这一个孤家寡人。

赫鲁晓夫从回国后把我们说成是托洛茨基，说我们不开战又不要和平，到底要干什么？这真是痴人说梦。看你的和平把戏吧！美国的高空侦察机不是来到了你的国土上方，被你的防空军击落，不是从青云上飘下那可作为活口的美军飞行员？你知道了此事也愤怒像黑海里翻腾的鱼。

你在法国的爱丽舍宫，嘴唇都发黑了，在美国的戴维营脸却发紫。新闻每年都是要出的，这本是寻常的事，今年出的新闻却是颇为特殊。

20世纪50年代末，毛泽东迎来一个“反修”诗词的创作高峰。1961年1月4日上午，毛泽东在中南海颐年堂约见中国科学院文学研究所所长何其芳，谈编选《不怕鬼的故事》一书的事，说起自己最近写了两首诗：“现在不能发表，将来是要发表的，这两首诗，都是批判修正主义的。”

毛泽东说到的诗，应是作于1959年12月初。该年12月4日，毛泽东在杭州召集政治局常委开会，第一次提出在国际上“反对修正主义”，在讲话提纲中他写道：“修正主义是否已成了系统，是否就这样坚决干下去？可能是这样；可能还可以改变。可能要坚持一个长时期（例如十年以上）；可能只坚持一个短时期，例如一二三四年。”

关于反对修正主义的是非曲直，我们这里不多论，但有必要介绍一下当年的世界形势。此时中、美、苏日益形成三足鼎立之势。7月，赫鲁晓夫应美国总统之邀出访美国，他似乎是刘姥姥进了大观园，既受宠若惊，又大开眼界。他们在戴维营会谈了裁军问题，会后赫鲁晓夫宣布：美国总统“也像我们一样在为保障和平而操心”，会谈“开辟了人类历史的新纪元”，“没有战争的时代开始了”。

赫鲁晓夫参观了洛杉矶、旧金山、纽约等地的工厂、农场，一个农场主送给他三头良种牛，一个资本家送给他一盘古银币，赫鲁晓夫不免喜形于色。他向美国承诺要向中国施压，让其放弃研制核武器。6月20日，苏共中央致信中共中央，正式拒绝提供原子弹资料。

9月30日，赫鲁晓夫刚从美国回到苏联一天就又飞抵北京。10月2日，他对毛泽东等大谈在美国见到的“幸福生活”，提出他向美国承诺的几件事：其一是释放扣押的五名美国特务和犯法者。毛泽东不同意，说要到一个适当的时候再放；赫鲁晓夫要求毛泽东向世界宣布：中苏不会为台湾而打仗。又为毛泽东拒绝。毛泽东说台湾问题应该按我们的意见办,不能按照美国的意见办。是我们要求美国撤兵的问题，至于我们与台湾的关系，则是台湾怎样解放的问题，这个问题只能由中国人自己来解决，别人无权过问。毛泽东反要赫鲁晓夫劝艾森豪威尔从台湾撤军。

赫鲁晓夫于10月4日离开北京，刚到他的国土，就公开说中国“向往着战争，像一只公鸡一样准备打架，这是不明智的”。毛泽东得知，即将赫鲁晓夫的讲话推荐给周恩来等，说：“值得一看，想一想。”而10月31日，赫鲁晓夫在最高苏维埃会议上又把中国政策比作“不战不和”的托洛茨基。

而美国也耍了赫鲁晓夫的宝。1960年5月1日清晨，一架U-2高空侦察机侵入苏联领空，当日下午，赫鲁晓夫在红场阅兵时得到防空司令比留佐夫的报告：飞机被击落，飞行员被俘。

这件事对于幻想世界和平到来，称美国是和平使者的赫鲁晓夫是一个大大的讽刺。

毛泽东从报纸上读到有关消息，便写了三首诗嘲讽。

这是典型的政治抒情诗，为读报后的随感，报纸内容大约应是有关国际上苏联和美国反华的报道的。格律上我们不多说，诗艺虽称不上很高，但也还颇有可读之处。

第一首，“西海如今出圣人”好像民间流传的刘伯温预言，出语即极通俗，用“圣人”来嘲讽时常以高明自居的赫鲁晓夫。西海，西边的海，指西边黑海，代指苏联，而这位圣人是何姿态？他像女人一样涂脂抹粉，梳妆打扮，原来是要去上“豪门”家，那“豪门”就是有钱有势的美国，如此丑态，全无骨气。这是对赫鲁晓夫的极大嘲讽。接着，又以赫鲁晓夫转述的口气说到他在美国的所见所闻所得。赫鲁晓夫对美国的富裕与资本家的小恩小惠赞不绝口，也是一副奴才相。而他一回来，就大言世界和平到来，天下从此断绝纷争，列宁烧起的战火将成灰烬，人类从此进入大同。这是何等地幼稚可笑！此诗极尽讽刺之能事，而又以形象出之，既诙谐又深刻。

第二首，毛泽东用群蛙来比喻吵吵闹闹的昔日反苏势力。指20世纪20年代初期，帝国主义掀起的反对列宁创建的第一个社会主义国家。我们知道，夏日蛙鸣，噪而无味，既单调又讨厌，这正是那些无聊者的象征。而现在，反华势力又起，毛泽东却用一个“喜”字概括，这真是令人意外。毛诗中有多处用“喜”字，如“喜看稻菽千重浪”，那里的喜是真喜；又如“梅花欢喜漫天雪”，那是面对困难的一种豪情。这里“喜”的是，虽然反华势力张狂，令人讨厌，但这更能锻炼意志，我又何惧！这个“喜”字，也含有“笑对”的意思。毛泽东曾说：“反动派大反华，有两件好处：一是暴露了反动派的面目，在人民面前丧失威信；二是激起世界大多数人民觉醒起来，他们会看到反动的帝国主义、民族主义、修正主义是敌人，是骗子，是黑货，而中国的大旗则是鲜红的。”又说，“全世界极为光明，乌云越厚，光明越多。”

第三四句是工对，凶神、恶煞分开写，但是同一个东西，都是指那些武装到牙齿的家伙，它们在胡乱鼓噪，又在吐出毒雾，煽风点火。这都是讲的国际上的东西，是对第一二句的引伸。第五六句则指国内的敌对势力，也是一副工对，神州、赤县同义，千里恶、万种邪，都是说国内邪恶还有很多，是说其普遍性。最后作者仍落在对侵略者的讽刺，毛泽东称其为孤家，即没有人支持的独此一家（另一说，是讲赫鲁晓夫与美国勾搭，认为天下从此太平，只有中国一家是“好战分子”，是“侵略者”，这里也是毛泽东的反语）。

此诗为特定政治时期的产物，充满火药味，其中对国内敌对势力的判断有扩大化倾向，读者须细心分辨。而对国外反华势力的强硬态度却是可取的。

第三首是对赫氏大言和平的嘲讽。头句引用赫氏批评中国的话，说中国既不战又不和，其实这正是毛泽东政策的高明之处，不战是不开战，不和，则是用舆论抨击，不放过苏、美。三四句极形象地写美军飞行员从天而降被俘，击破赫氏“和平”神话，赫氏因而愤怒之至。在毛诗中，有多次用鸟，这里则用“能言鸟”喻人，非常有趣，诗句也显得雅。毛诗中第一次写到黑海，并构造“愤怒鱼”的意象，鱼怎么会愤怒？这是把赫鲁晓夫看得像鱼一样没用，他不是愤怒的虎或狮，而仅是一条任人宰割的鱼！

五六句直接描绘赫氏在法国和美国的丑态，“唇发黑”，是说他讲话、承诺太多，以致嘴唇都黑了；“面施朱”，照映第一首诗中的涂脂抹粉，说他激动得脸都红了。

最后是对刚刚发生的新闻的总结，说这个新闻有特殊的意义。

此诗形象极佳，保持了毛泽东善于营造意象的优点，同时，在讽刺方面，又攀上艺术的高峰。

1959年6月

韶山

别梦依稀咒逝川，故园三十二年前。
红旗卷起农奴戟，黑手高悬霸主鞭。
为有牺牲多壮志，敢教日月换新天。
喜看稻菽千重浪，遍地英雄下夕烟。

《七律·到韶山》

离别之后，你时常朦朦胧胧出现在我梦里，我还在骂那过去发生在故乡的一些不平事，想起三十二年来的峥嵘岁月，我不能不浮想联翩。在这里，曾有红旗卷起农奴的铁戟，把那手持鞭子的地主恶霸打翻。因为有胸怀壮志的人们的奋斗牺牲，才敢于让那自古以来的旧日子有所改变，从而换上一个崭新的蓝天。我如今又回到你的怀抱，看那千层浪万顷波的稻子豆苗，真是欢喜不已，又见到处是奋斗在农业战线的英雄收工归来，在夕阳西照的暮霭里，山冲的农舍间，飘起缕缕炊烟……

1910年秋，毛泽东冲破家庭、家族、家乡三层重网，走向广阔的天地。1927 年 1 月，他满怀激情，视察这里的农民运动，此后是三十二年的长离别。1959 年的 6 月 25 日，他才又一次投入故乡怀抱。

他作为一个久离故乡的游子，回来寻找旧梦。

关于这次回乡，屡屡见诸文字，我们且来着重看一看毛泽东三天行踪中一些意味深长的细微之处。

随同毛泽东到韶山的有公安部长罗瑞卿、湖北省委第一书记王任重，湖南省委书记周小舟及徐启文，但没有一个亲人——当他坐着小车进入银田寺，他让司机放慢了速度。他是不是想到了一幕往事：三十四年前的 1925 年，他和妻子杨开慧、大弟毛泽民、长子毛岸英、次子毛岸青，阖家回乡过元宵节，那是多么的温馨。可是，现在，当年在银田寺一同上岸的五个人中，只剩下两个了，即他和多病的幼子岸青，而岸青却没能同来。

毛泽东为了他的“反叛”与革命的成功，付出沉重的代价！

但是，他在深思中依然感到踏实，因为，他的面前，是一派喜人的景象：已开始黄熟的稻子在夏风里荡起千重浪万顷波，农民们在田垅中平和而安闲地杀草、扯稗子，开沟排水，人民的幸福使他忘却个人的哀愁……

毛泽东回到韶山冲，在与毛氏宗祠一水相隔的卢家湾松山一号安顿下来。26 日清晨 5 点，茂密的林子里，鸟儿啁啾，除此之外，一切静谧。毛泽东独自悄悄起来，走向父母安眠的地方……走了好远，人们才追上来。

象鼻山上，曾被何键手下士兵烧光的树木、柴草又长起来。在灌木丛中穿行半个小时，他到了父母墓前——两位老人，如果还在世，分别为 92 岁和 89 岁，但他们在四十年前就已去世。

毛泽东一生中一桩憾事，也许是他认为对父母没有尽到孝心。父亲，一枕发家美梦破灭，皆因毛泽东父子之间曾发生过无数次的冲突，而毛泽东的反叛也是由此开始的，两老临终，都没有见到长子……现在，当毛顺生、文七妹两老66岁的儿子站在他们面前时，当会理解儿子的一切了——尽管他们失去了两个儿子、一个媳妇、两个孙子，但他们如果有灵，必定会为他们的儿孙建立的不可磨灭的伟大功业而骄傲。

毛泽东深深地向父母鞠躬，又将一把松枝插在坟头，盖住坟顶上那个洞眼，说："前人辛苦，后人幸福！"

毛泽东从父母墓地下来后未径直往上屋场去，他慢慢踱到土地冲最里端的李家。毛泽东少年时上山看牛、砍柴，总要到这户邻家玩耍，他在这里坐了好一会，他问到人们的吃饭问题，深为忧虑。又对"四大宪"流露出可怜之情。原来，1925年毛泽东在故乡闹农民运动，触犯了本家族内一些士绅的利益，被称为"四大宪"的毛宗圃、毛明德、毛吉成、毛鸿初，与毛泽东势不两立，甚至向成绥生告密，为许克祥、何键的士兵带路，捉拿毛泽东。历史已注定毛泽东是一个胜利者，他宽阔的额头皱起一道深深的鱼尾纹，他听乡人说四个人中只剩毛鸿初仍在守庙，其余都死了，便叹了口气。在李家，毛泽东还见到他最近的邻居、儿时的好友、南岸同学邹普勋的儿子，但邹普勋本人却已去世。毛泽东忆起往事："好久不打牌了。过去，我经常和你父亲打牌，他还偷我的铜角子呢！"

毛泽东与众乡邻合影。

在上屋场，从遥远的北方京城来的毛泽东，站在这栋土砖青瓦的凹字形建筑前，他心头升起特别浓郁的一种温馨。17岁以前的岁月，跨过清代光绪到宣统两个皇帝统治时期，上屋场是一本黑色封皮的书，写满毛泽东童年、少年的喜怒哀乐，这部书的作者，便是祖父、祖母、父母、弟妹和他自己。

场面颇有些特别：韶山冲各姓氏的人们站在地坪里欢迎，毛泽东在自己家门口反倒成“客人”。

毛泽东最后一次走入他老家上屋场的大门。他站在堂屋里，望着墙壁上的神龛出神——那儿曾经供奉母亲信奉的观音和父亲信奉的财神以及他家的祖宗木主。

到灶屋，毛泽东凝视着里面的陈设：弧形的土灶，黑色的饭锅、菜锅、木盖的瓮坛、呆头呆脑的瓦壶、方形的地炉、长板凳、碗柜子、饭篓子、牙灰筒、水缸……每一样东西都让他忆起与父母、弟弟朝夕相处的日子。

在父母的卧室，他呱呱坠地的地方，伫立在双亲的遗像前，他的眼睛潮湿了……他深情地抚摸着架子床、大布的蚊帐和印花被……

在他自己的卧室，他也立了好一会儿。

毛泽东离开上屋场，由一个小学生领着，顺塘边柳荫下的小径，经过他读过书的地方：南岸，到了一座小桥上。

在这位巨人的脚底，韶河水清清亮亮淌过，绕到韶山嘴边，继续往东北而去。几缕炊烟袅袅升起，毛泽东对着远处的仙顶峰，深深地呼吸着。

一群孩童，从张家山的树丛中拱出来，簇拥着他往山上走去。在操坪里，他弯下高大的身躯，韶山学校学生蒋含宇把一条鲜艳的红领巾围在他的脖子上——这位寻觅到童心的老人，被一张张笑脸包围，仿佛有无数的花朵，怒放在一株伟岸的大树上……

毛泽东和孩子们笑得那么甜蜜，那么纯真，谁能想到，他在孩子们这个年龄，在南岸、在关公桥、在井湾里……在那些令人窒息的私塾里，有的是沉闷和怒斥！

孩子们再也不会重演过去的噩梦！

6 月 26 日下午，毛泽东走进毛氏宗祠，里头已空空如也，祖宗灵位早不见，但他还是向着原先安放韶山毛氏家族一派祖毛太华、二派祖毛清一、毛清四等的木主（神位）的地方鞠了三个躬。

是的，毛泽东不应该忘记这几位祖宗，是他们带着韶山毛氏家族，由江西而云南，由云南而湖南，由湘乡到韶山，其间经历无数艰难困苦。从元末明初到清末民国初，整整五百年，到毛太华以下第二十代，终于孕育出韶山毛氏家族、中华民族这位最卓越的人物。

毛泽东最后一次进祠堂，向家族致以了永远的告别！

滴水洞、东茅塘、毛震公祠一带是韶山毛氏家族震公一房的发祥地，亦即毛泽东的祖居地。从滴水洞峡谷内淌出一道小溪，人们在洞口筑起一座大坝而成为韶山冲第一座水库，水质清醇，冬暖夏凉，松竹倒映其中，格外显得清幽。

毛泽东在震公祠前下车后，健步如飞，上了高坝，下到水里——这一湾碧潭，南有龙头山高踞，葬毛泽东曾祖父毛祖人，北有虎歇坪巨鼓，毛泽东祖父毛恩普安眠；滴水洞西山麓，即为毛泽东外祖父家唐家蛇。毛泽东便是在这样一个地方轻舒猿臂，大展英姿。他时而仰泳，时而蛙泳，时而潜行，时而漂浮……整整游两个钟头，直到暮色降临才上岸。

上岸后，他说：“将来我老了，退休了，就在这里盖一栋茅屋子住。”

毛泽东很早便离开故乡热土，为全民族的利益，他对他的家庭、家族，不得不进行反叛，但革命成功后，他对父老乡亲们又表现出异常的缠绵与依恋。

6月26日傍晚，他办了五六桌酒菜，请来四十多人做客。太阳收起它的金箭，只留下一抹红晕，装饰着黛青色的山顶，也留下一些岚光，在松、竹、梅的枝头。

毛泽东的私塾先生毛宇居、毛新梅烈士之妻沈素华、在南京雨花台壮烈捐躯的毛福轩的妻子贺菊英、毛泽东的堂弟毛泽连、毛泽东的童年伙伴、文氏诸表兄都来了。

毛泽东向大家祝酒。

众人举杯畅饮。历史，历史真正地完成一个大团圆……

在这个晚上，毛泽东几乎通宵未眠，他想得太多太多，作为诗人的他又习惯性地发而为诗。

《韶山》为毛泽东唯一一首直接讴歌故乡的诗。

“别梦”，一开头就点题，告诉读者，自1927年考察湖南农民运动到韶山，离开这个地方三十二年间，故乡的山，故乡的水和故乡的人，时常在他的梦里出现。他上井冈山，转战赣南闽西，踏上长征路，在延安窑洞作“隆中对”似的谋划，运筹西柏坡，进入北京城，故乡的梦随时都伴随着他。也许，除救国救民的伟大志向，他一生的奋斗奉献，也含有报答父母与故乡的成分。

“依稀”，是不清楚的样子。梦当然是不清楚的，似有似无，特别是一觉醒来，便寻它不着，同时，虽然思念故乡，但也不至于不能自已，否则他也不会出乡关了，毕竟，故乡的梦，比起他对构建全中国全人类美好生活的梦，又算得什么？何况，故乡的梦里，也不全是美好，甚至还有许多值得诅咒的地方。毛泽东在这里用一个“咒”字，似乎与他对故乡的感情相矛盾，其实不然。当初，他离开这里，就是因为与自私专横的父亲和老气横秋的家族冲突的结果，后来他又回乡闹农运，也是因为要摧毁造成这里农民贫困生活根源的封建政权、神权、夫权，以及一切丑恶的社会现象。

在毛泽东的少年和青年时代，故乡，除有秀丽的大自然和种种传说故事与他的敬爱的母亲，此外并没有好的印象。“韶山冲来冲连冲，十户人家九户穷。有女莫嫁韶山冲，红薯柴棍度一生。”这样的景象，难怪要引起毛泽东的咒骂（他甚至要为之哭泣。咒字，原来就是用的“哭”，按梅白的意思才改）。

自然，这种咒骂，并不是只对故乡丑恶现象而言，而是针对整个旧世界而言。咒骂的对象，如在本诗中找，其实并非“逝川”，而是“高悬鞭”的“霸主”。正因有诅咒，有愤怒，才产生改变的理想与行动，才有“红旗卷起农奴戟”，即开展农民运动，去与霸主们斗争。这场斗争是胜利了，所以有人把“黑手”句解为农民的黑手夺过霸主的皮鞭，反过来高高举起去抽打那些昔日的霸主。我看不无道理。

当然这绝不是轻而易举的。韶山付出数以百计的英雄好汉的生命，在全国更是无法统计，就在毛泽东一家，也有六位亲人牺牲。江泽民 1991 年 3 月参观韶山时就曾概括韶山精神为“牺牲、奋斗、奉献”，并引用毛泽东诗中的句子题词。

中国人民的翻身解放，从时间上说，花费毛泽东和中国共产党差不多半个世纪，空间上，则是由南到北，由东到西，艰苦转战，其中二万五千里长征、十四年抗战、三年解放战争和抗美援朝，更是名垂青史。有牺牲，才有“日月换新天”，这是科学的辩证法，也是一部毛泽东的奋斗历史和中国共产党党史。这二者之间，以一个“敢”字为线索才能串起来。敢，就是敢想敢干，敢与天奋斗，与地奋斗，与人奋斗！

最后两句是全诗的落笔，毛泽东的思绪又从三十二年前回到眼前，回到故乡的傍晚。一个“喜”字，定下他此时情绪的基调。但从“咒”到“喜”，又是一个多么大的跨越！真不是几句诗所能概括的。

1959年7月1日

庐山

一山飞峙大江边，跃上葱茏四百旋。
冷眼向洋看世界，热风吹雨洒江天。
云横九派浮黄鹤，浪下三吴起白烟。
陶令不知何处去，桃花源里可耕田？

《七律·登庐山》

在声势浩大的长江边，耸峙着一座高山。经过几百个险急的弯道，我们跳跃似的走进那葱茏的山间。冷眼看这变化的世界，炎热的风吹着雨，洒落在江边。云横遮在众多的河流上，似乎有黄鹤浮在上面，波浪直向吴越之地冲去，溅起白色的云烟。陶潜不知要到什么地方去，桃花源里还可不可以种田？

1959年是多事之秋，国内，有百年未遇的严重自然灾害，国外，苏联领导人施加压力。1958年7月，苏联向中国政府提出设立长波电台和建立联合舰队的要求遭到拒绝，1959年6月，苏联政府便撕毁中苏两国关于国防新技术的协定，拒绝提供原子弹样品和技术资料，又撤走专家。与此同时，国内掀起一股浮夸风，毛泽东从 1958 年 11 月起就试图解决，郑州会议、武昌会议、中共八届六中全会、中共八届七中全会都作了这种努力。1959 年 2 月，他到河北、山东、河南视察，并派刘少奇、周恩来、朱德、陈云等到各地了解情况。

毛泽东在此时写下这首诗。原稿有小序：

一九五九年六月二十九日登庐山，望鄱阳湖、扬子江，千峦竞秀，万壑争流，红日东升，成诗八句。

湖南省委第一书记周小舟建议删去这条小序，毛泽东采纳。诗本是 6 月 29 日写的，发表时改为 7 月 1 日。曾在庐山会议开始时传诵。其时与会者都感到炎热，到庐山聚会，总结经验，畅谈体会，余闲观赏风景，或吟诗。朱德诗云：

庐山挺秀大江边，牯岭乾坤已转旋。

细雨和风经白鹿，拨云开雾见青天。

同年 9 月 7 日，毛泽东致信胡乔木，要胡乔木看他在庐山写的诗有什么毛病没有。郭沫若 9 月 9 日、10 日两次写信给胡乔木，提出修改意见，胡乔木将信转毛泽东，毛泽东很高兴，13 日致信胡：

沫若同志两信都读，给了我启发。两诗又改了一点字句，请再送郭沫若一观，请他再予审改，以其意见告我为盼。

此诗现有三幅手书。第一幅中“跃上”句为“欲上逶迤四百旋”，“热风”句作“热风飞雨洒南天”；第二幅中“热风”句作“热肤挥汗洒江天”；第三幅中“冷眼”句作“冷眼望洋看世界，热肤吹汗洒江天”。

此诗可称为毛泽东的代表作之一，以写景寄寓特殊情感和某些人生哲理。景、情、理交融，如水和乳，不着斧痕（唯一的缺点是有两个“江”字在同一诗中出现）。

山，是飞峙。飞，极动，似从别处突然而来。峙，是耸峙。突兀、奇险的样子。庐山，又称匡山，合称匡庐，传周代，有姓匡的兄弟在这里修茅庐，故名。位于江西北部，北临长江，南邻鄱阳湖。因为近水，与水相映，格外奇特，似天外飞来。倘若不是在水边，而是与其他山连在一起，大约是不好用“飞峙”来形容的。它呈东北、西南走向，长约 25 公里，宽约 10 公里，最高峰为汉阳峰，海拔 1474 米。山中多高崖、绝壁，又有瀑布、流泉，李白诗云：飞流直下三千尺，疑是银河落九天。毛泽东的“飞”可能由此而得，只是李是写庐山一景，毛则活用于写整个山。

庐山是著名的避暑胜地，又加以毛泽东对江西有特殊感情（他最初的军事斗争生涯就留在这里，他的远祖在元、明之际也居此），新中国成立后毛泽东多次到庐山，特别是他喜欢把一些重要的会议安排在这里开，这样，庐山也成为一座政治之山。

此番，毛泽东刚刚从故乡来（6 月 25 日到韶山，27 日离开，29 日登庐山）。因为在 1953 年，就已修一条长 35 公里的上山路，毛泽东便不需如古人一样真正地靠双脚去攀登，也不要如蒋介石那样坐轿而上，他是坐着汽车上去，但这条汽车路，是一条险绝的盘山公路（笔者也曾坐车上过庐山），其特点就是旋、旋、旋，四十八旋。所谓“旋”，就是打圈，如水之漩涡，车子上行有好长一段距离，侧视窗外，却还在下面一段的上头不远，只见一条青色的带子（柏油公路）缠绕在山的身子上，坐在车里的人被这样的螺旋一圈一圈地往上送，往高处送。这个“旋”极为逼真。而又用一“跃”字，更写出从山下到山上的跳跃状，与前句的“飞”字也形成呼应。葱茏，是以郁郁葱葱的树林指代山，头句是从远处看庐山，二句则是近处，已是身在此山中。

接着写的，是作者已完成“攀登”，到得山上，静静地观景。我们如果见过毛泽东在庐山的一些照片，的确可知，毛泽东的双眼、神态都是冷峻的，只是他不只是看山和江、湖，更有海洋，他看得更远，不只是庐山、长江、鄱阳湖、中国，更是全世界。这一时期的毛泽东，他不但要想中国的大事，还要冷静地思考世界的大事。“热风”一句，又回到面前，庐山多雾也多雨，所以有“吹雨洒江天”。一冷、一热，是写实，毛泽东从热中来，到此山感受冷（避暑），同时又大有深意。

“看世界”，原为“观世界”，看的意思更多一些，有在“观”的基础上估量的意思，故改。

“热风”句，原为“热肤挥汗洒江天”，原句更实，写自己挥汗如雨，意义远不及改后深远，是臧克家建议改的。第五六句是极工整的对偶，也是一组动人的画面：云，是横；浪，是下，在长江的众多支流上，在云上，浮着传说中的黄鹤，这是作者的想象，又用黄鹤来暗指武汉，或者是用黄鹤来代指庐山上最高峰即汉阳峰。此峰来由，据说是“月明风清之夜，可观汉阳灯火”，故笔者倾向于“黄鹤”即指汉阳峰（黄鹤是武汉，包括汉阳的象征，而庐山又有汉阳峰），是说汉阳峰浮在长江九派之上，因为有云雾，山确也是浮的样子，这个浮与第一句的“飞”也相照映。九派，则指长江众多的支流，出自《文选·郭璞〈江赋〉》：“流九派乎浔阳。”浪下三吴，是说长江滚滚而下，直向宁沪，奔流入海。三吴指今江浙一带，南北朝郦道元《水经注》说吴兴郡、吴郡、会稽郡“世号三吴”。“白烟”，白色的烟雾、水汽，这是在庐山上常见之景，与前句“黄鹤”对得极佳。此两句是否纯的写景，或许也还是有一些寓意，大约隐含毛泽东要顺应自然与人类规律办事的意思，不便多猜。

最后两句借陶潜的故事，讴歌当今时世并展望未来。陶令，即陶潜（渊明）（365—427），东晋著名诗人，为浔阳即江西九江人，他当过彭泽县令，晚年隐居庐山下。他曾给人们描绘一幅世外桃源的太平景象。毛泽东认为这种景象已经实现或必然实现。

事实上，毛泽东一生都有“桃源”理想，在他的早年则表现为一种空想社会主义，后来才用马列主义加以改造。可是在此次登庐山前后，他的那种“空想”似乎又有些复活。此诗即反映这种情况。

五尺枪

1961年2月

飒爽英姿五尺枪，曙光初照演兵场。
中华儿女多奇志，不爱红装爱武装。

《七绝·为女民兵题照》

清晨的一线光亮，刚刚照到演兵场上的时候，有一位女子，拿着五尺的长枪，矫健而英气勃勃地伫立着。我中华儿女，怀抱多么伟大的志向，她们不喜欢穿那传统的红色服装，却要穿着军装，保卫我们可爱的家园！

毛泽东历来重视民兵，抗战时期，他指出“武装民众实行自卫”。在《论持久战》中，他提出“兵民是胜利之本”。在《论联合政府》一文中，他谈到民兵的作用：“这个军队之所以有力量，还由于有人民自卫军和民兵这样广大的群众武装组织，和它一道配合作战。”新中国成立后，毛泽东又发出“大办民兵师”的号召。

1958 年 9 月 29 日，他对新华社记者发表谈话时说：“帝国主义者如此欺负我们，这是需要认真对付的。我们不但要有强大的正规军，我们还要大办民兵师。这样，在帝国主义侵略我国的时候，就会使他们寸步难行。”

20 世纪 60 年代初，国内部分人对民兵的认识不足；国际上，苏共领导人十分轻视我国的民兵。宣扬：在现代武器面前，“常规部队无足轻重，民兵只不过是一堆肉”，“地球上任何星星之火都会引起核大战，会毁灭人类”。1960 年 4 月，人民解放军总参谋部、总政治部联合召开全国民兵工作会议，贯彻中央军委起草的《关于民兵工作问题的指示报告》，充分肯定了民兵所起的作用和战略地位，这次会议促进了民兵制度的完善。会后，全国兴起大办民兵师的高潮，各地普遍建立民兵组织。

此诗为毛泽东 1960 年给机要员小李的民兵照片的题词。这天，小李送一些文件到中南海菊香书屋，毛泽东正站在窗前沉思，忽然问：“小李，你参加了民兵了吗？”“参加啦。”“你为什么要参加民兵？”小李想了想，说：“响应主席的号召，全民皆兵呗。”小李为证明自己确实参加了民兵，从口袋里的笔记本内拿出一张训练时拍的照片，毛泽东高兴地坐在椅子上仔细看起来。他见照片上小李穿着藏蓝色西裤、白色棉布衬衣掖进长裤里，她剪着短发，右手扶着步枪，昂首立在树旁，背景是明净的蓝天和远山。毛泽东赞叹：“好英武的模样哟。”小李说：“照得不好。”“我看蛮好嘛。”毛泽东放下照片，点燃一支烟，双眼望着窗外，重新陷入沉思。

一会，毛泽东把烟在烟灰缸里弹弹，对小李说：“给我拿支笔来。”小李递给毛泽东一支铅笔，毛泽东顺手拿过一本他看过的地质常识书，翻到有半页空白处，写下这首诗。笑着对小李说："小鬼，我把这首诗送给你，好不好？"小李惊喜交加，激动地说："主席，您太夸奖我了，我哪里配得上……"毛泽东鼓励说："你们年轻人就是要有志气，不要学林黛玉，要学花木兰、穆桂英！"

随后，毛泽东又念了一遍，说："把'不重红装重武装'改成'不爱红装爱武装'就顺口多啦。"

此诗现有四幅手书。"飒爽"原作"飚爽"。"曙光"原作"煦光"，"爱"原作"重"。

此诗题写在一帧小照上，是一首精巧的小诗。许多人都有在照或画上题诗的习惯，如毛泽东自己离开韶山时改写题赠父亲的《孩儿立志出乡关》诗，又如鲁迅的自题小像，绍兴女杰秋瑾也有题小照的诗。

毛泽东是颇为欣赏像秋瑾一样有一点男儿气的女子的，新中国成立前他就以《临江仙》一曲，赠穿军装上前线的丁玲，如果拿那首词与此诗比较一下，会看到笔调颇为相似，赞赏之情溢于言表。毛泽东自家也有几位女杰，他的妻子杨开慧、堂妹毛泽建和原弟媳赵先桂（毛泽覃原配），都是宁死不屈的巾帼。花木兰是毛泽东特别欣赏的古代女子，而在花木兰的故乡附近的山西，现代又出了个刘胡兰，毛泽东曾题词：生的伟大，死的光荣。新中国成立后，毛泽东有一次要病中的儿媳邵华读《上邪》一诗，嘱她要学一点男子气。

"不爱红装爱武装"，是毛泽东时代妇女当中的一大时尚。笔者有一位姨母，刚刚 18 岁那年，穿着军装拍下一张小照，之后奔赴新疆，去开发大西北，至今还留在那里。可以说，这也是当代中国妇女解放的深刻反映，是毛泽东倡导、引发并真正实现的一场解放运动。为什么直到现在，中国妇女在全世界的范围里，在各个领域（如体育领域），都能称雄，应当是与妇女的解放分不开的。

这首诗用白描手法，就如鲁迅惯用的。要注意的是，毛诗很少用白描，毛泽东笔下多是五彩画面，即使素色，也要加一些彩色的点缀。他不太爱丹青，而喜彩笔。

此诗又像剪影。看：一个青春女子，持枪站立在曙光刚刚洒下的演兵场！仅仅这个画面，就是多么动人！是本身动人，毛泽东如实地“画”下来，并以“飒爽英姿”概括。飒爽，是矫健、敏捷之态，亦即干脆利落不啰嗦，而传统的女子，通常都是相反的。毛泽东笔下是新时代的中国女性！

著名作家茅盾曾以类似笔调写过抗战时期解放区（可能是陕北）清晨中吹号的八路军哨兵。但茅盾写的是男子。

毛泽东情不自禁地发出赞叹：中华儿女多奇志，不爱红装爱武装！这是由衷的赞叹！这两句诗，激励了多少中华儿女（包括男子）奋发向上，为国争光！在半个世纪里（甚至到现在）都成为精辟的人生格言。

芙蓉国

1961年

九嶷山上白云飞，帝子乘风下翠微。
斑竹一枝千滴泪，红霞万朵百重衣。
洞庭波涌连天雪，长岛人歌动地诗。
我欲因之梦寥廓，芙蓉国里尽朝晖。

《七律·答友人》

葬有舜帝的九嶷山上，白云飘飞；舜的妃子娥皇、女英，驾着清风，朝着这苍翠的群山来归。一枝斑竹，凝聚她们千滴眼泪，用万朵红霞，织成一百层的彩衣。浩渺的洞庭湖，波涛翻滚，就像与天相连的雪。长沙的橘子洲上，人们在唱着惊天动地的新诗。芙蓉国朝霞满天，那广阔而遥远的故乡，时常在我梦里。

乐天宇是湖南省宁远县人，早年在长沙第一中学读书时就认识毛泽东，1922年在北京农业大学深造，曾参加李大钊组建的共产主义小组，20世纪40年代在延安任边区林业局局长。60年代初，他带科研小组到湖南九嶷山区作科学考察，与也在这里做社会调查的湖南省副省长周世钊、武汉大学校长李达会合，他们商定送几件九嶷山的纪念品给毛泽东，并附上他们的诗作。乐天宇送一根九嶷山的斑竹，李达送一支斑竹毛笔，并写了一首咏九嶷山的诗；周世钊送一幅内有东汉文学家蔡邕文章的墨刻。

乐天宇还送了一个条幅，上半截是蔡邕的《九嶷山铭》的复制品，下半截有他写的七古《九嶷山颂》：

三分石耸楚天极，大气磅礴驱舞龙。
南接三千罗浮秀，北压七二衡山雄。
西播都庞越城雨，东嘘大庚骑田虹。
我来瞻仰钦虞德，五风十雨惠无穷。
为求山河添锦绣，访松问柏谒古枞。
瑶汉同胞般古谊，长林共护紫霞红。
于兹风雨更调顺，大好景光盛世同。

毛泽东睹物思人、思乡，写了这首《答周世钊、李达、乐天宇同志》诗。乐天宇曾在毛泽东的秘书田家英处见到此诗，要求圈掉他的名字，说："我这个人办事莽莽撞撞，弄得不好，以后可能会给毛主席添麻烦，不能用我的名字。"当时郭沫若编注毛泽东诗词，田便把此意转达郭，郭征求毛泽东意见后改为《答友人》。

此诗被评家称为色彩最绚丽的一首，信然。白，是云，翠，是山，斑，是竹，红，是霞，雪，是波。真个是五颜六色！然而毛泽东笔下的色彩虽多，却不繁杂，而是错落有致，白云在天，翠微在地，斑竹是山上之物，红霞把天与地相连；洞庭波又是水天相交的产物，由大自然而到人类，由神话而到现实，由实而虚。多么精巧！

而且毛泽东笔下的景与人都是动态的，不是呆滞的。云在飞，帝子在乘风，泪在滴，霞在化成百重衣，波在涌，长岛人在唱歌，我在做梦。

毛泽东喜欢多姿多彩，却不爱华贵，特别是讨厌华而不实。颜色多，也可以做到朴实明快。毛泽东给我们描绘这幅画面虽然是绚丽的，却是质朴明快的，其关键是这些景物中所寓的思想或感情，共同构成非常高雅的意象，而且有极强的人民性。可以说，在此诗中，毛泽东表达的感情就是人民的感情、老百姓的感情，老百姓可能不能这样表达出来，毛泽东代而言之。

九嶷山是湖南南部一列群山的全称，所谓“九”，言其多，“嶷”因“疑”而来，即能令人疑惑的山，说的是远古大舜南巡崩于苍梧之野，葬于江南，为保其陵，而作疑冢，化为九嶷。

白云飘浮或飞动在此山上，这是九嶷常见之景，非常秀美，似为大舜灵气，毛泽东即从神话着笔，写娥皇、女英追随大舜而来，也降临到翠绿的山间，她们相思的泪水潸潸而下，滴落在竹上，凝结成斑，故称斑竹，又称湘妃竹，湖南大地，如洞庭君山、湘潭韶山和宁远九嶷，这种竹都特别多，每每令人感伤不已。毛泽东在这里也多少有些感伤，至少是涌起了一种情丝。感伤者何？诗中未明说，很难觉察出来。其实就是接下来写的“红霞”。红霞，表面上写实景，也很美，其实大有深意。红霞即指霞姑，也就是毛泽东已故的亲爱的夫人杨开慧。

在毛泽东的心中，霞姑是他永远的痛，而在他的诗词当中，也时时隐藏着一个“开慧情结”。也许在此诗中，舜与诗人，娥皇、女英与开慧，已合而为一，至少是毛泽东理想化的人格象征。此诗可以与《蝶恋花·答李淑一》对比着读。“红霞万朵百重衣”

虽然与“寂寞嫦娥舒广袖，万里长空且为忠魂舞”，字面上完全不同，但我总觉得有形象的叠加。

原来，这两首名篇有一个共同的地方：都给我们营造了一个从天上到人间的美丽境界，并由思念甚至暗暗的感伤宕开去，而将作者的思路引到乐观奋发的现实当中。此诗的第五六句，是写湖南大地一派欣欣向荣的景象，这也是大中国的缩影。这当然只有这位胜利者、成功者才能写出，倘若在革命尚未成功的时候去写，那又是另一番景象。毛泽东的笔端，自然与人、社会，如此完美地交融，不能不打动读者的心。最后，作者也不由自主地说他做梦都想回故乡去看看，去看那广阔的楚天，看那粉红色的芙蓉花和朝霞落日。

此诗以生花妙笔，向我们描绘出一幅幅极其优美的湖湘山水与神话传说图，抒发了他对故乡的深深热爱和对故人的浓浓思念。读之不能不感慨系之。

险峰

1961年9月9日

暮色苍茫看劲松，乱云飞渡仍从容。
天生一个仙人洞，无限风光在险峰。

《七绝·为李进同志题所摄庐山仙人洞照》

在苍茫的暮色悄悄降临的时候，我看那遒劲有力的松树，只见乱云飞快地走过它的身旁，而它却犹自从从容容。这里有一个天然而生的仙人洞，无穷无尽的风光，其实在那最险峻的绝顶高峰。

毛泽东曾于1959年7月5日游过庐山仙人洞，而这首诗是题一张仙人洞附近的风景照的。照片左下部显出白鹿升仙台上的御碑亭，岩身浓黑。除碑亭外，高低处都是郁郁青青的树木，上部是苍劲的松枝，余部天空一片云海，在白色的云涛中有几团黑色的稠云，像海岛。

1961 年 8 月 23 日至 9 月 16 日中共中央庐山工作会议期间，毛泽东为这张照片题诗。此诗现有三幅手书，均无标题，诗末写“一九六一年九月九日 毛泽东”。

1974 年 10 月，袁水拍在信中谈及“乱云飞渡仍从容”，问不知是“松”从容还是“云”从容。毛泽东答复说是：“云从容。我喜欢乱云。”

此诗为毛泽东诗词宝库中题照诗的姊妹篇。我们前面赏析过好几首纯的写景闲适诗，这首小诗同样写景，却含有极深的哲理意味与强烈的象征与暗示。写此诗的环境与心境与他在杭州登山时大不一样，故此诗也别有深意。

此诗只是借李进拍的这张照片来表达毛泽东的人生思考。话说回来，李进的照片确实拍得不错，从角度、取景、色调的处理，都是有水平的，不然也不会激发毛泽东的诗情。

时间是傍晚，暮色降临的时候，这个时间应是照片反映的时间，也可以是毛泽东写此诗的时间（但主要是前者），或又暗指诗人自己的生理年龄：他已 69 岁，十五年后的这天他将离开人世。毛泽东一生在 9 月 9 日写的诗只有两首，另一首是《西江月·秋收起义》，而后来这天成了他的逝世之日。

苍茫，颜色比较灰暗混浊，不明朗，这是写当时国家与社会的形势还是他自己的思绪或含有对他最后十几年的不确定性的暗指？也许兼而有之。表面上当然是写实，照片上的实，是毛泽东曾亲历庐山的感受。

劲松是此诗的主体形象，全诗都是围绕它来写的。何谓“劲”？有力也。遒劲的样子。松树凌寒不惧，愈冷愈青翠，愈挫愈刚。那老松，更是如同龙虬，弯而有力。故雷电时常劈之，但它宁死不屈。它是力量、坚强的象征，又是长寿的象征。

松树在毛泽东的家乡也极多，是那儿的主要树种，事实上它对气候的适应性超越任何树种，从南到北，从中国到外国，都能生存。毛泽东一个“劲”字将它的品质揭示出来。

那么劲松到底指谁?

这绝不是一个单一的意象，而是一个综合的大意象，也是毛诗中一个典型的意象！它是毛泽东本人人格的集中体现，他的一生的确具有劲松的品格。同时，它也是毛泽东青少年时代就在追求的人生状态和理想境界。在内忧外患深重之时，“劲松品格”弥足珍贵，而在中华民族繁荣富强之路上，这种品格仍是不可或缺，大则社会，小则个人，都是必备的。“劲松”，也不只是毛泽东个人的化身，而是顽强不屈的中华民族的化身。浴血奋战几十年的中国共产党人，就是这样的劲松！陶铸曾专门以松树为题写过一篇散文，那也是他的自况，至于古来以松树为题写诗作文的可谓数不胜数。 这也说明劲松既具有个体性，又具有广泛的群体性。

乱云，明显地也有所指，即指那些试图改变劲松“从容”、稳重之态特别是它的高贵品格的人或事或物，乱，扰乱，不整齐，不正当。乱云可解为种种诱惑、刺激（软的）和种种压力、阻力或权力（硬的）。总之是欲扰乱松的东西，比如毛泽东所说的糖衣炮弹，更指狂风暴雨，而面对这一切，毛泽东与他的党、人民、军队，都犹自镇定、从容。这正是松树的品格。

毛泽东虽自己说过“从容”是指“云”，但我们完全可以据诗本身的意思解为是“松”从容。

面对强暴无所畏惧，当然是要有精神动力的，其中一个很重要的方面是对前途的乐观态度和美好期待。毛泽东在诗的最后两句即展示这种乐观精神与美好前程：经过无数的艰难挫折之后，人生必然要达到最高的险峰，而那儿是风光最美的地方，也是大有收获的地方。这是何等深刻的人生哲理！毛泽东以他本人的实践证明了这个真理。

屈子

1961 年秋

屈子当年赋楚骚，手中握有杀人刀。
艾萧太盛椒兰少，一跃冲向万里涛。

《七绝·屈原》

屈原当年写下瑰丽的《离骚》这些具有楚地特色的诗歌，他的手中就像拿着能击杀敌人的刀。艾叶和杂草太多太盛，溢着清香的椒兰实在太少，在那个小人当道的世界，他为了保持自身的清白，表达他的忠君报国志向，只能纵身跳入滚滚波涛。

屈原，战国时楚国人，名平，“原”是他的字，又字灵均，他担任楚怀王左徒。据《史记·屈原贾生列传》载：他在内与怀王商议国事，以发出号令；对外则接待宾客，与诸侯周旋。楚怀王非常看重他。他主张明法度，举贤能，联齐抗秦，振兴国家。但他的大才受到上官大夫的谗害，被怀王渐渐疏远。屈原痛心怀王偏听不聪，谄害的话遮挡了光明，小人危害了公理，方方正正的人反而不被容纳，故忧愁深思而作《离骚》。

楚顷襄王时，屈原又遭令尹子兰的谗害而被流放到湖南。他依然坚贞地守着他的节操，在他的诗篇中反复吟唱。他常常披头散发地在江湖之滨边走边吟，颜色憔悴，形容枯槁，后来竟投汨罗江自尽。

屈原的故事流传于长江南北乃至海外，而在他流放之地，直接汲取当地文化气息与素材，写下了大量楚辞体浪漫主义杰作，最后他投江的湖南，屈原的精神沉淀尤其深厚，影响尤其深远，从而成为湖湘文化的精髓，对青年毛泽东发生过巨大的影响。

此诗为咏史之作，所咏是毛泽东十分熟悉的伟大的爱国主义诗人屈原。从诗才、政治才能与人生抱负看，研究家常常把屈原与毛泽东类比，当然，毛泽东的政治抱负得以施展，而屈原却郁郁地自投汨罗江，这是他们相异之处。而从诗歌艺术来看，毛诗可视为新一代的“楚辞”，毛泽东全方位地继承《离骚》等楚地诗歌浓烈的浪漫主义倾向（如喜欢将一些神话传说写入诗中，又如极富地方特色与浪漫情怀的诗歌语言）。甚至可以说，《楚辞》和屈原是最早培植毛泽东的诗歌才情并深远影响毛泽东一生的诗歌和诗人。

当毛泽东刚刚进入湖南四师（后并入一师），毛泽东即在他的课堂笔记本的开头部分，工工整整地恭录屈原的《离骚》全诗，并以“路漫漫其修远兮，吾将上下而求索”作为他的座右铭，“求索”成为他整个青年时代的显著特征。

为何毛泽东如此钟爱屈原的诗？这当然是与屈子与湖南的密切关系有关。屈原当初来到湖南，是这儿的地方文化大大激发他的诗情，他的最有价值的诗篇也差不多都是在湖南写的，而且他最后也是在洞庭湖畔投汨罗江的。这样一来，又是屈原，重新构造了湖湘的地域文化，这种文化的影响渐渐及于全国。毛泽东早年有三十多年学习、生活于此（特别是他的学问基础和人格特征都是在这儿定型的），他晚年也经常回到这里，20 世纪 50 年代末，他曾特别迷醉《楚辞》，他从这部伟大的诗歌集中汲取和发挥了浪漫精神。

自然，屈原的诗大多用象征、暗寓甚至是相当艰深的比喻来表达理想，针砭时弊，而鲁迅的杂文却多用痛快淋漓的辛辣语言直接刺向丑恶的人或事（但鲁迅的小说、诗歌就要含蓄许多）。尽管形式不同，但屈诗、鲁文起的社会功用却相同。所以，毛泽东认为屈子握有“杀人刀”（杀向楚王身边的一班小人）。屈原是否写过更直接的一些反对令尹子兰和大夫靳尚等人的杂文式的文章，现不可知，但可以想见，他确是曾在楚王面前据理力争甚至痛斥小人、奸臣的，不然也不会被贬到湖南，流落洞庭、湘水。

第三句是一个对比：艾萧——臭草，比喻小人、佞臣；椒兰——香草，比喻如屈原一样高尚的人，一多一少，是屈原所处环境的实情。这两个意象不是毛泽东的独创，而是屈原诗歌中常见的自然物与其个人思想的寄托。

最后一句，一反过去人们写屈原常用的哀婉笔调（毛泽东自己在《七古·送纵宇一郎东行》一诗中曾写过“年少峥嵘屈贾才”，在《七绝·贾谊》中则说“哭泣情怀吊屈文”），而以动感极强的两个动词“一跃”和“冲”，传神地描写出屈原的壮烈和义无反顾！

1961年9月

博大胆识

其一

博大胆识铁石坚，刀光剑影任翔旋。

龙华喋血不眠夜，犹制小诗赋管弦。

其二

鉴湖越台名士乡，忧忡为国痛断肠。

剑南歌接秋风吟，一例氤氲入诗囊。

《七绝二首·纪念鲁迅八十寿辰》

您的博大胆识就像铁石一样坚定不移，在刀光剑影里也能随意翱翔周旋。当左联的二十三烈士在上海龙华被杀，您度过了一个不眠之夜，写下那首动人的小诗歌唱他们。

您的故乡绍兴有鉴湖，有越王台，那是一个自古出名人的地方。您为了国家忧心忡忡，甚至痛心得要断肠。从陆游的《剑南诗稿》、秋瑾的《秋风曲》，再到您的诗文，爱国的精神一脉相承，载入中国的诗歌史册，如兰草一样勃发着高贵的清香。

鲁迅，浙江绍兴人，1881年9月25日生，1936年10月19日病逝于上海，原名周树人。毛泽东晚年，1971年11

月20日，曾遗憾地说："五四时期在北京，弄新文学的人，我见过李大钊、陈独秀、胡适、周作人，就是没有见过鲁迅。"据说第一次到北京时，毛泽东曾通过周作人去拜访鲁迅，不巧未遇上。

大革命时期他们一度都在广州，可惜也没有见面的记载。当毛泽东上井冈山，国统区的报纸经常有关于朱、毛"匪军"的报道，1931年底，鲁迅与茅盾在一起，两人谈起毛泽东，茅盾介绍之后，鲁迅说：

过去只听说毛泽东是搞农民运动的，想不到还是学者而且已有了家眷，不知道他有多大岁数了。

1933年底，冯雪峰到达瑞金中央苏区，毛泽东得空与他闲谈，冯告诉毛，鲁迅谈到毛泽东的诗词，说有"山大王"之气，毛泽东大笑。

当毛泽东长征到达陕北，随后率部东征山西，欲走上抗日前线之时，他收到远在上海的鲁迅、茅盾发来的热情洋溢的信：

英勇的红军将领和士兵们！你们的勇敢的斗争，你们的伟大胜利，是中华民族解放史上最光辉的一页。全国民众期待着你们更大的胜利。全国民众正在努力奋斗，为你们的后盾，为你们的声援。

收到这封信后不久，毛泽东和中共中央派冯雪峰回上海，并嘱与鲁迅先接头。冯到上海后见了鲁迅，向他谈了毛泽东和红军长征的情况，鲁迅缓缓地说：

我想，我作为一个小兵还是胜任的，用笔！

当年6月，鲁迅大病卧床，口授《答托洛茨基派的信》专门驳斥托派对毛泽东的攻击。10月初，鲁迅拿出自己主持出版的瞿秋白遗著《海上述林》交冯雪峰，要冯把一本皮面的送“M”（指毛泽东）。

逝世前夕，鲁迅出钱，请周文到街上选购两只上等金华火腿，带到西安，转辗带至延安送给了毛泽东。

1937 年 10 月 19 日，毛泽东在延安陕北公学作《论鲁迅》的演讲，高度评价了鲁迅的远见、斗争精神和牺牲精神，他说：

鲁迅在中国的价值，据我看要算是中国的第一等圣人。孔夫子是封建社会的圣人，鲁迅则是现代中国的圣人！

在 1940 年 1 月所作《新民主主义论》中，毛泽东是这样评价鲁迅的：

鲁迅是中国文化革命的主将，他不但是伟大的文学家，而且是伟大的思想家和伟大的革命家。鲁迅的骨头是最硬的，他没有丝毫的奴颜和媚骨，这是半殖民地人民最可宝贵的性格。

这是两首颂诗，却都用形象说话，而不是概念化地吹捧。

第一首重点写鲁迅的骨气：毛泽东用“博大”，即广博、宏大来形容鲁迅的胆识，胆即胆量，识即见识，这是从勇与谋两方面说的。有胆无识是鲁莽，有识无胆是懦夫，只有胆、识兼备方称真英豪，鲁迅就是这样的英豪！毛泽东又用铁、石两种物质进一步比喻鲁迅的胆识，铁者，坚固也，石者，不移也，二者具有坚定不移的特性，更是鲁迅的写真。接着具体写鲁迅的胆识，他在刀光剑影中犹从容自如，这还是第一句的引伸：若无胆，则见刀光剑影避而远之；若无识，即使勇敢步入刀剑丛中，也会被杀死。

正因鲁迅是一位真英豪，所以他与左联烈士才能心相通，当听说他们英勇献身，他彻夜难眠，把他无穷的悲愤发而为诗，即：

惯于长夜过春时，挈妇将雏鬓有丝。
梦里依稀慈母泪，城头变幻大王旗。
忍看朋辈成新鬼？怒向刀丛觅小诗。
吟罢低眉无写处，月光如水照缁衣。

毛泽东对鲁迅有最深刻的认识，虽然他们并不曾相识，所以在这首诗中，也就能把鲁迅最本质的精神用贴切的语言揭示出来。毛泽东也没有对鲁迅的精神或思想直接发议论，而是以形象化的词语和事实来表达。

第二首借鲁迅的故乡赞颂鲁迅。一个地方的乡土文化和人文传统，对培养人才往往有着极重要的作用，笔者三次到绍兴，领略和深深体会到毛泽东赞誉的绍兴文化和鲁迅的人格精神。绍兴文化积淀深厚，有清亮如镜的鉴湖等自然风光，又出了众多的名人，如远古时代为治水三过家门而不入的大禹，在此招贤的越王勾践，唐代的著名诗人贺知章、南宋爱国诗人陆游、清末革命党人秋瑾等，鲁迅直承先人遗绪，成为现代绍兴和中国的一代伟人。这些名人一以贯之的传统就是爱国，他们都做到了“忧忡”而“痛断肠”。忧忡，是忧心忡忡的缩略，与范仲淹所说“先天下之忧而忧，后天下之乐而乐”同义。痛断肠，极言痛苦，如马致远之“断肠人在天涯”，毛泽东自己在《贺新郎·别友》中也写过“汽笛一声肠已断”。

第三四句着重讴歌绍兴名人的文学才能。陆游的《剑南诗稿》收录诗歌达九千多首，为古今诗人之最，其中充满杀敌立功的浩然正气，在艺术上也有许多精粹篇什。至于这位天才诗人在沈园与唐婉儿的故事也被传为爱情经典。而清末一代女杰秋瑾，也以胆略豪侠著名，她的诗才也光彩照人，其《秋风曲》云：

秋风起兮百草黄，秋风之性劲且刚。

能使群花皆缩首，助他秋菊傲秋霜。

……

绍兴名人一大特点是才气与骨气俱备，这正是毛泽东极力推崇的原因。那么，无论他们的事迹还是动人的诗篇，都将永远载入青史而不朽。氤氲，谓香气，如毛泽东赞屈原诗中所言“椒兰”，是高贵的象征；诗囊，直解是装诗的袋子，不少古人作诗，喜欢带一个袋子到野外采风，得一诗即写下抛入袋中，这里代指诗歌史，亦可泛指文学史和文化史，最后一句也就是“流芳百世”或“名留青史”之意，毛泽东没有直说，而是以物暗寓。

金猴

1961年11月17日

一从大地起风雷，便有精生白骨堆。
僧是愚氓犹可训，妖为鬼蜮必成灾。
金猴奋起千钧棒，玉宇澄清万里埃。
今日欢呼孙大圣，只缘妖雾又重来。

《七律·和郭沫若同志》

自从大地产生了风暴和雷霆，也就有从白骨堆里出来的妖精。这是《西游记》里给我们描绘的情景。唐僧这个和尚愚昧无知，但还是可以教育，而妖精变为鬼蜮，那就会形成灾祸。那神通广大的孙悟空，举起他的千钧铁棒，奋力扫将下去，天空立刻变得清爽晴朗，万里的灰尘都消失不见。今天我们欢呼孙大圣，只因为妖雾又重新来到这世上。

20世纪50年代后期，中苏两党在国际共产主义运动中产生尖锐的意见分歧。1961年10月，苏共领导人赫鲁晓夫召开苏共第二十二次代表大会，通过新的纲领，主张社会主义国家与资本主义国家和平竞赛与共处；资本主义国家可以和平过渡进入社会主义，与此同时，赫鲁晓夫对中国共产党横加指责。

1961年10月，浙江绍剧团在北京演出根据《西游记》第二十七回等章节改编而成的《孙悟空三打白骨精》，郭沫若多次观看，首次是18日，在民族文化宫，演出后绍剧团请郭提意见，25日，他写一首七律《看〈孙悟空三打白骨精〉》。

11月17日，毛泽东也看了电影绍剧《三打白骨精》，他在广州读到郭诗，不同意郭沫若处理唐僧的方法，便写《七律·和郭沫若同志》一诗。其中隐含毛泽东对国际共产主义运动的看法。

次年1月6日，郭在广州看到毛的和诗又步韵作七律：

赖有晴空霹雳雷，不教白骨聚成堆。

九天四海澄迷雾，八十一番弭大灾。

僧受折磨知悔恨，猪期振奋报涓埃。

金睛火眼无容赦，哪怕妖精亿度来。

毛泽东看此诗后回信给郭：

和诗好，不要“千刀万剐唐僧肉”了，对中间派采取了统一战线政策，这就好了。

孙悟空的故事，是毛泽东少年时代相当熟悉的，也是没有哪个中国人不知道的。这首诗全篇都是咏赞金猴，这样的典故用起来，当然是十分地顺手，读者也极容易理解。

毛泽东本人曾自称有几分虎性，又说也有几分猴性，大约这个猴性也包含孙猴子的“性”。孙悟空已成为中国传统文化中勇与力的象征，他是天不怕、地不怕，人不怕，鬼不怕，奋斗使他感到“其乐无穷”。这难道不是毛泽东一生的写真？可以说，孙悟空的故事潜移默化进入毛泽东的身心，并自觉或不自觉地成为毛泽东的楷模。至于《西游记》上天入海的浪漫豪情，也被毛泽东所吸收，成为他诗歌的一大特征。当然，孙猴子也有一怕，那就是他头上的紧箍，就是佛法。毛泽东却是一切都没有放在眼里，除了他热爱的人民和信奉的马克思主义。

毛泽东在许多场合都曾引用孙悟空的故事，而在诗中引用，这是第一次。

开篇从反面写起，因为在大地风雷中，从白骨堆中生出妖精，所以才会呼唤孙悟空。这是对孙悟空故事的提示，因为这个故事大家都太熟悉，用不着详说。接连几句，毛泽东都是作一些点拔，把《西游记》中的几个人物最本质的特征勾画出来，又因毛泽东此诗系和郭沫若这位大学问家，毛诗不免带上深刻的哲理性。妖，与鬼蜮是同类，但妖不一定会给人类造成灾祸，鬼蜮则是传说中的一种人精。它生在水里，能含沙射人的影子伤人。孔颖达疏引陆机云："一名射影，江淮水皆有之，人在岸止，影在水中，投人影则杀之，故曰射影。南人将入水，先以瓦石投水中，令水浊，然后入。或曰含沙射人皮肤，其疮如疥是也。"总之，妖、蜮都是可恨的仇敌，该杀该剐，可是在郭沫若笔下，却把唐僧说成要"千刀万剐"，这显然是把"中间"派混淆成敌人，所以毛泽东在和诗中用形象来加以澄清。

郭的原诗是：

人妖颠倒是非淆，对敌慈悲对友刁。
咒念金箍闻万遍，精逃白骨累三遭。
千刀万剐唐僧肉，一拔何亏大圣毛。
教育及时堪赞赏，猪犹智慧胜愚曹。

唐僧，历史上本有其人，系唐代高僧玄奘，本姓陈，河南偃师人（在嵩山下），唐太宗贞观三年（629）为研求佛学历经千难万险到印度，贞观十九年（645）回到长安，带回 650 多部佛教经典。明代，吴承恩据民间传说和宋元以来平话、杂剧等写成反映取经故事的《西游记》。

毛泽东也认为唐僧是一个糊涂虫，是愚蠢的人，值得“严厉批评”，须要“教训”，而真正值得大加讴歌的就是金猴。你看他何等地威风八面：他挥起千钧重的金箍棒，整个宇宙便清澈万里，没有一点尘埃！钧为古代计量单位，一钧为 30 斤，孙氏所用之棒重达 13500 斤。

毛泽东情不自禁地对孙大圣欢呼起来，简直要山呼万岁！这又是什么原因呢？毛泽东认为妖雾又来了。这是暗指社会上许多不良习气和国际上恶毒的政治空气又已降临，因此需要孙悟空挥起金箍棒。这当然只能靠毛泽东自己，毛泽东在这里多少含有以孙自况的意思，他的金箍棒就是马克思列宁主义和群众性的政治运动。

丛中笑

1961年12月

读陆游咏梅词，反其意而用之。

风雨送春归，飞雪迎春到。已是悬崖百丈冰，犹有花枝俏。
俏也不争春，只把春来报。待到山花烂漫时，她在丛中笑。

《卜算子·咏梅》

和风细雨又把春给送回来啦！雪轻柔地飘飞，迎接着白雪公主。看那悬崖峭壁上，还垂挂着百丈的冰柱，更有不怕冷的梅花，俏丽地开放。

虽然那么美丽，她并不想在春天争奇斗艳，她只是作为春的使者，把春姑娘要来的信息报告。等到春天真正来临，山花烂漫的时候，她却又悄然身退，只躲在花丛里面无声地微笑。

1961年，中国正面临着严重的自然灾害，又受到苏联等国在政治、经济上的巨大压力。面对如此的艰难境地，毛泽东无所畏惧。

这年12月，毛泽东正在广州筹划中共中央扩大的工作会议。

闲暇读到陆游的《卜算子·咏梅》颇有感慨，联系国际政治斗争风云，“反其意而用之”，创作了这首词。

郭沫若在《待到山花烂漫时》（1964年3月15日《人民日报》）中说：

主席的词写成于一九六一年十一月，当时是美帝国主义和他的伙伴们进行反华大合唱最嚣张的时候，这也就是“已是悬崖百丈冰”的时候。在这样的时候，我们的处境好像很困难，很孤立，不从本质上来看问题的人便容易动摇。主席写出了这首词来鼓励大家，首先是在党内传阅的，意思就是希望党员同志们要擎得住，首先成为毫不动摇、毫不害怕寒冷的梅花，为中国人民做出好榜样。斗争了两年，情况逐渐好转了，冰雪的严威逐渐减弱了，主席的诗词才公布了出来。不用说还是希望我们继续奋斗，使冰雪彻底解冻，使山花遍地烂漫，使地上永远都是春天。

1963年12月人民文学出版社出版《毛主席诗词》时将写作时间误作1962年12月，1964年9月再印时改。

郭沫若在1962年1月30日读后即和一首：

曩见梅花愁，今见梅花笑。本有东风孕满怀，春伴梅花到。风雨任疯狂，冰雪随骄傲。万紫千红结队来，遍地吹军号。

毛泽东的咏梅词有三幅手书和一种亲笔修改的校样。“犹有”原作“独有”，“俏也不争春”原作“梅亦不争春”。“烂漫”曾作“烂熳”。“她在丛中笑”曾作“她在旁边笑”。

这是一首美得让人流泪的词，虽是读过千遍，却是常读常新。它触动了我的心弦，使我的情感波涛泛起层层涟漪。

想来，是因毛泽东描绘的自然风光，冬天的雪、冬天的梅和初春的冰，我是那么熟悉，因为我与伟人是同乡，毛泽东感受过的自然与乡土文化，都是我感受过的，现在还在天天感受。同乡之间，虽然不属同一时代，却总是有着共同的审美情趣与偏好，亲不亲，故乡人，即说此理。可以不夸张地说，我因长期生活在毛泽东故居旁边，因此最能体味此诗所描绘的情景和所抒发的心志。

毛泽东爱春天，他曾在《送瘟神》中讴歌“春风杨柳万千条”，但那是仲春，至少是初春，而此诗所写却是还在飞雪，还在结冰的早春，或者是冬将去而未去，春将来而未来的时节。送来者，风雨，杜甫诗赞：“好雨知时节，当春乃发生，随风潜入夜，润物细无声。”毛泽东笔端的雨，也是喜雨，风也是喜风。迎接春的又是什么？不是人，也不是草，而是雪，飞雪。这真是出人意表。雪本是冬的象征，毛泽东无数次地咏雪，都是写的冬天，可是这里他却把雪当作早春的一个代表物，同样是美好的，令人回味无穷的。毛泽东的诗中，总有故乡的影子，即使他没有直接写故乡，我也能感受到故乡的文化血液在他的诗中流淌，此诗中的雪，就是如此。在韶山，早春雪景也是常有的，特别在全球还没有变暖的时候更是如此。因为，一般情况下，在农历过年前后（春节期间），就已立春，但其实此时还相当寒冷，往往需要一场大瑞雪，才能把温暖的太阳请出来，而在这大雪当中或雪后，梅花盛开，这真是令人极为感动，无以用话语形容的感动，毛泽东用他的妙笔，把我们韶山人和中国人的这种感动描绘出来。

古来无数的人们咏雪中梅花，无数的人们写雪中的梅花，我看没有哪个比得上这首词。

试看毛泽东反其意而用之的陆游原作：

驿外断桥边，寂寞开无主，已是黄昏独自愁，更著风和雨。

无意苦争春，一任群芳妒。零落沉泥碾作尘，只有香如故。

可能是人生际遇与经历不同，陆游笔下的梅，是那样备受欺凌，被人践踏，这其实是陆氏本人的经历，特别是他生活在宋代那样窝囊受气的时代，他有才不能用，有力无处使，反而被嫉妒。这也是当时所有知识分子的相同遭遇。陆游笔下当然就是充满哀怨，色调也是黯淡无光的。应指出的是，陆词写梅花没有用雪来衬托，而是用黄昏、断桥、愁人、泥土来衬托。陆词落点在“香如故”即孤芳自赏和保持自我的意思。

毛词立意要高得多。他笔下的雪，几乎都是正面的，他甚至认为，是雪使梅花这样美丽而坚强（在《七律·冬云》中的梅花也是如此），怕冷者诅咒下雪，可是意志坚强者却欢呼大雪，他们喜雪来时的美，更知道雪后将带来艳阳天。

与陆游词的沉重形成对比的是，此词是轻灵活脱的。毛泽东没有用沉重的语言对梅花进行哲学的诠释，而是以跳荡的韵律，就像春姑娘唱出来的一首欢歌。他的落点，不是孤芳自赏，而是勇于在最艰苦的环境（“百丈冰”）下，挺身而出，却在幸福与美好来临的时候，隐身而退，这真是另一种意义上的“先天下之忧而忧后天下之乐而乐”。

陆游原词，有诗人自己的形象在内，甚至就是写诗人自己，而毛词却没有写自己，只是蕴含着作者的审美情趣和他对人生的理解。全词中，我们能看到在严寒中梅花的俏丽和春天真正来临后，梅花的微笑。前者是张扬的，后者却是隐藏的。这是高超的拟人的写法。

驱虎豹

1962年12月26日

雪压冬云白絮飞，万花纷谢一时稀。
高天滚滚寒流急，大地微微暖气吹。
独有英雄驱虎豹，更无豪杰怕熊罴。
梅花欢喜漫天雪，冻死苍蝇未足奇。

《七律·冬云》

大雪压低了冬天的云，雪白的轻絮飘飘地飞，所有的花儿都纷纷凋谢了，只有极稀少的一种还在开。高远的天空上，滚滚的寒流急急地流，大地上却轻轻地有暖气在吹。独有英雄挺身而出去驱赶虎豹，更没有豪杰害怕那熊罴。梅花，梅花，你对漫天的大雪欢呼跳跃，可怜的几只苍蝇被冻死又算得什么稀奇！

1962年，苏共领导人在国际上制造分歧，引起与中共的争端。4月，我国新疆伊犁地区6万人逃往苏联，5月，又发生伊犁暴乱事件。苏联领事馆等人员与这些事件有关。印度军队大规模武装入侵我国边境时，苏联政府不但不谴责，反而借机指责中国，并援助印度。他们还同美国达成防止核扩散协议，企图阻止中国拥有核武器。从 11 月起，苏共方面又连续发表几百篇文章，攻击中国共产党，接着又纠集四十个国家的共产党发表决议、声明或文章指责中国共产党，对中共形成巨大的压力。

美国为首的一些国家也配合苏联对中国进行经济封锁、军事恐吓、政治讹诈。美国还想在中国实行“和平演变”；台湾的蒋介石也叫嚣反攻大陆。

毛泽东领导中共同国际反华势力进行了针锋相对的斗争：迅速打退印军的进攻；一再抗议美、苏的挑衅；12 月，中共中央决定，对一些兄弟国家的攻击有选择地公开答辩。12 月 15 日，第一篇公开答辩在《人民日报》发表。

国内，中共采取有效的经济调整措施，召开中共中央扩大的工作会议和中央政治局常委“西楼会议”，并通过陈云作的《目前财政经济情况和克服困难的若干办法》的报告，使国内经济开始好转。还落实了知识分子政策，为部分党员、干部甄别改正，调整民族政策和统一战线政策。国内人心稳定，建设热情高涨。年底，全国形势逐渐好转。

12 月 26 日，正是毛泽东 69 岁生日，他写下这首诗。

这是毛泽东在自己生日写的唯一一首诗，也是他人格的自况。毛泽东特别喜欢雪，他故乡韶山的冬天，经常下雪，而下雪的日子，韶山冲是极其秀美与壮丽的，雪也是毛泽东故乡情结之一。他的诗词中因此也无数次地歌唱雪。唱得最动人的当然是《沁园春·雪》。雪，在毛泽东笔下有多种形象，并化而为意象，即深寓自己特定思想的形象。

在这首诗中，雪是作为梅花的陪衬的（而不是完全的对立面）。

自然，雪本有两方面的特征，她是美的，她有时也会带来奇寒，甚至会使树木弯折（韶山冲只要下大雪，松树即经常被压折，笔者长期生活于此，多有感受）。

所以诗一开篇即以一个“压”字来写雪，它把冬云压低了，它在天上极自由地飘飞，这是多么令人心颤的景象！而在这个季节，差不多所有的花儿都不见了。天和地又是何景？有滚滚寒流，有微微暖气，寒流是高空上的，自然的，天越高，温度越低；而暖气是带有人的特征的，或者是受人的影响的，更是心灵上的暖意。不怕冷，天就不冷（当然地面温度本也比天上低）。

第五、六句是一个极工整的对偶，而英雄、豪杰与梅花具有同样品格，作者也就由物及人，毛泽东喜欢这样的大雪，言外之意，他也是与梅花“心性”相通的人！也是英雄豪杰或也要做这样不怕虎豹熊罴的英雄豪杰！综观毛泽东的一生，他最大的人格魅力恰恰在此。

诗的最后，除直接点出他讴歌的主体“梅花”，还点出一个被冻死的“苍蝇”作为与梅花人格形成对比的意象。由此我们也看到，雪与梅花并非一对“敌人”，相反，是雪使梅花更坚强更壮美，而真正的对立面则是苍蝇。这是毛泽东对雪、梅、蝇三个自然物与人格化身的辩证关系的准确定位。至于冬云、高天、大地则是附生物或陪衬，而英雄、豪杰则与梅花只是同一品格的不同名称。

1963年1月9日

飞鸣镝

小小寰球，有几个苍蝇碰壁。嗡嗡叫，几声凄厉，
几声抽泣。蚂蚁缘槐夸大国，蚍蜉撼树谈何易。
正西风落叶下长安，飞鸣镝。
多少事，从来急；天地转，光阴迫。一万年太久，
只争朝夕。四海翻腾云水怒，五洲震荡风雷急。
要扫除一切害人虫，全无敌。

《满江红·和郭沫若同志》

小小的地球上，有几个苍蝇碰到墙壁。嗡嗡地哀叫着，发出几阵凄厉的声音，又传来几阵抽泣。蚂蚁爬上槐树，砌了个窝，向人夸耀这是它的大国；小小的蚍蜉，却要摇动大树，真是谈何容易！正是西风把长安的黄叶吹落的时候，箭带着鸣叫飞射出去。

有多少的事情，从来都是来得快去得也快；天地旋转，光阴急迫，一万年太久，必须争分夺秒。大海翻腾着波涛，云与水相激怒，五大洲震荡着风雷。要扫除一切害人虫，谁人可匹敌？

1962年，美国在越南遭到狠狠痛击，陷入困境。苏共领导人在12月召开的捷共和意共的代表大会上反华达到高潮。12月15

日，中共发表《全世界无产者联合起来，反对我们的共同敌人》的社论，以后又陆续发表七篇文章阐明中国共产党人坚持马克思主义立场和无产阶级国际主义的原则。同时妥善地处理中印边界冲突，并先后同缅甸、尼泊尔、蒙古、巴基斯坦和阿富汗五国签订和平协定或条约。毛泽东带领中国人民顶住外来压力，最终顺利度过困难时期。

郭沫若对这一些感慨颇深。1963 年辞旧迎新之际，填写《满江红》一词，送呈毛泽东，同时发表在 1 月 1 日的《光明日报》。毛泽东正在广州，他从报上读到郭词，兴致勃勃赋《满江红·和郭沫若同志》作答。

据毛泽东身边的工作人员回忆：

当晚他在屋里踱来踱去，时而凝眉沉思，时而昂首吟哦。忽然，他停住脚步，坐在桌前写上几句，又摇摇头，把纸揉成一团，扔进纸篓。在不断的吟哦、写作中，这首名篇诞生了。次日清晨，工作人员发现纸篓已装满大半。

1 月 9 日，毛泽东将此词书赠周恩来，特意提醒："郭词见 1 月 1 日光明日报。"

此词现有四幅手书。"蚂蚁"句曾作"蚂蚁缘槐称大国"，"多少事"曾作"千万事"，"四海"两句书赠周恩来时作"革命精神翻四海，工农踊跃抽长戟"。

古代特别著名也特别为毛泽东喜爱的《满江红》是岳飞的，其内容是抒发抗金的雄心壮志，毛泽东写的这首满江红，与岳词内容不一样，但雄心壮志却同一。

此词还有一个显著的特点是极为通俗，其中不少语句明白如话，这是毛泽东用旧的形式和大众语言表达新的思想与哲理的成功尝试。

词开篇称地球为“小小寰球”，这实在出人意表，因为地球是够大的了,为何毛泽东反说其小呢？从修辞上说这是缩小夸张，从哲理意味上说，地球本也只是茫茫宇宙中的一小点。同时这为后文埋下伏笔。地球都这么“小”，几只蚂蚁爬上槐树砌个窝，竟夸耀说是个大国,岂不是笑死人！当然毛泽东没有马上写蚂蚁，而是先写几个碰到墙壁的苍蝇的可怜状态：先是嗡嗡叫，继是凄厉地叫，再是哭泣，可怜，但谁又会去同情它？那么肮脏卑鄙的东西！这几句都非常明白易懂。要指出的是，在《七律·冬云》中毛泽东也用过“苍蝇”这一意象，意思是一样的，但那里没有展开去描绘。

写了苍蝇就写蚂蚁，蚍蜉也是蚂蚁，只是个头大些的蚂蚁，但终归还是蚂蚁。蚂蚁当然没有苍蝇那样卑污，可是它狂妄自大，一个小小的蚂蚁王国，也要向世人夸耀，甚至还想摇动大树。苍蝇也好，蚂蚁也好，都是借用来比喻或象征社会上的某些自不量力的人，大而言之，是指国际上的反华势力。这首词可称为毛泽东的一首寓言词（另一首是《念奴娇·鸟儿问答》）。词中给我们构造了两个寓言场面：苍蝇碰壁和蚂蚁爬树。这既是自然现象，又是哲理化的诗歌语言。这都是有典故来由的。唐代李公佐小说《南柯太守传》就讲到了槐树和蚂蚁窝的事，不过毛泽东对其作了大改造，原故事是讲的南柯一梦一场空，而毛泽东这里讲的是蚂蚁狂妄自大。另外，唐代韩愈《调张籍》诗云：“蚍蜉撼大树，可笑不自量。”毛词与此完全一致。

词的上片，几乎都是从反面描绘敌对势力，直到最后两句才正面写西风劲吹落叶，作为战斗信号的响箭飞过。这里给我们塑造两个极壮美的画面。西风，在毛泽东眼里，有时是敌对方面或残酷势力的象征，如东风压倒西风的说法，又如“西风烈，长空雁叫霜晨月”，而当它与落叶在一起时，毛泽东又是把它当作能涤旧迎新的正面势力的。因为落叶是腐败的东西，当然要让其消失。此句也是借用唐代诗人贾岛的《忆江上吴处士》：“秋风吹渭水，落叶满长安。”这是讲一个季节，也可以说是社会的特殊“季节”，在毛泽东可能两者兼而有之。至于“飞鸣镝”，就是“鸣镝飞”。鸣镝是响箭，古人打仗，先射响箭，发出进攻的信号。三国吴韦昭乐府《汉之季》：“飞鸣镝，接白刃。”毛泽东用此意象，言外之意，就是要向国际上的反华势力发动进攻。

下片是诗人毛泽东对人生、社会的发展规律与我们应持的态度的议论和阐发。毛泽东曾说“人生易老天难老”，古人云：光阴似箭，日月如梭。毛泽东要做的事太多太多了。他感到的是一个“急”字，一个“迫”字，都是急迫的意思，他在自我鞭策也在叮嘱人们，要抓紧时间，“争朝夕”即争分夺秒，既要遥想未来，更要立足现实！“四海”与“五洲”两句对仗极工，是对日新月异地变化着的自然与社会的形象描绘，也就含有今天我们讲的要“与时俱进”的意思。最后，毛泽东不由自主地高喊起来：要扫除一切害人虫，全无敌！这是他一生为之奋斗的伟大理想，也是向恶势力进军的冲锋号！

1963年8月1日

好八连

好八连，天下传。为什么？意志坚。
为人民，几十年。拒腐蚀，永不沾。
因此叫，好八连。解放军，要学习。
全军民，要自立。不怕压，不怕迫。
不怕刀，不怕戟。不怕鬼，不怕魅。
不怕帝，不怕贼。奇儿女，如松柏。
上参天，傲霜雪。纪律好，如坚壁。
军事好，如霹雳。政治好，称第一。
思想好，能分析。分析好，大有益。
益在哪？团结力。军民团结如一人，
试看天下谁能敌。

《杂言诗·八连颂》

南京路上好八连，天下流传着它的事迹。有什么值得称道？它意志坚定，它为人民服务，几十年如一日。它拒腐蚀，永远也不沾染坏习气。因此被称“好八连”。解放军都要学习它。全体军队和人民，要自强自立。不要怕压迫，不要怕刀枪，不要怕鬼魅，不要怕帝国主义，也不要怕逆贼。怀有奇志的儿女，松柏一样顽强，奋发向上，直达云霄，笑傲风霜雨雪。有严格的纪律，军事好，如铜墙铁壁。军事过得硬，犹如霹雳一样有力。政治过得硬，可以称为第一。思想过得硬，能经得住分析。这样大有益处。益处在哪里？军民团结得如一个人，试看天下哪个能够抵挡。

中国人民解放军驻守上海某部八连，自1949年5月进驻南京路后，经过十四个春秋，身居闹市，一尘不染，艰苦奋斗，勤俭节约，克己奉公，热爱人民，助人为乐，顶住糖衣炮弹的袭击，受到人民的好评。1963年4月25日，国防部发出命令，授予“南京路上好八连”的光荣称号。“好八连”的事迹，深深地感动了毛泽东。8月1日，即建军节这天，他挥笔写下这首诗。

此是一首政治鼓动诗或称宣传诗。毛泽东当时可能并没有把它当作一首诗，只是顺口吟成，意在激励全军向好八连学习。所以我们不能纯从诗的得失去分析。它的认识价值，大大超过艺术价值。

除最后两句，其实，它是一首三言诗，这在毛泽东是独一无二的。古来以三言为主的诗很少，如《盘中诗》，这应是中国三言诗的鼻祖。而全部的三言诗，是为儿童启蒙的通俗读物《三字经》，云：

人之初，性本善。
性相近，习相远。
苟不教，性乃迁。
教之道，贵以专。
……
幼而学，壮而行。
上致君，下泽民。
扬名声，显父母。

光于前，裕于后。

……

《三字经》中相当的篇幅是不错的诗，它介绍了不少日常事物，特别是宣扬中华传统美德（当然也有少许值得批判的东西）。毛泽东儿时在韶山南岸私塾启蒙，最初读的就是《三字经》，显然，毛泽东对此印象极深。他考虑到全军大部分士兵文化水平都不很高，故用三字经这种通俗的形式来写《八连颂》。这是他一个相当不错的创造，即借用旧的形式表现崭新的内容。

另外，在毛泽东的故乡，还流传着一首与此诗形式几乎完全一样的儿歌，我想毛泽东极可能是借鉴了它的：

《月光光》

月光光，夜光光，河里担水洗衣裳。

一姐洗，二姐浆，打发哥哥进学堂。

学堂远，兑笔管；笔管粗，兑篦梳；

篦梳滑，兑腰带；腰带花，兑冬瓜；

冬瓜木，兑菱角；菱角尖，尖上天。

天上铜锣响，地下紫罗鞭。

《八连颂》全诗基本上是直白的议论和号召，浅显易懂。技艺上，它采取反复唱赞的方式，就像韶山一带常见的“赞土地”——过年过节时，一些民间艺人，拿着个铜盘，挨家挨户去唱咏，无非是一些吉祥的话语。

三言诗有个特点，就是音韵上口，易唱易记。此诗转了两次韵，但感觉自然。除直接地议论，诗中也不乏形象。如用刀、戟、鬼、魅、霜雪代指恶势力，用松柏、霹雳代指正面势力。最后两句则是至今都还在闪烁着光彩的名句。

草上飞

1963 年 12 月

记得当年草上飞，红军队里每相违。
长征不是难堪日，战锦方为大问题。
斥鷃每闻欺大鸟，昆鸡常笑老鹰非。
君今不幸离人世，国有疑难可问谁？

《七律 · 吊罗荣桓同志》

我还记得当年你与我一起上山举义，我们都在红军部队里却不能经常碰面。长征那样的艰难险阻，对你根本不在话下，东北的锦州之战才是你大显身手的时候。每每听说蓬蒿间的小雀，反而欺侮那高飞的大鹏鸟，昆鸡也常常嘲笑老鹰的缺点。现在你不幸离开人世，国家有疑难，我去问谁？

罗荣桓（1902—1963），湖南衡山人，1927 年入团、入党，8 月参加鄂南暴动，9 月参加毛泽东领导的秋收起义，历任红军连、营、纵队党代表，1930 年任红四军政委，1932 年任红一军团政治部主任，1933 年起任江西省军区政治部主任、红军总政治部巡视员。

长征后期任一军团政治部副主任，1937 年任红军后方政治部主任。抗战中历任八路军一一五师政治部主任、政委、代理师长、山东军区司令兼政委、山东分局书记。解放战争中历任东北民主联军副政委、东北人民解放军政委、第四野战军第一政委。

新中国成立后任中央人民政府委员、最高人民检察署检察长、解放军总政治部主任、国防委员会副主席、军委副主席。1955 年授元帅军衔。为一、二届全国人大副委员长，中共七大、八大中央委员，在八届一中全会上选为政治局委员。

他长期抱病工作，于 1963 年 12 月 16 日逝世。噩耗传来的当天，毛泽东正在主持中央政治局常委会。他带头起立默哀；他说："罗荣桓同志逝世了，一个人数十年如一日，忠于党的路线，很不容易啊！"

次日，毛泽东又到医院向罗荣桓遗体告别。据吴旭君回忆：

在这之后几天中，主席讲话很少，像若有所思。有一天，主席服了大量的安眠药后仍睡不着觉，躺在床上写东西。那时已是半夜了，我怕他的安眠药过劲，让他睡觉，起床后再写，他说现在正在劲头上，放不下笔，并叫我去休息一会，有事叫我。

毛泽东写的大约就是这首诗。

罗荣桓是毛泽东的湖南同乡，最早跟随毛泽东参加秋收起义，南征北战而位至元帅。在十大元帅中，他似乎不属于个性鲜明的一位，他为人忠厚，朴诚，这可能是毛泽东看重他的一大原因。他也是最早离开人世的一位元帅。毛泽东曾与朱德、陈毅、叶剑英有过诗词交往，而直接写诗赞誉的却只有两位：彭德怀和罗荣桓。彭、罗同为湖南人，他们的家乡与毛泽东的家乡几乎等距（均约 50 公里），而这两位元帅性格却完全不一样，彭似猛张飞，脾气大，而罗则较内向，为人稳重。所以彭总是作为战争的直接指挥官，罗则多半做政治与协调工作。毛泽东把他们都放到适当的位置。

相对来说，毛泽东似乎更欣赏罗，虽然彭也很久时间担任要职（转战陕北时，彭为毛泽东的“近卫”司令，在朝鲜，又是志愿军总司令），但毛泽东对他的性格不太喜欢；毛泽东曾有赞扬过彭“横刀立马”的诗，却一直不认可此诗（或者确已忘记），而为罗，毛泽东却郑重其事地写下这首七律。

“记得当年草上飞”，其本意当是写 1927 年罗荣桓随毛泽东起义造反，因为历来称农民造反都是“上山落草”，毛泽东读《水浒传》颇深，当是借用此义，这里当然已是褒意。一个“飞”字，极有动感，状毛、罗与红军战士的俊逸、神速与飘忽不定，这正是当年井冈山斗争的特点。据说毛泽东早年读书时曾写过“飞飞飞飞上天”对老师的“跳跳跳跳下地”。“飞”字极富表现力。这句也写出罗跟随毛泽东的时间早，所以感情才会这样深。另外，毛泽东也有所借用，唐末农民起义军领袖黄巢《自题像》诗云“记得当年草上飞，铁衣著尽著僧衣。天津桥上无人识，独倚栏干看落晖”，字面与意思完全一样。

又有人说“草上飞”是讲红军过草地，这却是牵强附会，毛泽东绝不会从晚至长征写起。

第二句是写实，相违，不是指意见不合，罗荣桓几乎没有过反对毛泽东的时候，彭德怀，甚至朱德、陈毅有过许多次与毛泽东的意见不合，林彪，则成为谋害毛泽东的叛徒。“违”即我们常说的“久违”的“违”是指没有见面。为什么同在红军队里，却不能常常见面？原因一是，如前所述，红军行动飘忽，居无定所；二是当时毕竟罗的地位还低，不能像朱德、陈毅、彭德怀一样时时与毛泽东在一起。这都是讲的井冈山时期，至于后来，罗是一位在外之将，也与毛泽东见面不多。

接着才写到长征，又由长征一下子跳到辽沈战役，时空跨度都相当大，时间二十年，空间距离有几千里。罗从 1930 年起任红四军政委、一军团、江西军区、八军团政治部主任，他与他的战友克服了长征路上的艰难困苦。抗日战争中，任八路军一一五师政治部主任、政委、代理师长，他的才华之充分显露，应是从他任山东军区司令兼政委开始的，而到辽沈战役达到顶峰。所以毛泽东说“战锦方为大问题”，所以“大”，是因此战与全局关系之大，再有就是劝说林彪按毛泽东的部署执行起的作用之大。

以上是写战争年代。所以，1955 年授勋，从罗的资历功劳计，授元帅。新中国成立后罗为中国人民解放军总政治部主任，他长期辛劳工作，无怨无悔。特别是对许多人的不理解甚至排挤打击（毛诗第五六句即说此情形）也等闲视之。正因为此，他的身心俱损而过早离世。

毛泽东用形象化的手法，以斥鷃鸟和昆鸡比喻小人，以“大鸟”“老鹰”比喻君子（即对罗的赞称）。同时这两句又是有来由有典故的。《庄子·逍遥游》中说，飞不高的斥鷃鸟反而嘲笑能飞九万里高空的大鹏；而俄罗斯《鹰和鸡》的寓言中又描绘根本不能飞的鸡反而嘲笑能搏击长空的鹰。

全诗以极为惋惜的笔调结束，把罗荣桓提到“可问疑难唯一人”的地位。这当然是一位国家领导人对他的“忠臣”发出的极度悲痛的感叹！

头飞雪

1964年春

人猿相揖别。只几个石头磨过，小儿时节。铜铁炉中翻火焰，为问何时猜得？不过几千寒热。人世难逢开口笑，上疆场彼此弯弓月。流遍了，郊原血。
一篇读罢头飞雪，但记得斑斑点点，几行陈迹。五帝三皇神圣事，骗了无涯过客。有多少风流人物？盗跖、庄蹻流誉后，更陈王奋起挥黄钺。歌未竟，东方白。

《贺新郎·读史》

猿猴与人类本是同祖，但经过不断地进化，终于有一部分向人转化，两者从此互相道别。虽然这中间经历两三百万年的漫漫时光，却仅仅只有几个石头磨过，从旧石器过渡到新石器，那还是人类的童年时代。后来用熊熊烈火冶炼铜和铁，要问花费多少时日？猜想大概距今只有几千个年头。人活在世上，真的难得碰上能开怀大笑的时候，而多的是走上战场彼此弯弓射杀，在那荒郊野外，到处是牺牲者的鲜血。

读完一篇人类史，我的头发已经如雪一样花白，只记得一些斑斑点点、几行陈旧的痕迹。历史长河奔流不息，三皇五帝的神圣故事，古往今来不知骗了多少匆匆过客。真正称得上英雄好汉的有几个呢？盗跖、庄蹻被历代统治者所贬，而我却要称道他们，更有陈胜挥动大斧，勇猛地造秦王朝的反。对他们的歌吟还没有结束，天已发亮，我还有许多许多话要说。

此词未署写作时间，据吴旭君回忆，写于1964年春，吴说："在那一段时间里，毛主席办公之余，全是看《史记》和范文澜著的《中国通史简编》。"又据吴说，1973年冬，她与毛泽东核对此词，念到"为问何时猜得"时，吴特意问：是"为"字还是"如"字？毛说是"如"不是"为"。吴请毛在手稿上改一改，毛说："不要改了，随它去。"

"流遍了"原作"洒遍了"。"一篇"原作"一遍"。"无涯"原作"无穷"。"歌未竟"原作"歌未尽"。

毛泽东是一位史学家式的诗人。他的诗歌中常常蕴含着对历史的深刻思考。他自己也以他的探索与奋斗，构筑了一部波澜壮阔的传奇历史，他的许多诗篇就是对这段历史的形象记载，因而他的诗被称为史诗。同时，毛泽东自青年时代就产生对中国和世界乃至整个人类历史的浓厚兴趣，也时常以史为镜明得失打天下治天下。在他的晚年，他更有大块的稳定的时间与充裕的资料条件进行系统的历史学习与研究，这篇词当是毛泽东读史过程中的哲学思索与体会。

古来咏史诗不少，但许多都过于直白，如袁宏的《咏史二首》（其二）是悲叹汉代杨恽一生的，李商隐的《咏史》则是感慨孙权立国到陈灭亡这三百年的改朝换代，而白居易的《长恨歌》，寓史、事、情于一诗，是颇为成功的杰作。毛泽东专门咏史之作不多，基本上都能以形象说话。此诗可为代表。如前所译，此诗内蕴是极深的，如果用白话表述，颇要费一些口舌。当然，这都是常识性的东西，对人类进化史的阐述，毛泽东也就用了极简约的几句：他用“揖别”二字，描绘出猿与人的前后相祖因而后者敬仰前者的关系，一个中国传统文化中常见的“揖”（拱手作揖）字，极为形象、生动，且不乏诙谐。接着，毛泽东以大手笔，宏观考察漫漫的历史长河（也是一种缩小夸张），戏言几百万年的进化史，不过是几个石头磨过，那正是人类的“小儿时节”。史实也确如此，最初的人类进化，哪怕小小的一点进步，都是极慢的，都要耗费极长的时间，但越到后来，进化的速度越快，以致形成加速度。所以毛泽东写由石器过渡到铜器和铁器时代便只花了几千年。这是对比着来写，也科学地揭示人类历史发展的规律。那么接下来，人类历史又是如何发展的呢?

完成了工具的进步，便是社会的不断更替。中国的历史从此进入和平与战争交替的时代，这个东方古国封建历史的特点是“人世难逢开口笑”（此句借鉴杜牧《九日齐山登高》中的句子）和“彼此弯弓月”（苏轼《江城子·密州出猎》有“会挽雕弓如满月”句）、“流遍了郊原血”，毛泽东所描绘的情景虽然颇有诗情画意，有一种悲壮的美，但数千年来经历过无数战争的人民，却曾经是苦不堪言！由于长期的内耗与战争，特别是严重束缚生产力发展的生产关系，使得一度繁荣强盛的中国许多次地陷入落后挨打，到近现代，更是严重落后于西方一些历史要晚得多的资本主义国家。这后面的意思，需要我们去引申，因为毛泽东没有明说。

历史有时也会成为发展的包袱。沉醉于过去的光荣历史，常常羁绊人的脚步。更何况那些所谓“神圣”的历史，只不过是文人或统治者的杜撰，对人们是一种极大的欺骗，其目的当然是维护家天下的政治体制，而完全不管人民生活的状况与人类历史的进步。这里，表达了毛泽东对历代统治阶级和正统“历史”的蔑视。那么，到底哪些人是推动历史进步的动力呢？诗人列举了盗跖、庄蹻、陈胜这些农民起义的领袖。这无疑是反正史和反传统的说法，因为这些人历来被视为盗、寇，而毛泽东却把一部农民起义的历史从正面推出来。这是他的历史观：他认为人民是推动历史的真正动力与创造历史的真正主人，而农民则是封建王朝直接的掘墓人。

毛泽东的历史观是马列主义的，并且有他大的独创。现在看来，尽管对农民起义造成生产力的破坏认识不够，但我们要看到，农民之起义，是统治者的残暴使然，所谓官逼民反，也就是说，农民起义几乎都发生在生产关系严重束缚生产力的关节上。可悲的则是，由于历史的局限，农民起义过后，历史往往又回复到原来的周期，过一段时间，又重新爆发农民起义，以至于成为一种恶性循环！

或许毛泽东想及此，便也觉无言，所以说“歌未竟”，他还有话要说，但一时说不清，或来不及说。

依笔者所见，是否推动历史的进步，当看是否有利于生产力和人民生活水平的提高，有利于发展社会经济与文化。这当然是我们今天的观点，不必强求那个时代的毛泽东。

毛泽东对历史是了解的，也是尊重的，他既不虚无，也不沉醉。“一篇读罢头飞雪”几句就体现他对历史的态度，他只让历史在他头脑中留下“斑斑点点”和“几行陈迹”，却不想让历史束缚自己。

这篇词从今观古，视野相当开阔，高处着眼，大处落笔。对人类历史娓娓道来，先轻松诙谐后凝重深邃。有哲理的概括又有痛彻的针砭。有坚决的定论又留下耐人寻味的空间。其中的一些历史观与写作手法，可与《沁园春·雪》对照。

|《七律·到韶山》

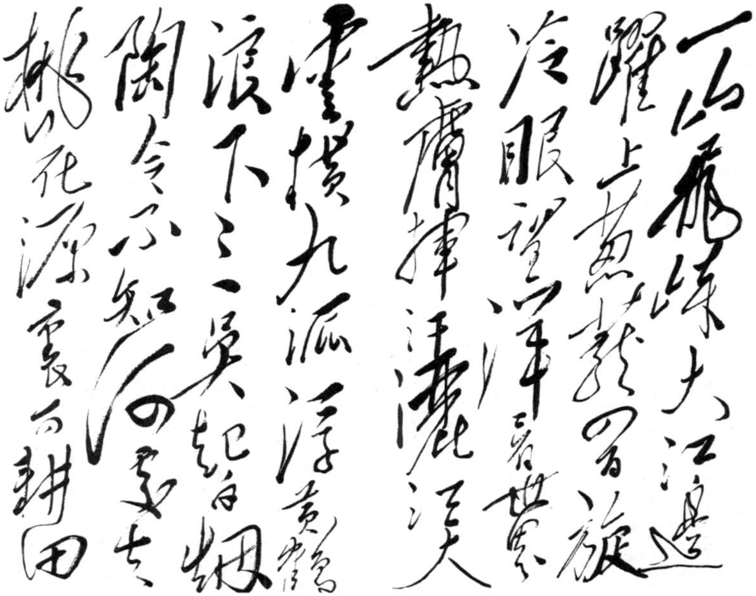

|《七律·登庐山》

《七绝·为女民兵题照》-1

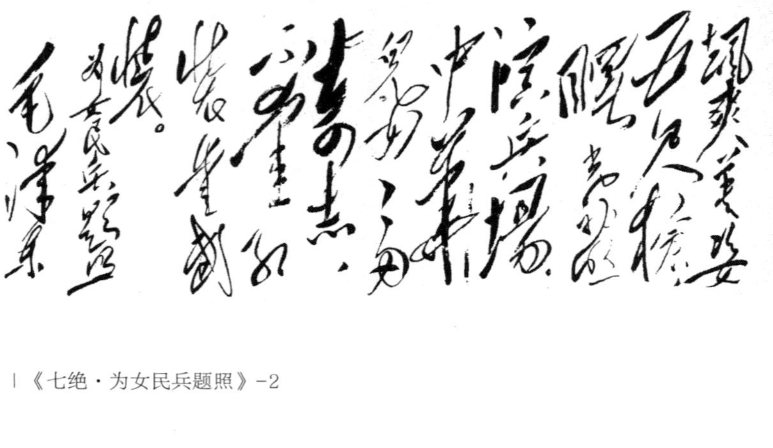

《七绝·为女民兵题照》-2

丨《七绝 · 为李进同志题所摄庐山仙人洞照》

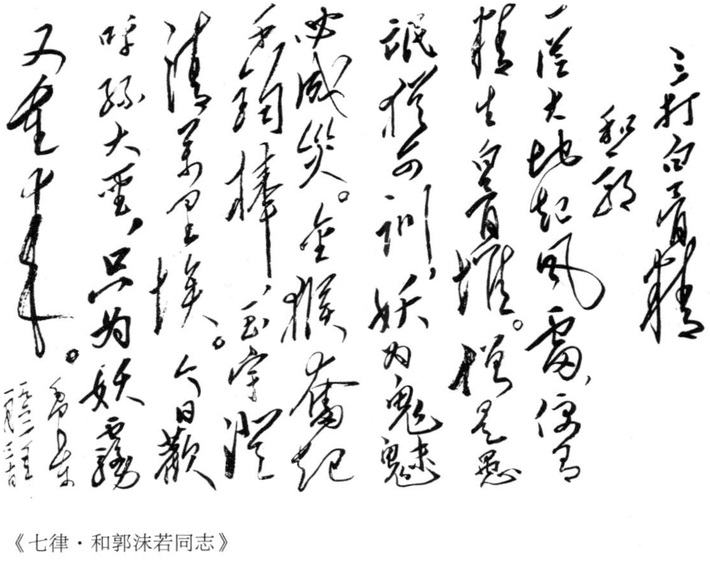

丨《七律 · 和郭沫若同志》

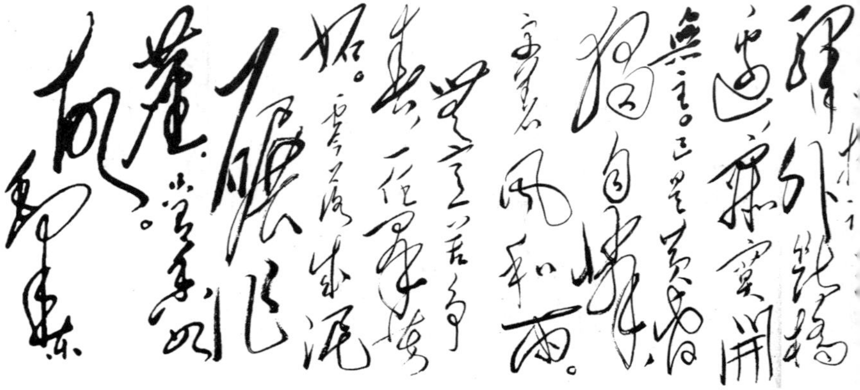

《卜算子·咏梅》及手抄陆游原作

《满江红·和郭沫若同志》

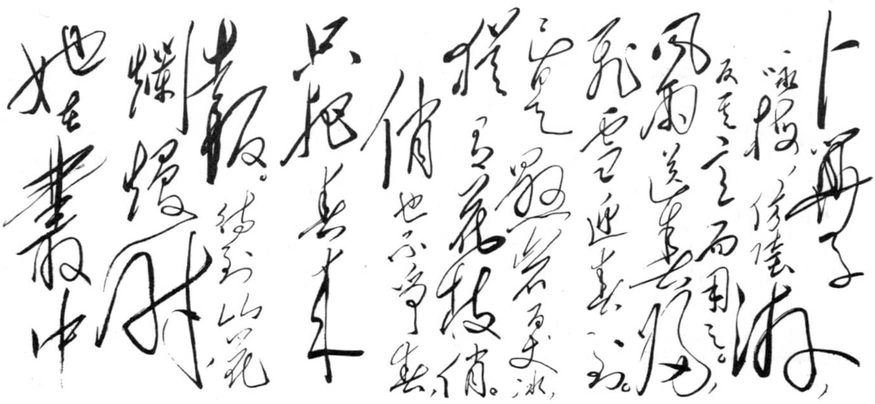

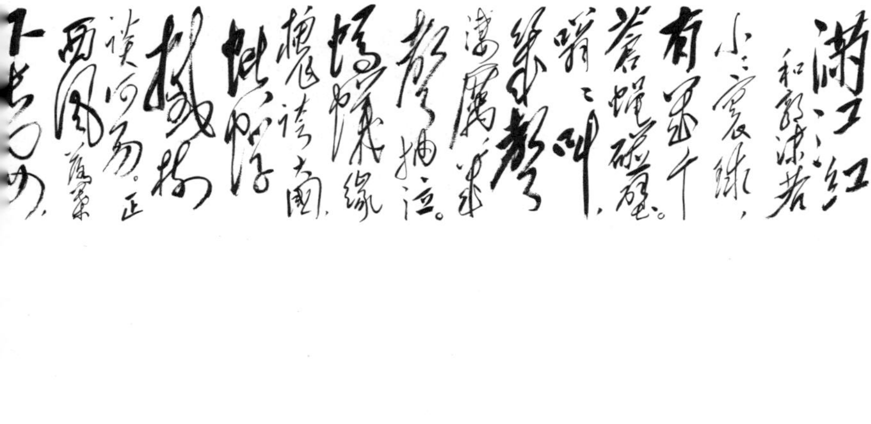

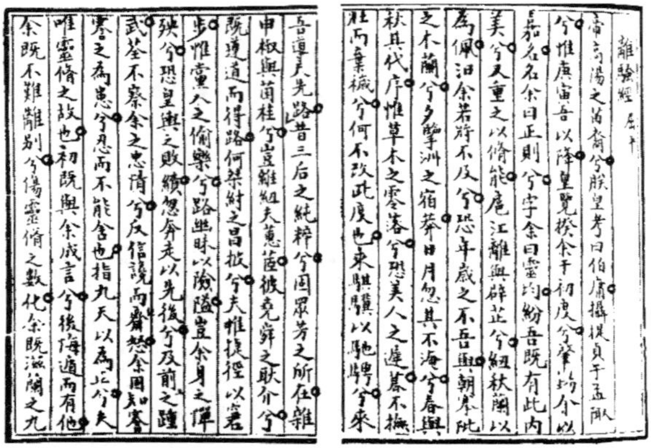

離騷經 屈平

帝高陽之苗裔兮朕皇考曰伯庸攝提貞于孟陬兮惟庚寅吾以降皇覽揆余于初度兮肇錫余以嘉名名余曰正則兮字余曰靈均紛吾既有此內美兮又重之以脩能扈江離與辟芷兮紉秋蘭以為佩汩余若將不及兮恐年歲之不吾與朝搴阰之木蘭兮夕攬洲之宿莽日月忽其不淹兮春與秋其代序惟草木之零落兮恐美人之遲暮不撫壯而棄穢兮何不改此度也乘騏驥以馳騁兮來吾導夫先路昔三后之純粹兮固眾芳之所在雜申椒與菌桂兮豈維紉夫蕙茝彼堯舜之耿介兮既遵道而得路何桀紂之昌披兮夫惟捷徑以窘步惟黨人之偷樂兮路幽昧以險隘豈余身之憚殃兮恐皇輿之敗績忽奔走以先後兮及前之踵武荃不察余之忠情兮反信讒而齌怒余固知謇謇之為患兮忍而不能舍也指九天以為正兮夫唯靈脩之故也初既與余成言兮後悔遁而有他余既不難離別兮傷靈脩之數化余既滋蘭之九

1913 年毛泽东恭录屈原《离骚》

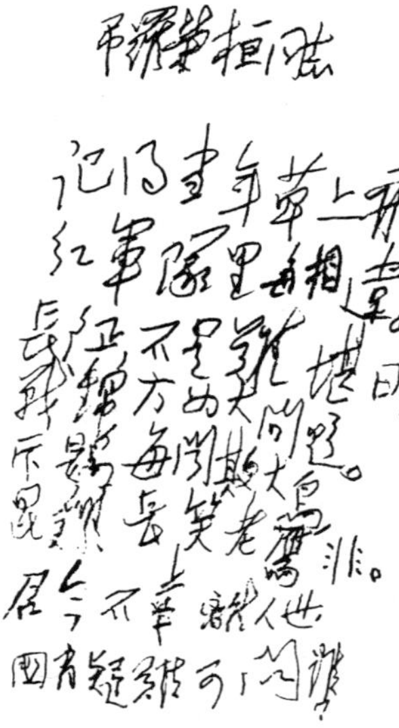

吊罗荣桓同志

记得当年草上飞，红军队里每相违。长征不是难堪日，战锦方为大问题。斥鷃每闻欺大鸟，昆鸡长笑老鹰非。君今不幸离人世，国有疑难可问谁？

《七律 · 吊罗荣桓同志》

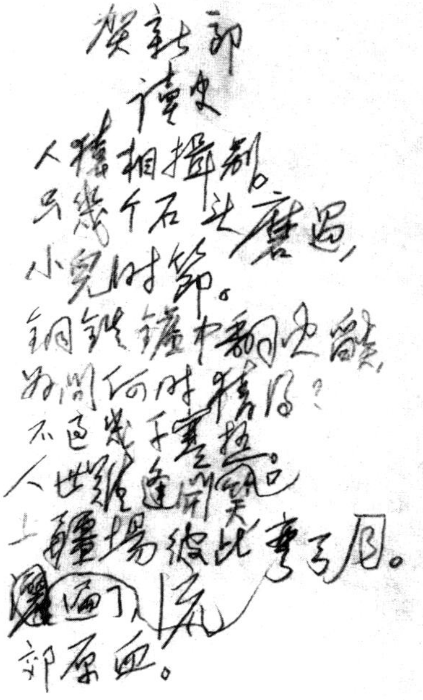

《贺新郎·读史》之一

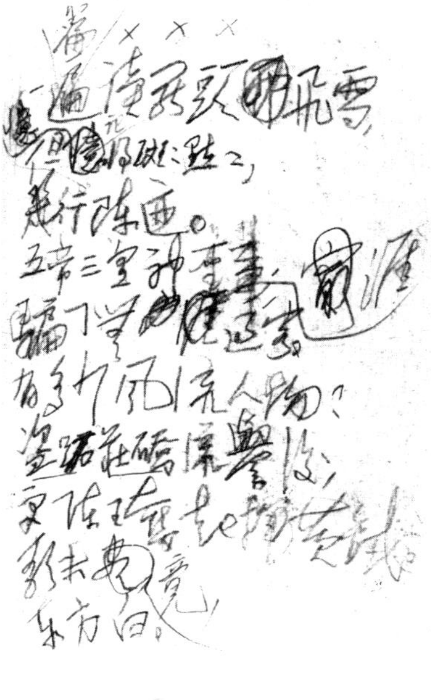

《贺新郎·读史》之二

第七章

最后风景线

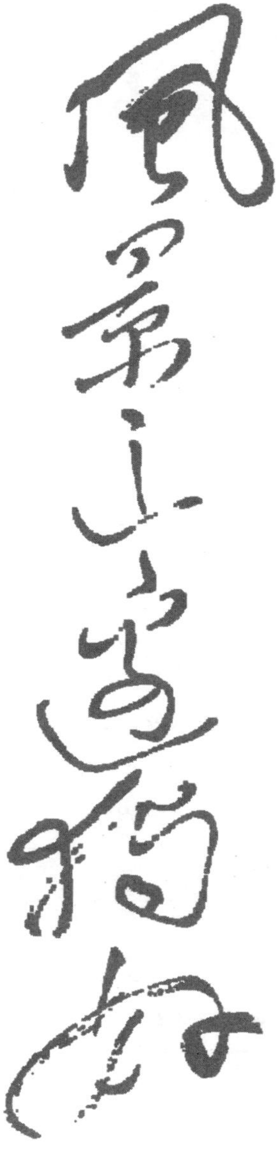

南天雨

1965年

到得洪都又一年，祖生击楫至今传。
闻鸡久听南天雨，立马曾挥北地鞭。
鬓雪飞来成废料，彩云长在有新天。
年年后浪推前浪，江草江花处处鲜。

《七律·洪都》

距上次到南昌，又是一年。祖逖北伐，临中流而敲打船桨的故事，至今在这儿流传。那位爱国英豪，为北上复国，曾经听到鸡叫就起来舞剑习武，因为在南方待得太久，那风声雨声不免使他时常想起家愁国恨；而祖逖的好友刘琨也曾在北方立马挥鞭，共讨外寇。

我的两鬓已经如雪飘飞，人，眼看已没有什么用处，只是彩云还在，大自然依旧轮回，日日是新的气象。年复一年，长江后浪推前浪，后人总要超越前人，你看那江边的绿草和繁花，总是那么新鲜。

1965 年 11 月 24 日，毛泽东离开杭州到南昌，停留时不长，写下此诗。洪都，是旧南昌的别名。王勃《滕王阁序》：“豫章故郡，洪都新府。”隋、唐、五代、宋，都在这里设郡、州、府，或称洪州，或称隆兴府，治所均在南昌。

诗中提到的祖生，指东晋名将祖逖（266—321），字士稚，范阳遒县人。累迁至太子中舍人、豫章王从事中郎。公元 304 年，匈奴族刘渊在黄河流域建立汉国，威胁晋室，祖逖率部投奔在建邺（今南京）的晋元帝，313 年被任命为奋威将军、豫州刺史，率兵北伐，渡江时，中流击楫而发誓：祖逖不能清中原而复济者，有如大江！

闻鸡，据《晋书·祖逖传》载祖逖“与刘俱为司州主簿，情好绸缪，共被同寝。中夜闻荒鸡鸣，蹴琨觉曰：‘此非恶声也。’因起舞”。

此诗咏史，由古而今，由人及身。借祖逖、刘琨故事，抒发自己欲在年老的时候再建功业，再创辉煌的志向。第一句实写，告诉读者，这两年他到南昌来过两次。为什么来得这么多，一是他上庐山开会，大约一般都要先到南昌，二是他对这儿有特殊的感情，中共向国民党打的第一枪就在南昌，后来他带领红军也长期转战江西、福建两省间；而深通历史的他，还知道这儿流传着祖生击楫、闻鸡起舞的故事。头四句即由南昌而想到古人，而写古人的目的又是借古人表达自己的心意。

毛泽东从年少起就有着强烈的功名感、爱国心，想当年他立志出乡关，经过近半个世纪艰辛探索与英勇奋战，终于部分实现理想。可贵的是，毛泽东活到老奋斗到老，真可谓“老骥伏枥，志在千里”。

这四句中毛泽东连续用两个典故，而其中“祖生击楫”与“闻鸡”，必须懂得历史才能理解，而“立马挥鞭”则不知其来历也能解，可解为刘琨的立马挥鞭，也可理解为曹孟德的立马挥鞭或者所有英豪的立马挥鞭，总之是一种意气风发的形象，毛泽东本人即曾有这样的长期经历，所以解为毛泽东对他自己当年南征北战的经历的回忆也未尝不可。

祖生击楫的情景，不免使我们想起毛泽东当年刚到陕北后渡黄河东征，更想起 1948 年 3 月 23 日，渡过黄河向华北进军；至于“闻鸡起舞”，毛泽东的生活规律与祖逖不一样，他是晚睡晚起。

听南天雨，也许是虚写当年祖逖在南方时听雨，使我们想到在雨中，一位坐立不安、焦灼不已，欲尽速完成北伐大业的爱国者形象，所以这里的雨是令人讨厌的。南天雨也可能是实写，即毛泽东在南昌住所听到的雨声，大约毛泽东也有与祖逖同样的心境，即希望雨快停下，他要尽快回到北方去，或者这雨又是有所暗示，即如六个月后他在韶山滴水洞写的《七律·有所思》中的“凭阑静听”的“潇潇雨”。总之，诗人笔下的雨，是不同寻常的雨，诚如有一幅对联所说：“风声雨声读书声声声入耳，家事国事天下事事事关心。”雨声是与家事国事天下事联系在一起的，这也是毛诗言志的特点。

后面四句，作者一下子回到眼前：他窥镜而自视，已是白发如雪飞上双鬓，不免感叹自己还能否有所作为！不过，向来乐观的他，并未就此感伤，毕竟他不同于老了的廉颇或祖逖、刘琨或辛弃疾、陆游等人，中国的命运正操在他的手里，他虽届 72 岁，却还能翻天覆地！这也是他没有如古人徒然感叹人生易老的原因。

当然，在诗中，毛泽东并没有说到这层深意，而是满怀期望地面向大自然的规律：人与自然总是在不断更新，向前发展，他甚至对后浪推前浪的景象要大声欢呼起来——在最后，他笔下的“江草江花处处鲜”的情景是那么令人振奋！

此诗中营造的意象不复杂，但鲜明，有深刻哲理，如击楫、起舞和挥鞭是由史事构成的意象（其深意是“建功立业”），飞来的鬓雪，长在的彩云和后浪前浪、江草江花，则是现实的意象（其深意是对事物发展规律的欢迎）。

史事、典故、现实，古人、今人，构成本诗无穷的意韵。

文章兵百万

少年倜傥廊庙才，壮志未酬事堪哀。
胸罗文章兵百万，胆照华国树千台。
雄英无计倾圣主，高节终竟受疑猜。
千古同惜长沙傅，空白汨罗步尘埃。

《七律·咏贾谊》

年轻的时候就风度翩翩，怀有建国的大才，可是远大抱负没能实现，这事真是可悲可叹！胸中罗列着无数文章，就如拥有百万雄兵，肝胆之光映照着泱泱华夏，历史要给他树立千座纪念的高台。

具备英雄大略但没有办法打动圣明君主的心，拥有高风亮节却终究受到猜疑。千秋万代，我们都要替这位长沙傅深深地惋惜：他白白步了屈原怀才不遇、自投汨罗江的后尘。

此诗和后一首咏贾谊的诗，写作时间均不详。据《史记》记载：贾谊，汉初雒阳人。他年少即对诸子百家书相当通晓，文帝召他做博士时仅 20 多岁。每次皇帝下达诏令，诸老先生不能说，贾谊却能充分发挥自己的看法，每个人都知道他的意思。汉文帝非常欣赏他，他一年中就被升为太中大夫。各种法律命令或更换或确定等等，都是皇帝听从了他的主意，结果，招来许多人的妒忌，小人们想尽办法害他，说他的坏话。于是皇帝也慢慢疏远他，不再用他的主意，并把他贬出首都至长沙去当长沙王太傅。

贾谊到长沙时，感到不得志，乃作《吊屈原赋》，后来，他又改任梁怀王刘胜的太傅，梁怀王系文帝爱子，过几年，梁怀王堕马而死。贾谊为梁怀王伤心，不能自抑，哭泣一年多，也死了。

此诗为毛泽东读史所得的感想。其中贯串着两种情感：一是对贾谊大才的赞扬，一是对这位才子未遇明君，不得重任发出的感叹。从情调上看，前者是高昂的，“兵百万”，“树千台”，那是多么的壮阔！后者却是低回的，既叹又“哀”。

贾谊的才表现在这样几个方面：一是年少怀才，二是风流倜傥，三是才胆双全。古人常把一个人的才能按大小分成十里之才、百里之才和千里之才，贾谊当属千里和万里之才，而且不是一己之才，而是匡扶社稷之才，正因为此，他本可成为大有益于人民和国家的人的！令人无限悲哀的却是，这样一位奇才，却壮志未酬，这是毛泽东极为惋惜的原因。

诗的头两句先概括贾氏的大才，再直接发议论，抒感受。以一个哀字定下全诗基调。

第三四句以大手笔宏观赞颂贾谊才能的另两个方面：满腹经纶的文才和光彩照人的胆识。此两句对仗极工整，气势如虹，将胸中的文章比喻成雄兵百万，极写贾氏文才的博大雄奇；而以“胆照华国树千台”写贾氏的志气和胆识。文人常常气弱胆怯，纸上谈兵有余，实事求是不足，文胆兼备的文人则凤毛麟角，而贾氏恰恰是一位非凡的文人，具有建国、治国才能的文人。毛泽东最欣赏这样的文人。

第五六句揭示古今数千年来一个普遍性的规律，也是一个令人扼腕的事实：英雄好汉常常没有办法让圣明君主倾心，相反，一些无才无德小人反而时常被重用；具备高风亮节的谦谦君子，竟然终究受到猜疑，而那些善于阿谀奉承的谄媚之徒反被当成心腹。

这其中的原因，是颇为复杂的，大概怀才的人一般不需也不善去逢迎讨好，而无才之人为求得生存，却练就这套本领。前者如屈原，后者如靳尚。而品德高尚的人当然更不会低三下四牺牲自尊与原则，即使面对国君、权贵也是如此。这样看来，有才有德的人，为了国家与人民的大局，也应当学一点语言与交际的艺术，就像唐太宗的近臣魏征，他就善于用比喻的方法去表述自己的观点。

这首诗，毛泽东应当是作于晚年，这个时候他写诗，特别是咏史，喜欢直接议论，而不是原先那样多用形象、暗寓的手法。当然，诗中也还是不乏形象的，如“照华国”“树千台”就是一个意象。同时，毛泽东的大部分诗，除描写或叙述身外之景之事，往往还有作者自己的形象或思绪在内，而这首诗基本没有联系自身的情况去写。

贾生

贾生才调世无伦，哭泣情怀吊屈文。
梁王堕马寻常事，何用哀伤付一生。

《七绝·贾谊》

贾谊才情与丰采举世无双，他被贬到长沙，渡湘江时，挥泪写下凭吊屈原的文章，他与屈子也有相似的命运，他的死却是因汉文帝小儿子梁怀王坠马，他这位做梁王老师的也因此自责不已，每日哀伤，终于在一年后也离开人世。这又何必呢？因为一介梁王而早早丧失自己的一生。

1958年4月27日，毛泽东在写给秘书田家英的信中，曾谈到贾谊：

如有时间，可一阅班固的《贾谊传》。可略去《吊屈》《服鸟》二赋不阅。贾谊文章大半亡失，只存见于《史记》的二赋二文，班书略去其《过秦论》，存二赋一文。《治安策》是西汉一代最好的政论，贾谊于南放归来著此，除论太子一节近于迂腐以外，全文切中当时事理，有一种颇好的气氛，值得一看。如伯达、乔木有兴趣，可给一阅。

古来写贾谊的诗文颇多，如李商隐的《七绝·贾生》，毛泽东对此诗借鉴明显，首句即直接源于李诗中的“贾生才调更无伦”。

这首七绝与《七律·咏贾谊》情调相近，同为慨叹贾谊，只是各有所偏重。七律重在咏叹贾氏的大才和不被重用，七绝重在惋惜贾谊不应该因梁王堕马而自伤以至于早亡。

毛泽东惋惜得有道理。固然，以贾氏之才，本已有太中大夫这样重要的职位，并在政治改革方面有所作为，但他被权臣排挤而贬为长沙王太傅。诗的头句即感叹贾氏无与伦比的才华，第二句则写他渡湘江时想起屈原而作《吊屈原赋》。表面上贾谊在吊屈子，实际上他是由屈子而想到自己，因为他与屈原有太相似的命运。

在毛泽东看来，贾谊本应更有男子气一些，不该随便哭泣，更不要因一介梁王堕马就自寻烦恼，每日以泪洗面。他可以重振雄风，也许留得青山在，还会有能够施展抱负与才能的一天，可是他却因悲伤过度，竟在 33 岁就死去，于是一切都无从谈起。

贾谊之死并不只是因梁王堕马而伤感所致，其实深层的原因还不在此。当然，因梁王堕马而自责，反映贾谊责任心之重和对皇上的一片忠心，另外，梁王堕马后，也许皇上怪罪下来，使贾谊承受巨大的精神压力，使他惶惶不可终日，最后，身体彻底垮掉，也未可知；而毛泽东认为，贾氏怀有大才，欲报效国家而不能，以致忧郁成疾，这才是早逝的根本原因。

诗的最后一句，概括毛泽东对贾谊之死的态度：不必太在乎本不属自己责任范围的事，应该放宽一些心，这样才能利己也利于国家。

短短四句诗，蕴含毛泽东的无限惋惜。一面深深同情，一面又有点责备，试想，贾氏若有“穷则独善其身，达则兼济天下”的豁达，他哪里会死得那么早？有才的人不被用或不能用到位是常有的事，而能赏识才子的明君或伯乐却不常有，那么，才子们何为？也许发愤著书即是一途。试想，以贾谊之才，即使在政治上不能施展，他如果忍辱负重，放宽胸怀，也许在文学上能给我们留下更多的华章。

井冈山

1965年5月

久有凌云志，重上井冈山。千里来寻故地，
旧貌变新颜。到处莺歌燕舞，更有潺潺流水，
高路入云端。过了黄洋界，险处不须看。
风雷动，旌旗奋，是人寰。三十八年过去，
弹指一挥间。可上九天揽月，可下五洋捉鳖，
谈笑凯歌还。世上无难事，只要肯登攀。

《水调歌头·重上井冈山》

早就有重上井冈山的想法，这次从千里之外来，寻找那过去的山过去的水过去的人，看哪，旧日的面貌已经完全变成新样。到处是莺鸟唱歌，燕子跳舞，更有那潺潺流淌的泉水，高山上的路像悬挂在云中。过了黄洋界，别的还有什么称为险要的地方，就用不着看了。

想当年，起义的风雷震动此山，红旗飘举，那是一个轰轰烈烈的年代。三十八年，就如弹一下指头一样飞快地过去。何等地壮怀激烈！可以上九重天上去拥抱月亮，可以下到海洋最深处捕捉大龟，成功后，谈笑着，奏着凯歌回来。世界上本没有什么难

做的事，只要你有勇气去登攀。

1965 年 5 月 21 日，毛泽东从长沙出发，经株洲、醴陵、攸县到达茶陵。次日由茶陵至永新上井冈山。他坐着那辆苏联送的吉姆车（现陈列于韶山毛泽东同志纪念馆），至龙源口时，拿起望远镜环视这个他曾在此打过胜仗的地方。

车离山愈来愈近，毛泽东的情绪也愈高涨，他一边拉开窗帘看景，一边谈笑风生。经三湾、古城而至茅坪八角楼，在这个他曾居住过并写下不少佳作的地方，他让车缓缓转了一圈，他的思绪也许回到了当年。

下午 5 时，至黄洋界，毛泽东从车中走出，仔细观看当年守哨红军的营房，又健步登上哨口，迎着拂煦的山风，极目远眺，只见群峰起伏，青翠入眼，白云若驻若去，松涛阵阵。毛泽东在刻有他的《西江月·井冈山》手迹的碑前与随行人员合影。

黄昏时，毛泽东到茨坪，已是灯火初上。他安顿在苍松翠竹间的茨坪宾馆，让汪东兴拟一电给中央、周恩来："告诉他们我已安全抵达井冈山，请他们放心。这里山高路远，如没有急事暂不要送文件来。"

25 日下午 2 时多，毛泽东召集汪东兴、张平化等到住处，听他们谈对井冈山的印象。他说：

我离开井冈山已经三十八年了。这次旧地重游，回忆起三十八年前的那段历史，心情总是非常激动的。为了创建这块革命根据地，不少革命先烈牺牲了自己的生命。我早想回井冈山看看，一别就是三十八年啊！我的心情和你们一样高兴、激动。没有过去井冈山的艰难奋斗，就不可能有今天了。

他讲了两个多小时，详细回顾了历史。27 日，刚下过一场小雨，毛泽东拄着一根青竹杖，登上宾馆的后山，饱览这儿的一山一水一草一木，思绪飞得很远很远……

29 日下午 4 时，毛泽东接见数千名井冈山当地民众，随后离山，经吉安至樟树，改乘专列，6 月 1 日抵杭州，中旬回到北京。

在北京，一日，邓颖超陪同毛泽东接见外宾，邓问主席是否有新作。过了三个月，毛泽东给邓送去两首词，其中即有《水调歌头·重上井冈山》，并附一信。

毛泽东在 20 世纪 60 年代进入 70 岁以后写出的诗，多半富有哲理性，这是与前期的诗多为记录他的奋斗与感情经历所不同之处，大概这个时候，他的生活相对安定，很多时候，他常常坐在中南海住处的办公室里，作哲学与历史的遨游。

就算是写景或纪游，他也往往要注入哲理。此词即如此。“久有凌云志”，是说诗人很久就想重上井冈山，本来，重上此山，这一想法并谈不上“凌云志”，倒是他首度上山，开辟中国第一个农村革命根据地，那才算得上有“凌云志”，也许，毛泽东把对过去的战斗生活之感情带到这首诗里。当然，此山相当高，直耸入云，能上去，也还谈得上“凌云”。总之，井冈山是毛泽东第一次作“山大王”的地方，这里奠定了他事业和理论的基础，功成名就之后，此番重来，虽不能说是衣锦还乡，但确是别有感触。

接着，毛泽东写井冈山“旧貌变新颜”，其实，我们看毛泽东笔下，自然之景，并没有多少变化，还是“莺歌燕舞”，还是“潺潺流水”，还是“高路入云”，黄洋界还是那么险。按文物保护的要求，井冈山算得上保持了原貌。那么，变新颜的到底在哪里？那就是这里的人：他们进入了新社会，他们成了国家的主人，他们当年的牺牲、奋斗、奉献，有了圆满的结果。

当然，井冈山也兴建了不少旅游、接待甚至工业设施，这是它新的地方，但毛泽东并没有写。因此，诗人所说的“新颜”应主要是指人的精神面貌。

上片是纪游，并有作者由衷的赞叹。写得通俗易懂，也很真实。下片先是概括地回顾38年前发生在井冈山的斗争，因为人们相当熟悉那段历史，他只用“风雷”“旌旗”两个意象象征性地写。这两个词或类似的词，在毛泽东诗词中用得特别多，大约作者对其有所偏爱。“弹指一挥间”，是夸张，极言日子过得快。毛泽东愈到晚年，愈感觉时间过得快而不够用。最后四句，就是全词的哲理性的落脚点。“可上”“可下”两句，一个天、一个地，毛泽东仿佛又回到青年时代那样的豪情满怀，这也与词开头的“凌云志”相呼应，如此看来，也许毛泽东之上井冈山，的确又激起某种伟大理想，是上天入海，征服自然，还是别的？但揽月、捉鳖两句，几十年来，真的激发了中国人民战天斗地的英雄气概，直到如今，人们还对中国人上蓝天，探访太空和潜入深海，用毛泽东的这两句诗来概括。最后两句更是至理名言，它鼓励无数仁人志士敢于面对一切艰难险阻，迎接胜利的到来。

故地

1965年5月

参天万木，千百里，飞上南天奇岳。故地重来何所见，多了楼台亭阁。五井碑前，黄洋界上，车子飞如跃。江山如画，古代曾云海绿。
弹指三十八年，人间变了，似天渊翻覆。犹记当时烽火里，九死一生如昨。独有豪情，天际悬明月，风雷磅礴。一声鸡唱，万怪烟消云落。

《念奴娇·井冈山》

千树万树，直上云霄，从千百里外而来，像飞一样，登上这南方的奇特山峰。重来旧地看见了什么？比过去多了楼台亭阁。在五井的纪念碑前，在黄洋界上，车子来往穿梭。江山如画，有人说古代这里是一片大海，碧绿。

三十八载，弹指一挥就过去，人世间却已天翻地覆。还记得当年战火纷飞，好似就在昨天，我们都是从九死一生中走过。我尚有豪情，感受风雷激荡，气势磅礴，夜深人静的时候，还在看那天边挂着的明月。听得一声雄鸡鸣唱，各种各样的妖怪，如烟消云落。

此词可视为前一首《水调歌头·重上井冈山》的补充。从内容看，前一首是写于车子行进在上井冈山的路上之时（或在车上即打好腹稿），后者则写于他在招待所下榻之后，一个人深夜睡不着的时候。

《水调歌头》中虽有“旧貌变新颜”的句子，但满篇并没有写出怎么变的，而在这首《念奴娇》中却有反映：多了楼台亭阁，车子飞如跃。这都是当年所没有的，这都是“新颜”。大自然还是那个大自然：万木参天，明月高悬，变了的则是人，因为这里孕育了中共最早的军队与政权，因而在革命胜利后成为圣地，接待设施便建起来，来参观的人也多起来。

词的上片是纪游，写景，写变化，写作者的心情。其中头三句的形象性较好。从空间上描绘山势的巍峨，由宏观到微观写了山上树木的众多。而“千百里”可指诗人从千百里以外而来，也可说是井冈山绵延千百里。总之，这一切在毛泽东眼里，既是那么熟悉，又是那么陌生。依然是树木的海洋，依然有大小五井、黄洋界那些地名，但变化也不小。

上片又出现“飞”字，可能是作者当时随口吟出，也没有人提出，便沿袭下来。若将“车子飞如跃”改成“车子奔如跃”，意思相同，却可避免重复。

下片主要回忆过去的岁月并抒发感受。38 年，是翻天覆地的变化，而那战火纷飞、九死一生的岁月好像就在昨天，还刚刚过去。这都是毛泽东的真实感受。只是因为是在和平的时代，生活也较安稳的年代，毛泽东的诗情似乎比不上他青年和壮年，除了纪实外，竟也无更新奇与特殊的感触，因此而不得不借助上一首词刚刚用过的“三十八年”和“变”的意象。毛泽东的诗歌之树确泛出黄叶。只是他迟迟睡不着，便走到院里，看那天际明月。这里说的“独有豪情”，可能是指大家都睡着了只有他还在吟诗，而“天际悬明月”，既是写实，也是指他心中有广阔的天空与明媚的月亮，即一个革命者的坦荡襟怀与浩然正气。

接着，毛泽东又用他曾在许多诗词中用过的“风雷”，以及“一声鸡鸣”和“万怪”。这些词语的意思与过去用时也没有什么不同，即“风雷”代指激荡的斗争生活，“鸡唱”则指天亮，新中国的诞生，“万怪”指邪恶势力，这些词在建国初使用尚有新意，至20世纪60年代还用，即有些陈旧。在毛泽东72岁的时候，他不得已重复使用自己曾创造的词语，可见他的诗思在凋零，这也是自然的规律。到次年，特别是“文化大革命”爆发后，这种凋零将是无法逆转地持续下去。

此词独创性不强，就是与前一首咏井冈山的词相比也要欠缺一些。它的价值恐怕主要在反映毛泽东的行踪和他诗歌创作的发展过程这些方面。

九万里展翅鲲鹏

1965年秋

鲲鹏展翅，九万里，翻动扶摇羊角。背负青天朝下看，都是人间城郭。炮火连天，弹痕遍地，吓倒蓬间雀。怎么得了，哎呀我要飞跃。
借问君去何方，雀儿答道：有仙山琼阁。不见前年秋月朗，订了三家条约。还有吃的，土豆烧熟了，再加牛肉。不须放屁，试看天地翻覆！

《念奴娇·鸟儿问答》

大鹏在向南海奋飞的时候，凭着旋风的巨大力量，翻动遮天蔽日的翅膀，一飞就冲上了九万里的高空。它背上是浩浩苍穹，它锐利的双眼朝下看去：只见到处是人间的城市，但那是一片炮声隆隆，火光熊熊，弹药把大地炸得坑坑洼洼，这惨烈的状况吓不倒英雄豪杰，吓倒的是那可怜的草蓬之间的麻雀。这些麻雀一个劲儿地叫唤：怎么得了，哎呀，我还是赶紧离开这个是非之地！

可是，我要请问麻雀君，你要到哪里去呢？雀儿胆颤地回答：我要去到那神仙世界，那儿有安全可避险的山峰，还有漂亮无比的玉砌楼阁。真是可笑可悲：麻雀君，你可曾听说，有人比你还要可怜：前年那一个秋天，月亮朗朗照乾坤的日子，美国、苏联、英国签订了一份看上去美妙无比的“和平”条约，另外还规划了一个关于吃的“蓝图”：土豆与牛肉一起烧熟制成美味佳肴，据说如果人人都有此等享受，那就实现了“共产主义”。这简直就是放屁！这是对共产主义社会的严重歪曲！请看吧，经过各国人民的努力，将来的世界，必然是天翻地覆的世界而绝对不是只有土豆烧牛肉的世界！

1963年8月5日，苏、美、英三国外长在莫斯科正式签订《禁止在大气层、外层空间和水下进行核武器试验条约》。此条约虽然禁止在空间进行核试验，却不禁止在地下的核试验，而后者是除了美、苏外，暂时无一国能做的。美国的用意是保持其核垄断地位；苏联则是为了牵制美国、英国，共同的目的是限制中国。毛泽东领导中国政府，坚决站在占世界人口绝大多数的第三世界一边，7月31日，提出全面、彻底、干净、坚决地禁止和销毁核武器。

1964年10月赫鲁晓夫下台后，由勃列日涅夫任苏共中央第一书记，继续推行赫鲁晓夫的一套。次年3月，勃列日涅夫强行召集各国共产党和工人党会议的筹备会，准备集体谴责中共。中共和其他六国党拒不与会。此后，苏联向中苏边境增兵，并向蒙古派驻苏军。中苏关系日趋紧张，到了剑拔弩张的地步。毛泽东却无所畏惧，时常以讲话，甚至诗词谈笑置之。

世界上反帝、反霸斗争高涨，亚非拉大批国家纷纷独立和解放。1962年1月，毛泽东在中共中央扩大的工作会议上说：“从现在起，五十年内外到一百年内外，是世界上社会制度彻底变化的伟大时代，是一个翻天覆地的时代，是过去任何一个历史时代都不能比拟的。处在这样一个时代，我们必须准备进行同过去时代的斗争形式有着许多不同特点的伟大的斗争。”

他在1965年秋天写了这首词，表达他对中国和世界的政治格局的大思考。词中“土豆烧熟了，再加牛肉”，典出1957年11月，当时赫鲁晓夫对毛泽东说：“要是每个劳动者的碗里都有土豆烧牛肉，我看就到共产主义了。”1960年7月7日，赫氏在奥地利的广播演说中又称，共产主义是“所有人都可以得到的、盛满了体力劳动和精神劳动产品的一盘餐”。次年他在苏共二十二大提出“福利共产主义”纲领；1964年4月4日在匈牙利的演说中又声称，“福利共产主义”是“一盘土豆烧牛肉的好菜”。毛泽东讽刺的就是这些。

这是一首高水平的寓言诗。整篇都借庄子虚构的一个神话，对现实进行奇特的诠释，而这一切都寓于形象之中。

毛泽东从“鲲鹏展翅”写起。他曾在《蝶恋花·从汀州向长沙》中用过“鲲鹏”，但“万丈长缨且把鲲鹏缚”中的“鲲鹏”是相反的意思，这里却是一个雄奇博大的正面形象，它展开翅膀，便有九万里，在旋风的托举下，在宇宙中翻飞。

这一幅令人称奇的画面来自《庄子·逍遥游》：

有鸟焉，其名为鹏，背若泰山，翼若垂天之云，抟扶摇羊角而上者九万里，绝云气，负青天，然后图南，且适南冥也。

鲲鹏，在中国传统文化中，是广大、勇武的象征，“鲲鹏展翅”通常也被作为大展宏图的吉祥的代名词。

毛泽东词中的“扶摇”和“羊角”，是两种旋风，一个是自上而下，一个是自下而上，方向相反；前者所谓扶摇直上，就是此风，李白《上李邕》诗云“大鹏一日同风起，扶摇直上九万里”，毛泽东语出此；而“羊角”是更猛烈回旋的风，传说形似羊角，上尖下大并弯曲。这两样东西，如无解释，还真难明白。

紧接着两句，是由神话传说到现实人间的过渡：鲲鹏背负着青天向下面看，所见都是人间的城郭。本来是鲲鹏在青天上飞，却说背扛着青天，这就写出鲲鹏的巨大力度。城郭即城市，鲲鹏的视角是向下的，是俯视，是旁观，这使我们感到鲲鹏就是诗人自己，他在“冷眼向洋看世界”，他看到的世界是什么？

炮火连天，弹痕遍地。这是战争的残酷场面，毛泽东经历太多太多，从1927年上井冈山后，与蒋介石军队的长期血战，到十四年抗日，到三年解放战争，到朝鲜战争，乃至中印战争……真是血与火的洗礼，整个中国都被炮火“翻耕”一遍，而世界范围的战争除两次大战，其他各种局部战事也时有发生，且还在继续发生。那么，这些战争，是吓不倒鲲鹏这样威猛无比的大鸟的，只能吓倒草丛中的小雀，那些既无大志，也无勇与力的人。在严酷的环境下，它们只有尖叫哀叹的份：怎么得了，哎呀，我还是赶快飞走！毛泽东在这里用对比和象征的手法，以鲲鹏大鸟和蓬间小雀作为两类不同的人的代称，形象而贴切。

毛泽东在此再现庄子的那个神话世界，而其意义已大大向现实升华，他所嘲讽的乃是当时以苏联为代表的国际反华势力。

下片进一步向讽刺的意义挖掘。一问一答：

鲲鹏：借问您要去哪里？

雀儿：有仙山琼阁。

鲲鹏看似对雀儿“崇敬”，实则从心底里看不起，而雀儿竟也颇有阿Q精神：我要去一个美妙无比，你都没见识过的“仙山琼阁”。这是一种精神胜利法，明明一辈子都只能也只敢在蓬间飞，而且飞几下就要歇气，一有风吹草动，就吓得尖叫；毫无大志，连蓝天都不敢仰视，哪里还能见到“仙山琼阁”？在毛泽东看来，苏联领导人就是这样一群“蓬间雀”。

极尽浪漫、幻想和讽刺之能事，毛泽东终于忍不住直切正题，说到前年秋天（1963 年 8 月 5 日），苏、美、英三国在莫斯科签订《禁止在大气层、外层空间和水下进行核武器试验条约》（其目的是欲垄断核武器，保持核优势，不许别的国家开发核武器）。

毛泽东又调侃道：还有吃的，土豆烧熟了，再加牛肉。这是苏联的所谓共产主义生活。毛泽东在此给予极其辛辣的讽刺。最后，毛泽东无比气愤，竟骂将起来：不要放屁，等着瞧！将来会有天翻地覆的一天！

有人把毛泽东这句粗话视为诟病。实大不然。我们如果认真地从头到尾读过，会感觉这句话来得极其自然与率真。毛泽东虽开以粗话入诗的先河，却是骂得有理，骂得痛快淋漓！表达了对三国订立限制核武器条约的极大蔑视。“不须放屁”，是说不要乱说，没有人听你的。当然毛泽东不是讲苏联的“土豆烧牛肉”是放屁，而是讲订的那个条约是放屁，臭气熏天，让你们自己去闻吧！我毛泽东，我们中国照样在做我们自己的事，照样要开发核武器！

毛泽东写此词是底气十足的。他生性不信邪，不怕鬼；他早已脚踏实地在做，包括研制核武器。1964 年 10 月 16 日，中国在罗布泊成功爆炸第一颗原子弹，现在又在加紧试验氢弹（1967 年 6 月 17 日在同一地点试爆成功）。

此词为毛泽东晚年最成功的一篇力作，在他整个一生的诗词创作中也是独树一帜的。它寓庄于谐，从远古的神话到眼前的现实，从广袤的宇宙到地面的蓬间，从鲲鹏到小雀，从国内到国际，可谓心游万仞，精鹜八极。特别是雅俗共赏的诗歌语言，更是他此前少有的。

惊世风雷

1966年6月

正是神都有事时，又来南国踏芳枝。
青松怒向苍天发，败叶纷随碧水驰。
一阵风雷惊世界，满街红绿走旌旗。
凭阑静听潇潇雨，故国人民有所思。

《七律·有所思》

正是国家将有大事发生的时候，我又来到这树木葱茏的南方。青松的虬枝似乎在向苍天发怒，掉落的烂叶子随着碧清的流水飞快地奔驰。

突然一阵狂风带着雷声，震惊了世界，大街小巷红红绿绿，旗子游走。我靠着栏杆，静静地听着淅淅沥沥的夏雨，首都的人们对此情此景和未来的形势也许有所思索。

据说这首七律是毛泽东作于1966年6月回到韶山滴水洞之时。

滴水洞是韶山大自然美的精华，绿的凝聚！毛泽东历代祖先葬此，这儿被韶山毛氏家族视为“风水宝地”。它山环水绕，南有龙头山、祝融峰，北有黄峰山、勒马山；西为牛形山。毛泽东的两位近代祖先即曾祖父毛祖人和祖父毛恩普（毛翼臣）分别安眠于龙头山和虎歇坪。

滴水洞本无洞，韶河之源自高崖滴下，跌落深壑，水滴石穿，日久成洞，天旱不竭，回声悠扬，如琴如磬，当地土语“吊水洞”，后人称滴水洞。洞边原有一桥，连通两边高山。1959 年，在这道山冲冲口筑堤拦水，成为一座水库，由是，洞、桥皆隐入碧水，唯有两岸青山翠竹和春天火一般的映山红，倒映于水，平添一份清幽。1959 年 6 月 26 日下午，毛泽东到此一洗一世征尘，静味祖宗遗泽，并表示到此居住养老的意愿（回京后还向人重复这一心愿），1960 年，湖南省委开始在这里营建别墅，1962 年建成，被称为“二〇三”工程，对外绝密，修成后除个别领导人（如胡耀邦）小住外，一般人不得进入，而韶山民间传说这儿曾有一个师把守，山内已被挖空，洞洞相连。

毛泽东又一次回到了故乡，韶山的人们对此浑然不知，直到他去世后多年才由知情者披露。其具体行程是：

1966 年 6 月 16 日，中共中央办公厅副主任张耀祠陪同毛泽东坐专列离开杭州，17 日抵长沙，住蓉园九所，6 月 18 日下午 3 时，湖南省公安厅副厅长高文礼、省委接待处处长肖根如陪毛泽东一行往韶山。共三辆小卧车和一辆大客车，毛泽东坐中间那辆由赵毅雍开的吉姆（现陈列在韶山毛泽东同志纪念馆，原为黑色，后被人喷漆成为灰色），张耀祠、高文礼坐前卫车，最后是大客车，上面坐的是随行警卫。到了滴水洞洞口，8341 部队一部进 3 号楼，张、高和钱嗣杰及部分卫士住进 2 号楼。据张耀祠回忆：“可以看出，主席是有心事的。当然，从表面上看，主席是要避一避这闹哄哄的世界。”但毛泽东在一号下了车，抬头看到郁郁葱葱的群山，就显得高兴起来，说：“这个洞子天生一半，人工一半，怕是花了不少钱哪！既然修了，就要管理好，不要破坏了！”

毛泽东住处是万绿丛中的一座灰色的四屋脊的平房，即现在所称的1号楼。它背靠虎歇坪，面对龙头山，倚山而建，有会议厅和两套住房。一套是毛泽东的，另一套是江青的，但江青从未来住过。两套住房都有办公室、卧室、卫生间。从1号通过2号回廊，有几间偏房，是卫士、服务员住的，张耀祠与湖南省公安厅副厅长高文礼住在2号，2号是两层的客房，共24间。3号则有好几层，距1、2号有600米左右，为警卫中队、省委接待处的人住。

毛泽东的吉姆缓缓驶到1号房前，湖南省委代理第一书记王延春等和韶山管理局有关负责人早已等候在门前，走上去向老人家问好，王还把迎接的诸人向主席作介绍，毛泽东显得很高兴，一一与之握手。他望了望周围群山，沿水池一边走一边说：“这是个好地方，我小时候在这里放过牛、砍过柴、割过草，还和小伙伴们打过架。……到外婆家去，也要从这里经过，山那边还有我的石头干娘，所以我细时候叫石三伢子。”他指点着一条小道说：“从这里上去是龙头山，龙头山过去是黄田坳，以前以黄田坳为界，山那边是湘乡，山这边是韶山，所以又叫湘潭坳。”

毛泽东每到一地，自然最重要的是工作。秘书把他常用的菊花石砚放好，又在瓷笔筒内插上几支特制毛笔，旁边放着专用的竖式公函纸和保密信封。

因为气温高，没有冷气设备，只得在办公室和卧室各放一个猪腰形木桶，再在桶内放上两百斤重的大冰块。毛泽东仍然习惯晚睡晚起，每天工作到凌晨四五点，次日上午 9 时左右起床，一天睡四五个小时。

他的卧室里有一张长 2.1 米，宽 1.5 米的木板床，上面放着从北京带来的书和文件。他上午起床后，总是要穿着睡衣再在床上坐一会儿，然后拿着放大镜看文件，累了就请人代读。

在卫生间，工作人员也在坐式马桶前放一个茶几，因为毛泽东便秘，他要利用这个时间看东西。

毛泽东在信中说：

自从 6 月 15 日离开武林以后，在西方的一个山洞里住了十几天，消息不大灵通……

毛泽东说的“西方的一个山洞”就是指滴水洞。

此诗写文化大革命初发的情形，是毛泽东唯一一首写“文化大革命”的诗，也是他在故乡写的第二首七律，“文革”虽坏，这首诗还不错。

“神都”，神圣的国都，即北京，“有事”，“正是”，点明了时态——正在进行，为何“有事”正在进行，毛泽东却离京到“南国”？回想毛泽东的一生，每在重大选择关头，他常常要回故乡，大约在那里他能静养神思，或者能得到内心的巨大力量或心灵的安慰，如到上海参加中共一大前四五个月（1921 年春节），他就回到了老家，他把弟弟、堂妹带出了韶山；1925 年春节，他又回到韶山，一住七八个月，发动和领导农民运动（这个运动随后推进到湖南全省，乃至形成影响全国的农村革命理论），1927 年他发起秋收暴动前，又回到了故乡，一路考察农运；1959 年 6 月回故乡，则是在庐山会议前夕。

而写此诗时，北方已沸沸扬扬，相对来说，南方还较平静，所以毛泽东描写到南方是很轻松地“踏芳枝”，好像春日里到野外踏青。这既是写实——因为韶山和滴水洞一带，满目青葱，芳枝匝地；同时似也暗寓“文革”尚未波及南方，还是一派自然生机（“文革”后来也践踏了南方的青山绿水）。

于是作者更加细致地描写南方自然之景。

最后是作者本人所处的状态：他倚在别墅的栏杆上，静静地听着潇潇的夏雨（此句借鉴岳飞《满江红》中“凭栏处潇潇雨歇”），看似“静”，实不静，身虽静而脑袋在思考。

不去细究思想内容，此诗在艺术上也是有可称道之处的。它是毛泽东最后十年中写的一首形象性较好的诗。诗中构造了青松、败叶、碧水、惊雷、潇潇雨等意象，用象征而不是直白的手法，把作者的思想、情绪寄寓在这些自然景物之中，从而也形成了诗的整体意象。此外，诗中的对仗、平仄也颇为工整谐和。

此诗写法对杜甫的《秋兴八首》之四有所借鉴。杜诗为：

闻道长安似弈棋，百年世事不胜悲。
王侯第宅皆新主，文武衣冠异昔时。
直北关山金鼓振，征西车马羽书驰。
鱼龙寂寞秋江冷，故国平居有所思。

两相比较，除押韵相同外，明显的是毛泽东对最后一句的移植。杜甫和毛泽东都是在首都之外对“故国”的思念，情调却迥异，杜一个“悲”字了得，毛则是有所期待，他是亢奋的。

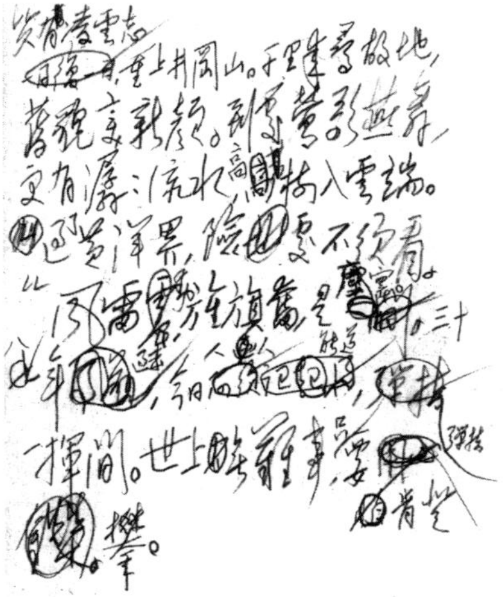

《水调歌头·重上井冈山》

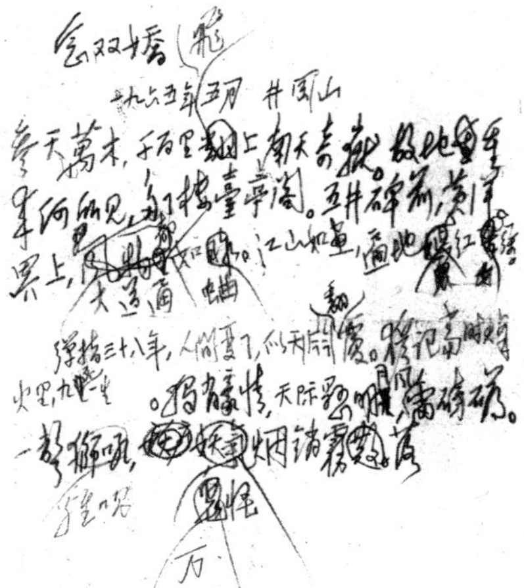

《念奴娇·井冈山》

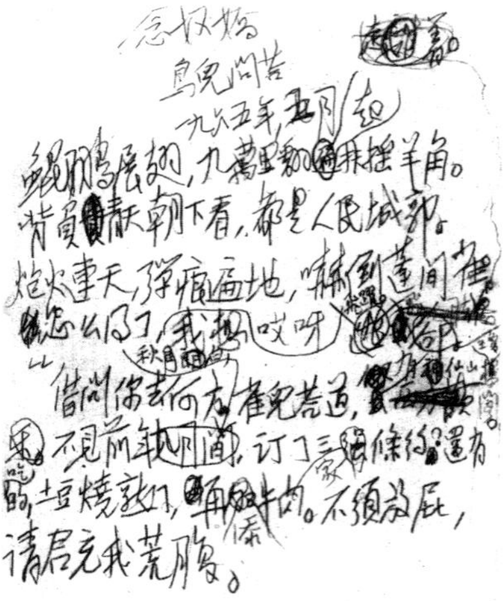

|《念奴娇·鸟儿问答》

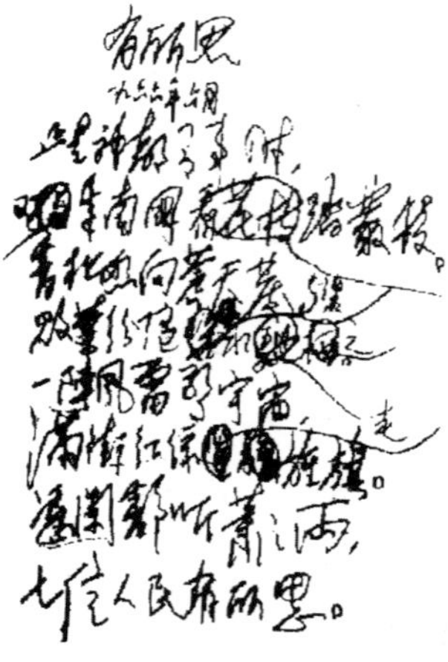

|《七律·有所思》

后记

毛泽东诗歌，是中华民族文化宝库中一颗璀璨夺目的明珠。多少人在她面前流连忘返，多少人在她的光环里歌之蹈之舞之。

毛泽东诗歌既有黄钟大吕，铜琶铁板，也有绵绵情话，轻歌曼语，“阳春白雪”则文人喜之，“下里巴人”则百姓乐道。他没有想过要营造“希声”的“大音”，也不曾有意营造“无形”的“大象”，一切都来得如此自然、纯真！

可以说，毛泽东诗歌本来只是他的革命、战斗巨大成果的副产品，但这个副产品却如此地生动、感人，他给我们展现出的无穷意象，至今栩栩如生，随日月而永远，随丹花而常开……

我不揣浅陋，对毛诗一一捧读，爱不释手而不免发于笔端。

本书按毛泽东诗歌原文、今译、背景和赏析这样四大板块构成。其中今译，全用散文诗的写法，有的用了原韵，有的是新韵或无韵，我本人有诗歌写作爱好，想也不至于完全外行；而背景的介绍，并不局限于过去常常做的只有历史背景或政治背景，而特别注重文化背景和历史事件背景，我极力要把我对学者兼诗人，革命家、战略家兼诗人的毛泽东的魅力，在背景中凸现出来。战争年代的诗歌，其背景材料大多是我近十年来精心打磨的一些文字，新中国成立后的则既注入作者的思考，又对已有的成果有所借鉴。

本书的主体：赏析，则是以一个后辈小同乡和同样深深热爱我们的祖国、人民，也有一定的诗歌创作实践经验的人的笔触，努力而为之，仅是一管之见。特别值得一提的是，我对深深影响过毛泽东的乡土文化（韶山、湘潭文化）有极深刻的理解，这与我也是湖湘之子有关，也与我这十多年来醉心于这方面的研究有关。我曾经用大量笔墨写过《毛泽东的诗词人生》和《毛泽东的家世渊源》（两书均已由中央文献出版社出版），还有《韶山毛家英雄谱》，我在这本新书中，也因此常常不由自主地带入了那几本书中毛泽东的乡土文化“情结”，当然也不局限于此。

另外，本书认定毛泽东早年写过一些新诗（自由体诗）并作赏析，本书花了一些文字，与读者共赏。

毛诗注家如云，他们的学术成就，我不能望其项背，我只是想从新的角度，运用新的方法去理解那一位已逝去四十多年的伟大诗人的一生！

这部书稿皓首穷经，初成于 2003 年 12 月，不意竟历 17 年，才在江苏凤凰文艺出版社的力推和精心打造之下得以付梓，在此谨向审正拙稿的有关单位、领导、专家，向所有为本书的出版付出辛劳的人们致以诚挚的谢意；同时也提前向读者致谢。

龙剑宇
2020 年 12 月　于韶山